Imre Szabó

Karl Marx und das Recht

-Vorträge-

AKADEMIE-VERLAG · BERLIN 1981

Originaltitel:

Szabó Imre
Elöadások Marxról és a Jogról
Gondolat · Budapest 1976

Wissenschaftlich-redaktionelle Bearbeitung der DDR-Ausgabe:
Karl-Heinz Schöneburg/Ernst Weihrauch

Erschienen im Akademie-Verlag, DDR-1080 Berlin, Leipziger Str. 3—4

Lizenznummer: 202 · 100/203/81
Gesamtherstellung: VEB Druckerei „Thomas Müntzer“, 5820 Bad Langensalza
Umschlaggestaltung: Rolf Kunze
Bestellnummer: 753 813 1 (2173/10) · LSV 0425
Printed in GDR
DDR 9,50 M

Inhalt

Vorwort

Dieses Buch handelt davon, wie sich Marx mit dem Recht beschäftigt hat, wie er sich ihm von verschiedenen Seiten her näherte, wie er innerhalb der gesellschaftlichen Erscheinungen auch das Recht behandelte. Es verfolgt die Hauptwerke von Marx und analysiert deren rechtliche Bezüge. Das geschieht nicht deshalb, weil Marx Jurist war, sondern weil Marx bei seinen gesellschaftlichen Analysen auch auf das Recht stieß und sich damit auseinandersetzen mußte. Seine in diesem Zusammenhang gemachten Aussagen sind natürlich auch für den Juristen von großem Interesse.

Das Buch erhebt nicht den Anspruch, umfassend zu sein. Die bedeutenden Werke von Marx sind mit einer gewissen Eigenmächtigkeit ausgewählt worden. Es wurde nicht jedes seiner Werke analysiert. Dem Autor kam es vor allem darauf an, die marxistische Theorie als Gesellschaftstheorie und die marxistische Rechtstheorie als soziologische Theorie abzuhandeln. Seine Analysen sind von diesen Gesichtspunkten her bestimmt.

Es muß überraschen, daß bisher in der marxistischen Literatur ein ähnliches Werk wie das vorliegende fehlt. Das ist jedoch nicht verwunderlich, denn manche grundlegende Arbeit von Marx und Engels erschien erst lange nach ihrer Entstehung (so ist beispielsweise bekannt, daß Lenin die Schrift „Die deutsche Ideologie" noch nicht kannte), und es ist in gewisser Weise verständlich, daß hinsichtlich der Analyse der Marxschen Auffassungen selbst noch immer vieles zu tun bleibt. Dabei verhält es sich indes nicht so, daß marxistische Arbeiten überhaupt fehlen würden, aber ein erheblicher Teil von ihnen ist zu allgemein, nicht wenige begnügen sich mit einigen — zumeist den gleichen — Marx-Zitaten. Auch in diesem Buch ist verhältnismäßig viel zitiert worden. Aber es sind vielleicht nicht oder nicht nur die traditionellen Stellen. Durch die Zitate soll die Aufmerksamkeit auf manche weniger bekannte Feststellungen von Marx gelenkt werden. Das Werk von Marx ist weitaus reicher, auch vom Standpunkt der Rechtswissenschaft aus, als es die gewöhnlich zitierten Stellen erscheinen lassen.

Was bezweckt der Verfasser mit diesem Buch? Nicht mehr, als ganz einfach ein tieferes Interesse für die Auffassungen von Marx zu wecken. Wir könnten auch ironisch sagen, die Leser sollen angeregt werden, ihren traditionellen marxistischen Zitatenschatz zu erweitern. Jedenfalls ist sich der Verfasser bewußt, daß die rechtlichen Auffassungen von Marx in diesem Buch noch keinesfalls vollständig ausgelotet sind. Insofern will dieses Buch dazu eine Anregung geben.

Es wäre falsch anzunehmen, daß eine gleichsam rezensierende Behandlung der Werke von Marx dogmatisch sei. Das Ziel dieser Vorträge besteht nicht darin, einfach die Marxschen Texte wiederzugeben, sondern vielmehr den ungeheuren Reichtum der Marxschen Gedanken zu erschließen, darauf die Aufmerksamkeit zu lenken.

Sicherlich ist es richtig, daß nicht alle das Recht betreffenden Bemerkungen von Marx zusammengenommen eine vollständige Rechtstheorie ausmachen. Wenn es auch früher möglicherweise eine derartige Ansicht gab, so hat sie sich als Irrtum erwiesen. Es ist im Gegenteil eine Tatsache, daß die Feststellungen von Marx über das Recht *Bausteine* der marxistischen Rechtstheorie sind. Diese Theorie muß jedoch gesondert ausgearbeitet werden. Die vorliegende Arbeit, die immer sehr eng mit Marx und den Marxschen Texten verbunden ist, bezweckt insofern eine Weiterentwicklung der marxistischen Rechtstheorie, als sie zur Mobilisierung des marxistischen theoretischen Rechtsdenkens beitragen will.

Schließlich soll auf die möglicherweise auftauchende Frage geantwortet werden, warum der Verfasser seinem Werk die Bezeichnung „Vorträge“ gab. Das wichtigste Motiv dafür ist, daß sich der Verfasser von der Verpflichtung befreien wollte, auf die Gesamtheit der jeweiligen Quellenliteratur verweisen zu müssen. Die Vortragsform macht das nicht nur nicht erforderlich, sondern ermöglicht es auch nicht. Obwohl es sich nicht um wirklich gehaltene Vorträge handelt, hätten diese doch sehr wohl auch gehalten sein können oder könnten noch gehalten werden. Ein zweiter Grund ist, daß Vorträge im allgemeinen gelöster sind. Da der Verfasser das Thema nicht in seiner ganzen philosophischen Tiefe bearbeiten wollte, gab er sich mit der Vortragsform zufrieden. Die relative Ungebundenheit dieser Form der Darstellung macht das Material sicherlich auch einem größeren Leserkreis leichter zugänglich.

Oktober 1978 *Imre Szabó*

Erster Vortrag: Der Brief Marx' an seinen Vater vom 10. November 1837 und das „Philosophische Manifest der historischen Rechtsschule"

I

Es kann ohne Übertreibung gesagt werden, daß die Rechtswissenschaft einen Anteil daran hatte, daß sich der junge Marx in seinem Denken zunächst vom Einfluß des subjektiven Idealismus befreite und zum objektiven Idealismus gelangte. Davon zeugt der Brief, den Marx am 10. November 1837 an seinen Vater geschrieben hat.[1] Es ist übrigens der einzige Brief von Karl Marx, der aus dem Briefwechsel zwischen ihm und seinem Vater erhalten geblieben ist.

Marx war damals 19 Jahre alt und studierte in Berlin Jura. Vorher hatte er ein Jahr Rechtswissenschaft in Bonn studiert. Aber seine dortigen Studien waren intellektuell nicht befriedigend. Vielmehr widmete sich Marx — nach unseren Kenntnissen — mehr den angenehmeren, leichteren Seiten des Studentenlebens. Es scheint so, daß seine bewußte geistige Entwicklung in Berlin begonnen hat. Zwar hatte er in Bonn, wie sein Studienbuch bezeugt, Vorlesungen bei Welcker, einem der Autoren des Staatslexikons, jener Bibel des Liberalismus, und bei von Schlegel hören müssen,[2] was aber scheinbar ohne größere Wirkung auf seine Entwicklung blieb. Anders verhielt es sich in Berlin, wo er bereits im ersten Halbjahr große Rechtswissenschaftler seiner Zeit, Savigny und Gans, sowie die Lehren des auch als Rechtsphilosophen berühmten Hegel hörte. Während sich Hinweise auf die Rechtsphilosophie Hegels bei Marx erst später finden, zeigt sich in dem genannten Brief deutlich die Wirkung, die Savigny auf Marx ausübte.

In dem Brief vom 10. November berichtet der junge Marx seinem Vater über vieles: über sein Leben, und zwar sowohl über sein Gefühlsleben wie über seine geistigen Interessen, über die äußeren Lebensbedingungen und über seinen Freundeskreis. Über all das wird breit in Darstellungen des Lebens von Marx berichtet. Der Brief enthält jedoch auch ein reichhaltiges Material in bezug auf das Recht. Marx wußte gut, daß es der Wunsch seines Vaters war, daß er in seinen juristischen Studien vorankommen und sich als Jurist niederlassen möge. Deshalb, aber auch um die Unzufriedenheit seines Vaters wegen seines früheren Verhaltens in Bonn zu besänftigen, berichtet Marx detailliert über seine Lektüre, auch über seine juristische, und über die Entwicklung seiner Rechtsauffassungen. Da er sein philosophisches Interesse nicht verheimlichen kann und will, versucht er, die Rechtswissenschaft mit der Philosophie zu paaren. In seinem Brief berichtet er über ein abgebrochenes Manuskript größeren Umfangs, in dem er seine Rechtsphilosophie begründen wollte. Er teilt den Abriß eines Teils der

Arbeit mit, möglicherweise auch deshalb, um seine Vertiefung in das Thema zu beweisen. In einer Art von Selbstkritik zeigt Marx, wie er das philosophische System Fichtes verlassen und sich der Philosophie Hegels zugewendet hat, die in „ihrer grotesken Felsenmelodie“ auf ihn wirkte.

In seinem Brief gibt Marx ein Verzeichnis der von ihm gelesenen juristischen Werke. Die Lektüre der pandektenrechtlichen Werke[3] von Wenning-Ingenheim, Mühlenbruch, Thibaut, Savigny, Kramer ist aus den Forderungen der Zeit verständlich, ebenso die kirchenrechtliche Lektüre. Eine Vielzahl strafrechtlicher Arbeiten (Klein, Feuerbach, Grolmann) ist möglicherweise damit zu erklären, daß Marx zu dieser Zeit Gans hörte, der gerade Strafrecht las. Außerdem hatte er sich auch in das bürgerliche Verfahrensrecht von Lauterbach eingelesen.

In bezug auf diese rechtwissenschaftliche Lektüre Marx' kann auf zwei überraschende Umstände aufmerksam gemacht werden. Erstens fehlt im Verzeichnis der von Marx studierten Werke vollständig das öffentliche Recht, obwohl Marx, wie er das in der im Brief enthaltenen Skizze an zwei Stellen vermerkt, bestrebt ist, seine Rechtsphilosophie auch auf das öffentliche Recht anzuwenden. Es ist bekannt, daß in Hegels Rechtsphilosophie das öffentliche Recht eine große Rolle spielt. Zu ihrem Studium kam Marx wahrscheinlich erst später.[4] In seiner Lektüre jedenfalls fehlten Werke, die sich mit der Philosophie des öffentlichen Rechts befaßten. Es scheint so, daß er in dieser Hinsicht kein bedeutendes Werk fand oder daß er in seinen Studien noch nicht zu einer entsprechenden Lektüre kam. Wahrscheinlich befaßte sich auch Gans in seinen Vorlesungen erst später mit dieser Materie. Der zweite, vielleicht noch überraschendere Umstand ist darin zu sehen, daß Marx, der die Philosophie Fichtes eingehend studiert hatte, in seinem Brief weder auf die Rechtsphilosophien der „reinen“ Philosophen wie Hegel und Kant noch auf hervorragende Rechtsphilosophen seiner Zeit verweist. Der einzige, auf dessen Studien er sich beruft, war Heineccius, Anhänger einer theologischen Rechtsphilosophie.[5] Er galt bereits zu Marx' Zeiten keineswegs als modern. Auch dieser Umstand wirkte sich auf Marx aus, zumindest auf den Grundriß zu einem rechtsphilosophischen Werk, den er in seinem Brief dem Vater mitteilte.

Aus diesem Verzeichnis der von Marx gelesenen juristischen Werke kann sicherlich nicht auf den Inhalt der juristischen Auffassungen von Marx geschlossen werden. Auf jeden Fall ist eine gewisse Zweigleisigkeit feststellbar, einerseits von philosophischen und andererseits von rechtswissenschaftlichen Studien. Marx hat zum Beispiel offensichtlich ebenfalls den die Hegelsche Rechtsphilosophie auf das positive Recht anwendenden Gans gehört, und zwar nicht nur dessen strafrechtliche Vorlesungen. Aber es gibt keine Angaben darüber, daß Marx auch etwas von Gans gelsen hat, obwohl unter anderem dessen Buch „System des römischen Zivilrechts im Grundrisse“ im Jahre 1827 erschien.[6]

Es scheint so, daß die Rechtsphilosophie Hegels eine tiefere Wirkung auf Marx hatte als Gans. Es wird auch nicht erwähnt, welche große Rolle damals an der Berliner Universität der Kommentar von Gans zur Rechtsphilosophie Hegels für deren besseres Verständnis spielte.

Auf alle Fälle läßt sich sagen, daß die juristische Bildung von Marx breit war, jedoch ungleichmäßig. Seine Studien galten nicht dem positiven Recht, zu dessen Kenntnis Marx später so häufig gezwungen wurde, zuerst als Journalist und dann später als Wissenschaftler wie als praktischer Revolutionär. In dem Brief an seinen Vater schrieb

Marx über seine juristischen Studien: „Ich mußte Jurisprudenz studieren und fühlte vor allem Drang, mit der Philosophie zu ringen." Über die juristische Literatur vermerkte er, daß er sie „nur schülerhaft durchnahm", so etwa Heineccius, Thibaut und die Quellen.

Marx' ausgedehntes rechtsphilosophisches Konzept ist in zwei Teile gegliedert. In ihm trat — wie Marx schreibt — „derselbe Gegensatz des Wirklichen und Sollenden, der dem Idealismus eigen, sehr störend hervor".[7]

Den ersten Teil bezeichnet Marx als Metaphysik des Rechts. Er sollte von den Grundsätzen des Rechts, von den Reflexionen und Begriffsbestimmungen handeln, all das „getrennt von allem wirklichen Rechte und jeder wirklichen Form des Rechtes, wie es bei Fichte vorkömmt, nur bei mir moderner und gehaltloser".[8] Marx beruft sich in dieser strengen Selbstkritik auf die „unwissenschaftliche Form des mathematischen Dogmatismus, wo das Subjekt an der Sache umherläuft, hin und her räsoniert, ohne die Sache selbst als reich Entfaltendes, Lebendiges ... zu begreifen". Das sei, wie Marx betont, bei der Erkenntnis des Wahren „von vornherein Hindernis". Wörtlich schreibt er dazu: „Das Dreieck läßt den Mathematiker konstruieren und beweisen, es bleibt bloße Vorstellung im Raume, es entwickelt sich zu nichts Weiterem, man muß es neben anderes bringen, dann nimmt es andere Stellungen ein, und dieses verschieden an dasselbe Gebrachte gibt ihm verschiedene Verhältnisse und Wahrheiten."

Im Gegensatz dazu müsse man „im konkreten Ausdruck lebendiger Gedankenwelt, wie es das Recht, der Staat, die Natur, die ganze Philosophie ist, ... das Objekt selbst in seiner Entwicklung" verfolgen, belauschen. Hier „(dürfen) willkürliche Einteilungen nicht hineingetragen" werden, „die Vernunft des Dinges selbst muß als in sich Widerstreitendes fortrollen und in sich seine Einheit finden".[9] Hierin ist eine erste wichtige Lehre zu sehen, die Marx bei seiner Abwendung vom subjektiven Idealismus aus dem Studium des Rechts in erkenntnistheoretischer Hinsicht, bezogen auf das Verhältnis von Ding und Begriff, gewinnt.

Der zweite Teil des geplanten Buches sollte die Rechtsphilosophie betreffen, „die Betrachtung der Gedankenentwicklung im positiven römischen Rechte, als wenn das positive Recht in seiner Gedankenentwicklung ... überhaupt irgend etwas sein könnte, verschieden von der Gestaltung des Rechtsbegriffes ..."[10] Marx ging es als erstes — wahrscheinlich aufgrund der Philosophie Fichtes — um den Zusammenhang und die Einheit, um das Verhältnis von Begriff und Sache. Der Umstand, daß Marx zu dieser Zeit lediglich das römische Recht als Gegenstand und Sache betrachtete und dessen Begriffe und Institutionen mit dem Recht im allgemeinen identifizierte, kann in diesem Zusammenhang zunächst unberücksichtigt bleiben. Von diesem, von Savigny stammenden Gedanken hat sich Marx später entfernt. Er erkannte darin einen Irrtum, der für die historische Rechtsschule, aber auch für die Rechtsphilosophie seiner Zeit und somit auch für Heineccius charakteristisch war. Ihm ging es 1837 allein um das Problem von Form und Inhalt.

Den zweiten Teil seines Grundrisses teilte Marx in eine formelle und materielle Rechtstheorie, „wovon die erste die reine Form des Systems in seiner Aufeinanderfolge und seinem Zusammenhang", dessen „Einteilung und den Umfang, die zweite hingegen den Inhalt, das Sichverdichten der Form in ihren Inhalt beschreiben sollte".[11] Marx schreibt, daß er sich hinsichtlich dieser Trennung im gleichen Irrtum wie Savigny befinde. Allerdings mit dem Unterschied, daß Savigny, wie dieser in seinem Werk vom

Besitz feststellte, das Finden der Stelle, die eine bestimmte Lehre in dem (fingierten) römischen System einnimmt, als formelle Begriffsbestimmung bezeichnet, als „materielle ‚die Lehre von dem Positiven, was die Römer einem so fixierten Begriff beigelegt'".[12] Marx dagegen verstand unter Form „die notwendige Architektonik der Gestaltungen des Begriffs" und unter Materie „die notwendige Qualität dieser Gestaltungen". Marx sah es allerdings als einen Fehler an, daß er glaubte, „das eine könne und müsse getrennt von dem anderen sich entwickeln". So erhalte man „keine wirkliche Form", sondern lediglich „einen Sekretär mit Schubfächern ..., in die ich nachher Sand streute".[13] Marx kommt schließlich zu der Auffassung: „Der Begriff ist ja das Vermittelnde zwischen Form und Inhalt. In einer philosophischen Entwicklung des Rechts muß also eins in dem andern hervorspringen; ja die Form darf nur der Fortgang des Inhaltes sein."[14]

Es ist richtig, daß Savigny in seiner Arbeit über den Besitz zunächst darauf verweist, im System des römischen Zivilrechts die Stelle herauszusuchen, die den Besitz als Rechtsverhältnis betrifft. Bei Savignys Unterscheidung zwischen Form und Inhalt ist jedoch neben einem leeren, abstrakten Formalismus noch ein anderer Aspekt zu sehen. Nach seiner Meinung ist nämlich die Form vor allem der Inbegriff jener Rechte, die den Besitz voraussetzen. Das heißt, der Besitz hat zunächst die Bedeutung einer nichtrechtlichen Detention.[15] Das ist Voraussetzung dafür, daß etwas überhaupt rechtlich als Besitz betrachtet werden kann. Das Materielle umfaßt bei Savigny jene Bedingungen, die das römische Recht hinsichtlich der Existenz des Besitzes vorschreibt, das heißt die Modalitäten, unter denen die Detention als Besitz zur Geltung gelangt.[16]

Hier ist also darauf zu verweisen, daß Savigny Form und Inhalt nicht genauso auffaßt, wie es ihm Marx zuschreibt. In seinem Buch versteht Savigny unter Form nicht die Lehren, die sich auf die Bestimmung und das Finden der Rechte beziehen, sondern die Rechte selbst, durch die die Detention rechtlich bedeutsam wird, das heißt durch die der Besitz zum Rechtsverhältnis wird. Formen sind für Savigny die mit der Detention verbundenen, rechtlich relevanten Elemente. Das Materielle umfaßt hingegen jene Elemente, die den Besitz als Detention charakterisieren. Es muß in diesem Zusammenhang die Fragestellung bei Savigny berücksichtigt werden, wonach der Besitz ein Faktum oder ein rechtliches Verhältnis darstellt. Soviel zu der Auffassung Savignys.

Auch bei Marx gibt es einen Hinweis auf die Unterscheidung zwischen dem (gesellschaftlichen) Inhalt und der rechtlichen Form. Bei ihm ist jedoch die Form nichts anderes als eine Konstruktion des Begriffs, während der Inhalt eine Qualität des Begriffs darstellt. Damit setzte er einen Unterschied zwischen begrifflicher Konstruktion und Inhalt voraus. Aber das eigentliche Problem liegt nicht hier, sondern im Übergang von Form und Inhalt ineinander, sowie in der Vorrangigkeit des Inhalts. Die Form kann nur eine Fortsetzung des Inhalts sein, schrieb Marx,[17] und gleichzeitig ist innerhalb der Einheit von Form und Inhalt, nach der damaligen Ansicht von Marx, der Begriff die verbindende Klammer zwischen beiden. Die Trennung von beiden, die Berücksichtigung der Form als nur äußeren und strukturellen Faktor, konnte nur zu einer Aufteilung führen, „wie das Subjekt sie höchstens zur leichten und seichten Klassifizierung entwerfen kann, aber der Geist des Rechtes und seine Wahrheit ging unter".[18]

Der Brief von Marx befaßte sich größtenteils auch dort eigentlich noch mit Philosophie, er deklarierend über Rechtsphilosophie schrieb. Marx schrieb nicht zufällig, daß er vor allem die Sehnsucht empfunden habe, „mit der Philosophie zu kämpfen". Bislang haben wir den Brief nur aus dem Blickwinkel der Rechtsphilosophie und nicht im allgemeinen betrachtet. Dieser Brief ist jedoch eigentlich das erste Werk von Marx mit theoretischem Anspruch. Es ist ein grundlegendes Merkmal dieses Briefes, daß Marx bei seinem Schreiben bereits seinen überwundenen und auch nachträglich kritisierten Standpunkt zum Gegenstand hat. Im Jahre 1859 stellt Marx auf seine Jugendzeit rückblickend fest: „Mein Fachstudium war das der Jurisprudenz, die ich jedoch nur als untergeordnete Disziplin neben Philosophie und Geschichte betrieb."[19] Diese Unterordnung wurde später vollständig, denn Marx verließ die Rechtswissenschaft völlig. Er äußerte sich zu Fragen des Rechts nur noch beiläufig mit Hinweisen in seinen anderen Werken. 1837, in diesem Brief aus seiner Jugendzeit, als die Jurisprudenz noch sein „Fachgegenstand" war, befaßte er sich zumeist auch nur von außen und aus dem Blickpunkt der Philosophie mit ihr.

Obwohl Marx in diesem Brief seinem Vater auch den Grundriß eines zivilrechtlichen Teils des von ihm begonnenen, aber schließlich verworfenen Werkes mitteilt, ist auch der nicht vollständig. Der öffentlich-rechtliche Teil ist nur angezeigt. Den zivilrechtlichen Teil wollte Marx bereits rechtsphilosophisch darstellen. Die Institutionen des römischen Rechts wurden von ihm als Institutionen des Rechts überhaupt aufgefaßt. So sagt er denn in seinem Brief auch, daß er „die römischen Vorstellungen auf das barbarischste mißbraucht", um sie in sein System „zu zwängen". Allerdings ist auch richtig, daß er am Ende der selbstkritischen Wertung seiner Konzeption feststellt, daß er das Material liebe, und er fügt hinzu, daß er zumindest in gewisser Hinsicht einen Überblick darüber gewonnen habe. Da ihm klar geworden war, daß man ohne Philosophie kein Ziel erreichen kann, arbeitete er nunmehr ein neues metaphysisches System aus, bei dem noch mehr der ganze Gegensatz zu seinen früheren Bestrebungen hervortritt.

Eine breitere Erörterung oder Beurteilung der Skizze soll an dieser Stelle unterbleiben. Marx selbst charakterisierte das Zivilrecht in der Weise, daß er es in ein vertragsmäßiges und ein nicht vertragsmäßiges Recht einteilte. Er gliederte diesen Teil seiner Skizze in: a) das bedingte vertragsmäßige Zivilrecht und b) das unbedingte vertragsfreie (nicht vertragsmäßige) Zivilrecht. Nur der erste Teil, das vertragsmäßige Zivilrecht, wurde von Marx selbst weiter untergliedert. Wir können nicht feststellen, inwieweit Kant dabei eine Rolle gespielt hat, daß Marx den Vertrag zum Kriterium einer solchen universellen Aufteilung machte. Daß jedoch die Ideologie, über die er glücklich hinweggekommen ist, sich auf Kant und Fichte gründete, das stellt Marx selbst fest. Marx baut hier noch alles auf die sich aus dem Vertrag ergebende Verbindlichkeit auf. Cornu schreibt, daß diese Aufteilung danach erfolgt, wie der Gewinn ist, den die eine oder die andere Partei mittels Vertrages erreicht. Das heißt, der Gewinn war die unmittelbare Grundlage der Zweiteilung des Zivilrechts bei Marx.[20] Tatsächlich gab es im Personenrecht und auch im Sachenrecht bei Marx drei Untergruppen: den „belästigten Vertrag", den „Zusicherungsvertrag" und den „wohltätigen Vertrag". Das wich offensichtlich erheblich von der Aufteilung der Pandekten, von deren Unterscheidung in Real- und Konsensualverträge ab.

Es ist durchaus möglich, daß diese Unterscheidung auf Heineccius zurückgeht.[21] Cornu schreibt es dem Gewinn als Klassifikationsmerkmal zu, daß Marx in die gleiche Gruppe der wohltätigen Verträge auch die Bürgschaft (*fidejussio*) einreiht.[22] Im römischen Recht wurde die Bürgschaft aus rein formellen Gründen und unter Vernachlässigung der gesellschaftlichen Rolle und des gesellschaftlichen Beweggrundes unter die quasi-Kontrakte eingereiht. Es ist durchaus nicht unbegründet, daß Marx diese Vertragsart als wohltätige und eine gute Absicht besitzende darstellt. Die Eingliederung der Leihe und der Verwahrung in eine Vertragsgruppe entspricht bereits der traditionellen Einteilung. Sicherlich kann man auch dafür einen sachlichen und teilweise auch formellen Grund finden. Auch dafür, daß Marx die Leihe, den Tausch und den Kauf zu einer Gruppe vereinigt. Vermutlich hängt es auch mit dem Gewinn zusammen — auch darauf kommt Cornu zu sprechen —, daß Marx den Kauf in das Sachenrecht verweist und die Sachmiete (*locatio-conductio*) in das Personenrecht. Eine genaue Erklärung dafür finden wir jedoch bei Marx nicht.

Das ist indes auch kein Unglück. Vielmehr ist das Bestreben von Marx festzuhalten, daß er statt der gewohnten formellen Gliederung nach einem sachlichen Kriterium sucht. Dieses sachliche Kriterium fand er vor allem im Gewinn, das heißt in der vermögensmäßigen Interessiertheit. Ansonsten kann dieser Grundriß von Marx bei der späteren Analyse des bürgerlichen Rechts, die bei dem reifen Marx zu finden ist, kaum eine Rolle spielen. Die entscheidende Bedeutung des Briefes liegt auch nicht darin, sondern in der Auskunft darüber, wie die Rechtsphilosophie und das Recht Marx geholfen haben, den subjektiven Idealismus zu verlassen und sich Hegel zu nähern. Dabei spielten sicher auch seine Universitätsstudien eine große Rolle, besonders die im Brief zwar nicht ausdrücklich erwähnte, jedoch offensichtliche Einwirkung eines seiner Lehrer, Eduard Gans', des ausgezeichneten Hegel-Schülers. Das alles zusammen, die juristischen Studien, die Rechtsphilosophie und das Streben nach schöpferischem Denken, das bereits am Beginn seiner juristischen Studien zum Durchbruch kam, führten Marx dazu, „im Wirklichen selbst die Idee zu suchen. Hatten die Götter früher über der Erde gewohnt, so waren sie jetzt das Zentrum derselben geworden.“[23]

Diesen Brief von Marx kann man natürlich noch nicht im engeren Sinne zu seinen literarischen Arbeiten rechnen. Er ist vielmehr nur ein Signal, nur eine Nachricht über die geistige Entwicklung von Marx. Diese Nachricht betrifft speziell die Fragen des Rechts. Sie informiert über die Entwicklung des allgemeinen Denkens von Marx, besonders darüber, wie sich sein philosophisches Denken gestaltete und schließlich zu Hegel gelangte. Gleichzeitig sind jedoch darin auch rechtswissenschaftliche Aussagen zu finden. Der Brief informiert schließlich über die Universitätsstudien von Marx, über die wir ansonsten nur wußten, daß sie von Beginn an bereits durch den Einfluß Hegels charakterisiert worden seien. Hier erhalten wir nunmehr über den Zeitabschnitt, der vor dem Einfluß Hegels auf Marx liegt, einige Informationen, und wir sehen schließlich besser die Überwindung des Einflusses von Savigny auf Marx.

Insgesamt muß dieser Brief noch als Arbeit betrachtet werden, die der publizistischen Tätigkeit von Marx vorausgeht. Der Brief zeigt an, welche große Energie, welche Tatkraft und welche Wissensaneignung Marx bestimmten, wie er schöpferische Fragen stellte und schöpferische Antworten zu geben versuchte. Es zeigt sich schon früh an Marx jenes Außerordentliche, Geniale, vor dessen Entfaltung in einer falschen Richtung sich sein Vater früher gefürchtet hatte.

Es verdient erneut darauf hingewiesen zu werden, daß dieser Brief über die juristischen Studien Eduard Gans nicht erwähnt, den hegelianischen Lehrer von Marx, den er später auch in der „Heiligen Familie“ nur flüchtig erwähnt, obwohl Gans zu dieser Zeit (Hegel lebte bereits nicht mehr) zweifellos der bedeutendste Vertreter der Hegelschen Rechtsphilosophie war, der auch außerhalb der Rechtsphilosophie in einem anderen Fach eine Vorlesung hielt und dort sicherlich ebenfalls Hegelsche Gedanken vertrat. Gans sprach in seinen Vorlesungen auch über aktuelle gesellschaftspolitische Fragen. Er führte an der Berliner Universität einen scharfen Kampf gegen die historische

Rechtsschule. Und wenn er auch nicht zu den Junghegelianern gehörte, so hatte er doch eine fortschrittliche liberale Einstellung.

Das Hauptwerk von Gans,[24] das er Altenstein, dem Hegel protegierenden Kultusminister, empfahl, verknüpft die Entwicklung des Erbrechtes mit der Entwicklung der Freiheitsidee. Es wurde bereits vermerkt, daß sich in den Werken von Marx keine unmittelbare Spur der Wirkung von Gans, auch nicht dieser Arbeit, findet. Anders verhält es sich mit der Kritik der historischen Rechtsschule durch Gans.

II

Der Gegensatz zur historischen Rechtsschule bildete sich bei Marx bereits während des Studiums von Hegel heraus. Dieses Problem berührte sicher auch Gans in seinen Vorlesungen. Jener Gegensatz äußerte sich bei dem jungen, im öffentlichen Leben bereits eine aktive Haltung einnehmenden Marx im August 1842 in seinem Artikel „Das Philosophische Manifest der historischen Rechtsschule", der in der „Rheinischen Zeitung" erschien. Das war zu jener Zeit eine politisch sehr bedeutende Äußerung. Die unmittelbare Ursache für das Schreiben dieses Artikels soll nach Cornu das Erscheinen eines Manifestes gewesen sein, das die historische Rechtsschule zu Ehren von Hugo und des im Jahre 1842 zum Gesetzgebungsminister ernannten Savigny herausgegeben hatte. Ein solches „Manifest" gab es jedoch gar nicht. Hier irrt also Cornu.[25]

Worin zeigte sich in diesem Artikel der Einfluß des zu jener Zeit bereits verstorbenen Gans? Dieser konnte theoretisch bereits zur Zeit der Universitätsstudien von Marx auf ihn eingewirkt haben, wobei die kämpferische Abneigung von Gans gegen die historische Rechtsschule noch vor den Universitätsjahren von Marx lag. Im Vorwort des ersten Bandes seines Werkes über die Geschichte des Erbrechts kritisierte Gans bereits im Jahre 1824 heftig die historische Rechtsschule. Er grenzte sich einerseits von der in der Quellenforschung steckengebliebenen und sich ausschließlich mit dem positiven Recht befassenden Rechtswissenschaft und andererseits von jener philosophischen Richtung scharf ab, die nach abstrakten Ideen strebt und den Geist in der Realität sucht. An der historischen Rechtsschule beanstandete er besonders, daß sie die gesetzgebende Tätigkeit verachtete und das philosophische Prinzip des Naturrechts verwarf.

Im Vorwort des im Jahre 1829 erschienenen dritten Bandes bittet Gans, der im Vorwort des im Jahre 1825 erschienenen zweiten Bandes Thibaut und Hegel gehuldigt hatte, um Verzeihung dafür, daß er vor fünf Jahren so heftig gegen die historische Rechtsschule ins Feld gezogen sei. Er war nunmehr der Meinung, der Streit sei entschieden, und zwar eindeutig zugunsten der Philosophie, die „zur Macht" gelangte. Er vertrat jetzt die Auffassung, daß die Angriffe der berühmten Gründer der historischen Rechtsschule (Hugo, Savigny) gegen eine philosophische Fundierung und „universelle" Ausbreitung des Rechts (das betrachtete Gans als seinen eigentlichen wissenschaftlichen Gegenstand) von deren Gegnern mißverstanden worden seien. In einer zweiten Ausgabe seines Werkes würden diese der Zeit und ihrer Atmosphäre, nicht aber der Sache selbst zuzuschreibenden Gesichtspunkte verschwinden.[26]

Was Gans zu dieser Milde bewog, wissen wir nicht. Doch er konnte im Jahre 1829 wohl kaum mit Fug und Recht behaupten, daß die Gegensätze bereits verschwunden wären und daß die historische Rechtsschule die Rolle und die Bedeutung der Philosophie selbst erkannt hätte. Es ist möglich, daß der Streit tatsächlich an Schärfe verloren hatte, aber dabei spielte vielleicht auch eine Rolle, daß Savigny seine herrschende Position selbst gestärkt hatte und der Standpunkt von Gans insgesamt versöhnlicher geworden war. Die Wirkung von Gans auf Marx war offensichtlich nicht so groß, wie mitunter angenommen wird.

Es erscheint auch kaum glaubhaft, daß der Zorn von Marx, der ihn zum Schreiben des „Philosophischen Manifestes der historischen Rechtsschule" bewog, allein auf den zum Jubiläum von Gustav Hugo erschienenen Festbeitrag des reaktionären Juristen Friedrich Karl von Savigny zurückzuführen ist. Dieser Artikel Savignys erschien im Jahre 1838 mit dem Titel „Der zehnte Mai 1788".[27] Zu jener Zeit, im Jahre 1788, erlangte nämlich Hugo den Doktorgrad. Der Artikel selbst reicht bis zum Beginn der Tätigkeit von Hugo zurück, als das Ansehen der Rechtswissenschaft noch ziemlich gering war. Savigny sah das Verdienst von Hugo in erster Linie in der Hebung des Ansehens dieser Wissenschaft. Er lobte hauptsächlich dessen Vorlesungen, das heißt er erkennt ihn vor allem als Lehrer und Lehrbuchautor an. Was empörte Marx so, daß er in seinem Artikel die ganze Tätigkeit und literarische Arbeit von Hugo einer scharfen Kritik unterzog? Nach dem Titel des Artikels und der Sache nach ging es gegen Hugos Naturrechtslehrbuch, das Marx ironisch das „Manifest" bzw. das „alte Testament" der historischen Rechtsschule nannte. Aber es ist viel wahrscheinlicher, daß die Belebung der ganzen Tätigkeit der historischen Rechtsschule und vor allem die erfolgte Ernennung Savignys zum Minister für Gesetzgebung Marx zu diesem heftigen Angriff motivierte.

Marx schreibt in einem vom 27. April 1842 datierten Brief an Arnold Ruge, daß er diesem vier Arbeiten senden werde, mit denen er beinahe fertig sei.[28] Unter diesen ist auch ein Artikel über die historische Rechtsschule. Der Gedanke seiner Niederschrift ist also früher entstanden, als der Artikel tatsächlich erschienen ist. Jene Arbeiten waren von Marx wahrscheinlich nicht für die „Deutschen Jahrbücher", sondern für die von Ruge geplanten „Anekdota zur neuesten deutschen Philosophie und Publizistik" vorgesehen. Eine der vier Studien sollte die „religiöse Kunst" zum Gegenstand haben, in Verbindung mit dem Buch von Bruno Bauer „Die Posaune des Jüngsten Gerichts über Hegel, den Atheisten und Antichristen. Ein Ultimatum", das anonym erschien. Eine zweite Studie sollte den Romantikern gelten. Die dritte war der gegen die historische Rechtsschule gerichtete Artikel, der als einziger tatsächlich erschienen ist, aber wahrscheinlich nicht in der Form angefertigt wurde, die sich Marx ursprünglich vorgenommen hatte. Die vierte Studie sollte der religiös-mystischen Richtung der deutschen Philosophie gelten, die als einzige Quelle des positiven Wissens die göttliche Offenbarung betrachtete. Später entschied Marx, daß seine über die historische Rechtsschule geschriebene Arbeit als Artikel in der „Rheinischen Zeitung" veröffentlicht wird. Dort ist er auch am 9. August 1842 erschienen.

Es gibt also Hinweise darauf, daß Marx bereits früher mit der historischen Rechtsschule abrechnen wollte. Das paßte in seine Pläne zur Kritik der Gesamtheit der damaligen Philosophie hinein. Sicherlich haben ihn auch seine Universitätserinnerungen dazu angespornt. Gleichzeitig ergab sich aus der Ernennung Savignys zum Minister für Gesetzgebung die Befürchtung, daß sich damit die reaktionäre Richtung verstärkt. Nach seinem Brief, den er am 25. August 1842 an Dagobert Oppenheim schrieb,[29] sind Zeitungen für abstrakte theoretische Fragen erst dann ein geeignetes Feld, wenn diese

Fragen zu Fragen des Staates, zu praktischen Fragen geworden sind. Eine solche Situation war für Marx mit der Ernennung Savignys zum Minister eingetreten.

Noch einige Bemerkungen dazu: Marx hielt Hugo, das geht aus seinem Artikel eindeutig hervor, für einen Vertreter der *alten* historischen Rechtsschule. Er machte offensichtlich einen Unterschied zwischen der alten (Hugo, Savigny) und der neuen historischen Rechtsschule. Erstere war eine Schule, die am Ende des 18. Jahrhunderts und in den ersten Jahrzehnten des 19. Jahrhunderts bestand. Engels hat in einem Brief, den er am 21. August 1851 an Marx schrieb, „die ganze alte historische Schule" erwähnt.[30] In seinem „Philosophischen Manifest der historischen Rechtsschule" sprach Marx über die Nachfolger von Hugo und darüber, daß man hinter der „modernen Phrase" die „schmutzigen alten Ideen" und die „schäbige Trivialität" von Hugo erkennen kann. Wer sind diese Neuen, gegen deren Auffassungen Marx ankämpft? Sein Artikel richtet sich offensichtlich hauptsächlich gegen die, in deren Tätigkeit er gleichzeitig eine akute Gefahr sieht. Aber er will sie so schlagen, daß er zugleich ihre Vorfahren entlarvt. Wen reiht Marx unter diese Neuen ein? Es sind nicht sosehr die Anhänger der eigentlichen historischen Auffassung wie Eichhorn, Niebuhr und Gierke, sondern in erster Linie die politisch ausgesprochenen Reaktionäre Haller, Stahl, Leo und ihre Freunde.

Auch Hegel kritisierte in seiner Rechtsphilosophie bereits die „Restauration der Staatswissenschaft" (1816) von Haller deshalb, weil sie die Einführung der Justiz als Eigenmächtigkeit des Herrschers oder der Regierung auffaßte und in ihr nichts Sinnvoll-Notwendiges sah. Hegel beanstandete den Haß Hallers gegenüber dem Gesetz, den er als jenen „Schiboleth" betrachtete, „an dem sich der Fanatismus, der Schwachsinn und die Heuchelei der guten Absichten offenbaren".[31] Haller zählt in der Literatur eigentlich nicht zur historischen Rechtsschule im engeren Sinne. Wegen seiner klerikalen Auffassungen wird er zur religiösen Schule gezählt. Nicht weniger klerikal, wenn auch protestantisch, war Julius Stahl, der in seinem mehrbändigen Werk „Philosophie des Rechts nach geschichtlicher Ansicht" (1830—1837) aus der Religion die Existenz und den Sinn des Staates und des Rechts ableitet. Zu dieser Richtung gehört auch noch Leo, der vielleicht am meisten einen Übergang zwischen der alten und der neuen Richtung innerhalb der historischen Schule markiert.

Nach dem Artikel von Marx sind die juristischen und historischen Theorien dieser „Neuen" „nur als *codices rescripti* des *Hugonischen Naturrechts* zu betrachten", deren „kritische" Analysen immer wieder den „alten Urtext" hervorbringen. Alle „*Verschönerungskünste*" seien „um so vergeblicher", so schließt Marx, „als wir das alte Manifest noch besitzen", das „philosophische Manifest der historischen Schule".[32]

Die in der „Rheinischen Zeitung" erschienene Studie von Marx ist auch in Verbindung mit jenem Streit zu sehen, der in der Jurisprudenz im 18. Jahrhundert entstand, sich jedoch auch auf die Gesellschaftswissenschaften im allgemeinen auswirkte und dessen Kern darin bestand, daß die gesellschaftlichen Erscheinungen scharf von ihrem philosophisch zu erfassenden Wesen abgegrenzt wurden. Es handelte sich, kurz gesagt, darum, daß die historische Auffassung und die Philosophie gegeneinander standen. Man weiß nicht, an welchen historischen Zeitabschnitt Savigny denkt, wenn er in seinem Hugo lobenden Artikel die Jahre vor 1780 als eine Zeit der Zurückgebliebenheit der Rechtswissenschaften charakterisiert. Er schreibt, dies werde auch dadurch bewiesen, daß die Rechtswissenschaft ein geringeres Ansehen als andere Gebiete der Gesellschaftswissenschaften hätte.[33] Es bleibt unklar, wann diese so abgewertete Epoche begonnen haben mag, ob Kant dazugehörte, möglicherweise wird auch der bereits sein philosophisches Denken entfaltende junge Hegel dazu gerechnet.

Die über die Rechtswissenschaft bzw. über die Rechtsphilosophie jener Zeit ausgesprochene Kritik konnte zum Beispiel in bezug auf den Aufklärer Wolff objektiv richtig sein. Aber sie richtete sich nicht gegen Wolff, sondern gegen die sogenannte philosophische Schule, gegen das Naturrecht. Diese faßte die Institutionen des römischen Rechts als vernünftig auf und idealisierte sie im Gegensatz zu dem flachen Positivismus der historischen Rechtsschule. Sie suchte tatsächlich keinen Sinn in jenem Recht, das sich angeblich national entwickelt hatte, aber in seinen Grundlagen ein übernommenes und historisch deformiertes römisches Recht war.

In bezug auf die Aussage, daß Hugo der Urvater und der Schöpfer der historischen Rechtsschule sei, beruft sich Marx auf Gedanken des „berühmtesten historischen Juristen" und meint damit Savigny. Marx kritisiert mit beißendem Spott diese Schule. Sie habe „ihre Quellenliebhaberei bis zu dem Extrem gesteigert, daß sie dem Schiffer anmutet, nicht auf dem Strome, sondern auf seiner Quelle zu fahren".[34] Diese geistvolle Bemerkung wirft die Widersprüchlichkeit der damaligen ganzen Rechtsquellentheorie auf. Die Marxsche Kritik bindet die historische Rechtsschule an deren primitive Auffassungen vom Menschen: Nicht der wahre Geist des 18. Jahrhunderts ist frivol, sondern der aus dem 18. Jahrhundert stammende Geist der historischen Rechtsschule ist wirkliche Frivolität.

Das Wesen des mit der historischen Rechtsschule geführten Streites besteht darin, daß diese Schule das Positive und das Vernünftige gegenüberstellt, was übrigens für die ganze Zeit charakteristisch und auch z. B. bei Kant zu finden ist. Hinsichtlich der Erkenntnis ist, wie Marx feststellt, Hugo gegenüber dem Agnostizismus Kants ein Skeptiker. Er ist ein Skeptiker gegenüber der Vernünftigkeit der positiven Erscheinungen. Er bindet die historische Rechtsschule an das Positive, sucht jedoch nicht nach dessen Vernünftigkeit, das heißt nach dessen Wesen. Das Positive existiert nicht durch die Vernunft, sondern trotz der Vernunft. Jede Existenz gilt ihm für eine Autorität, jede Autorität gilt ihm für einen Grund. Die Skepsis Hugos gegenüber der Vernunft widerspricht auch der Theorie von Kant, wenngleich sich Hugo auf dessen Skepsis beruft. „Ist ... *Kants Philosophie* mit Recht als die *deutsche Theorie* der französischen Revolution zu betrachten, so *Hugos Naturrecht* als die *deutsche Theorie* des französischen ancien régime."[35] Was bei Hugo übrigbleibt, ist „das rein Positive", das „Nurpositive", das unabhängig von der Vernunft Existierende. Zum Beweis dafür, welche Plattheiten in dem Werke von Hugo zu finden sind, aber auch zum Beweis dafür, wieweit zur Zeit von Marx die Auffassungen der allgemeinen Moral von den Ansichten Hugos entfernt sind, führt Marx drei Beispiele an. Es soll hier nicht jedes einzelne im Detail zitiert, sondern lediglich angezeigt werden: „Das *einzige juristische Unterscheidungsmerkmal* des *Menschen* ist seine *tierische* Natur", stellt Marx als das Motto Hugos fest. Er beschäftigt sich zunächst mit einem Kapitel über die Freiheit, das darauf verweist, daß Hugo eigentlich kein Gegner der Sklaverei ist. Er hält sie vielmehr auch „nach der Vernunft" für möglich. „Das Recht, servi *zu mißhandeln* oder *zu verstümmeln*", betrachtet er als nicht wesentlich. „Für die *vernünftige* Natur" erachtet er die Sklaverei für vorteilhafter als die Armut, weil der Eigentümer sich eher um die Sklaven sorge: „In einer *Verfassung* bleibt grade der servus mit sehr vielen Arten des Druckes verschont."[36]

Ähnlich roh und grob ist der Standpunkt Hugos in bezug auf die Ehe: „... die Heiligung des Geschlechtstriebs durch die *Ausschließlichkeit*, die Bändigung des Triebs durch die Gesetze, die *sittliche Schönheit*, die das Naturgebot zu einem Moment geistiger Verbindung idealisiert — das *geistige Wesen* der Ehe — das eben ist dem Herrn Hugo *das Bedenkliche* an der Ehe."[37] Die Auffassung von Marx steht natürlich in einem scharfen Gegensatz zu solchen Ansichten Hugos, nach denen es beispielsweise ein wichtiger Vorteil der Ehe ist, daß dadurch in der Regel Infektionskrankheiten zu vermeiden sind. Nicht weniger bizarr ist das, was Hugo über die Erziehung sagt. Marx schließt diese Auseinandersetzung mit einem von Hugo stammenden Wort ab, wonach es „eine heilige Gewissenspflicht" eines jeden ist, der die Macht in ihrer Hand haltenden „Obrigkeit zu gehorchen".

Bereits hier wird sichtbar, warum Marx auf die Urquelle der historischen Rechtsschule zurückgriff. Hugo verhüllte seine Ansichten noch nicht in „dem Nebel" des „Rauchwerks der Mystik", die Romantik war noch nicht „phantastisch ausgeschnitzelt", die Spekulation war noch nicht „inokuliert" worden. Später erst, so schreibt Marx, hat man „die vielen *gelehrten* Früchte ... vom Baume geschüttelt, getrocknet und prahlerisch in der großen Vorratskammer deutscher Gelehrsamkeit aufgespeichert".[38]

Aus all diesen Gründen ist zu entscheiden, schrieb Marx, ob die Nachfolger von Hugo „den Beruf haben, die *Gesetzgeber unserer Zeit* zu sein". Marx spielt damit auf das Pamphlet von Savigny „Vom Beruf unserer Zeit für Gesetzgebung und Rechtswissenschaft" an.

Wir betrachteten in diesem Vortrag zwei Stationen aus jenem frühesten Abschnitt der Entwicklung des Rechtsdenkens von Marx, als dieser noch auf dem Boden der bürgerlichen Ideologie verblieb, aber sich immer mehr bereits an Hegel annäherte, um dann schließlich mit seiner Staats- und Rechtsauffassung in dessen Bannkreis zu gelangen.

Die erste Station ist interessant, aber noch wenig bedeutend. In dem an seinen Vater geschriebenen Brief entfalten sich Elemente einer Rechtsphilosophie, die nicht der rückständigen, auf dem römischen Recht aufgebauten Rechtsphilosophie der Epoche gleicht und so auch nicht der Auffassung von Savigny nahesteht, mit dem sich Marx in einer Frage auch ausdrücklich beschäftigte. Die grundlegende Bedeutung dieses an seinen Vater geschriebenen Briefes ist jedoch nicht diese Seite, sondern die Annäherung an Hegel, die unausweichlich zu sein scheint und die Marx, wie es sein Brief bezeugt, nicht umgehen kann. Der Artikel, den er in der „Rheinischen Zeitung" über die historische Rechtsschule schrieb, bedeutet dagegen bereits eine endgültige Absage an Savigny und dessen philosophisch-theoretische Wurzeln. Ohne daß Marx die Bedeutung der geschichtlichen Entwicklung bestreitet, vereinigt er sie nicht nur mit der Philosophie, sondern für ihn ist das ideelle Primat der letzteren charakteristisch. Er versucht, das Geschichtliche philosophisch zu erfassen und damit das Wesen der geschichtlichen Entwicklung. Es ist auf jeden Fall offenbar, daß Marx ein für allemal mit der historischen Rechtsschule abschließt, aber natürlich nicht mit der Geschichte, deren Vernünftigkeit er auch weiterhin sucht.

Zweiter Vortrag: **Artikel von Marx in der „Rheinischen Zeitung“**

I

Artikel von Marx mit ausgesprochen juristischen Aussagen sind in der „Rheinischen Zeitung“ des Jahres 1842 zu finden. Es handelt sich um Berichte über die Debatten des Rheinischen Landtags, die ursprünglich für fünf bis sechs Artikel geplant waren. Der politische Kampf veranlaßte Marx dazu, öffentlich die Aufmerksamkeit auf die Verhandlungen des Landtages zu lenken. Von den geplanten Artikeln sind zwei erschienen. Einer über die Pressefreiheit und einer über den Holzdiebstahl, genauer gesagt über Entwürfe entsprechender Gesetze. Auch in anderen Artikeln von Marx finden sich Hinweise und Bemerkungen zum Recht in relativ großer Zahl, zum Beispiel in seiner Polemik mit der „Kölnischen Zeitung“. Die Juristen betrachten jedoch die beiden erwähnten Artikel als besonders wichtig. Wir wollen uns nicht speziell mit dem Entstehen und der Geschichte dieser Artikel befassen. Dazu sowie über ihre allgemeine Bedeutung finden sich ausreichende Würdigungen in der marxistischen Literatur.

Aus den an verschiedenen Stellen zu findenden, das Recht betreffenden Bemerkungen, die sich zum großen Teil auf das positive Recht und den positiven Staat beziehen, sind zwei allgemeine Lehren zu ziehen. Einmal ist festzustellen, daß Marx damals noch der Zeit seiner juristischen Studien nahestand, vor allem der Lehre Hegels über Staat und Recht. Andererseits ist es verständlich, daß die aktuellen politischen Fragen notwendigerweise in Form von staatsrechtlichen Fragen sowie deren Analyse in Erscheinung traten. Zwar kommt Marx auch später noch häufig auf die Staatstheorie und das Recht zu sprechen, der Anteil derartiger Aussagen nimmt jedoch in seinen Werken ab. Erst im „Kapital“ und in den „Grundrissen zur Kritik der politischen Ökonomie“ werden staats- und rechtstheoretische Probleme erneut in größerer Zahl erörtert, nun aber doch bereits mehr allgemein-theoretisch.

Die Landtage waren territoriale Vertretungskörperschaften, die damals in Deutschland eigentlich keine wichtige politische Rolle spielten (nach Mehrings Meinung „genossen sie die allgemeinste Verachtung“). Friedrich Wilhelm IV. rief sie im Jahre 1841 zusammen, darunter auch den Rheinischen Landtag.[1] Dieser Landtag bestand aus 79 Mitgliedern. Davon waren vier Vertreter der Herzöge, je 25 vertraten die Großgrundbesitzer, das Bürgertum und die Bauernschaft. Zwar hat es den Anschein, als seien die Vertretungen des Bürgertums und der Bauernschaft proportional vertreten, aber jeder Delegierte mußte über Grundbesitz verfügen, und das adlige Drittel konnte zusammen mit den Vertretern der Herzöge alle eine Zweidrittelmehrheit erforderlichen Entscheidungen verhindern.

Marx unternahm es, die Sitzungen des Rheinischen Landtages zu kritisieren, um damit zu beweisen: a) daß dieser keine verfassungsmäßige, sondern nur eine Scheinvertretung ist; b) daß seine Beschlüsse nicht den Interessen und Wünschen des Volkes entsprechen; c) wollte Marx schließlich mit seiner Analyse die Politik der Regierung an den Pranger stellen.[2] Es gab Auseinandersetzungen darüber, ob die Debatten des Landtages täglich durch die Presse veröffentlicht werden sollten, noch dazu unter namentlicher Anführung der Diskussionsredner. Das Letztgenannte verbot der preußische König.

Es war offensichtlich, daß der Landtag keine wirkliche parlamentarische Vertretung war. Seine Mitglieder — das bewies Marx — bahnten nicht einer demokratischen Entwicklung den Weg, sondern waren Interessenvertreter der Reaktion. Marx, das Beispiel des französischen Konvents vor Augen, verachtete diese unzulängliche Form einer parlamentarischen Vertretung, die allerdings für die damalige deutsche Situation charakteristisch war. Seine Äußerungen dazu sind vernichtend. Der an Hegel geschulte Marx begann dabei bereits über Hegel hinauszugehen. „Das einzige Literaturgebiet", schrieb er in seinem Artikel „Debatten über die Preßfreiheit", „in welchem damals noch lebendiger Geist pulsierte, das *philosophische*, hörte auf, deutsch zu sprechen, weil die deutsche Sprache aufgehört hatte, die Sprache des Gedankens zu sein. Der Geist sprach in unverständlichen, mysteriösen Worten, weil die verständlichen Worte nicht mehr verständig sein durften." Das zielte offensichtlich auf die philosophische Ausdrucksweise Hegels ab.[3]

In den von Ruge herausgegebenen „Anekdota" schrieb Marx zum Problemkreis der Presse einen Artikel „Über die neueste preußische Zensurinstruktion"[4], der von einem allgemeinen prinzipiellen Gesichtspunkt aus konzipiert war und der gleichfalls Rechtsfragen anschnitt. Daraus verweisen wir nur auf einen Gedanken bzw. einen Gesichtspunkt, auf die scharfe Kritik von Marx gegen das Zensurgesetz als Tendenzgesetz. Auch für heutiges modernes Strafrecht ist Marx' heftige Widerlegung der Auffassung nicht uninteressant, die den Täter nicht für die Tat zur Verantwortung zieht, sondern für den als strafbar beurteilten Gedanken. „Gesetze, die nicht die *Handlung als solche*, sondern die *Gesinnung* des Handelnden zu ihren Hauptkriterien machen, sind nichts anderes als *positive Sanktionen der Gesetzlosigkeit*."[5] Marx schreibt, und das ist auch der Standpunkt des modernen fortschrittlichen Strafrechts: „Nur insofern ich mich *äußere*, in die Sphäre des Wirklichen trete, trete ich in die Sphäre des Gesetzgebers. Für das Gesetz bin ich gar nicht vorhanden, gar kein Objekt desselben, außer in *meiner Tat*. Sie ist das einzige, woran mich das Gesetz zu halten hat; denn sie ist das einzige, wofür ich ein Recht der Existenz verlange, ein *Recht der Wirklichkeit*, wodurch ich also auch dem *wirklichen Recht* anheimfalle. Allein das Tendenzgesetz bestraft nicht allein das, was ich tue, sondern das, was ich *außer* der Tat meine. Es ist also ein Insult auf die Ehre des Staatsbürgers, ein Vexiergesetz gegen meine Existenz." Marx verspottet später dieses „Vexiergesetz" als „Gesinnungsgesetz" und schreibt, daß dieses die Gleichberechtigung der Staatsbürger vor dem Gesetz verletzt: „Es ist kein Gesetz, sondern ein *Privilegium*."[6]

Diese Beweisführung ist eine auch heute noch gültige glänzende Argumentation gegen das sogenannte Täterstrafrecht, eine Auffassung, die die Person des Täters in den Mittelpunkt stellt. Die Strafjuristen können auch heute noch aus jener Marxschen Analyse lernen.

Wie bereits erwähnt, stellte Marx die Frage der Zensur von einem allgemein-intellektuellen Gesichtspunkt her in den „Anekdota“ von Ruge. Es ist eine „Masse Zensurwidrigkeiten, die jetzt in den Geistern stecken“, schrieb Marx am 5. März 1842 an Ruge.[7] In einem anderen Zusammenhang beschäftigte er sich erneut mit der Frage. Darauf verweist Marx in seinem vom 27. April datierten Brief an Ruge. Er habe an die „Rheinische Zeitung“ einen langen Artikel über den Landtag geschickt: „Bei Gelegenheit der Preßdebatten komme ich wieder auf Zensur und Preßfreiheit zurück von andren Gesichtspunkten aus.“[8]

Was waren diese „andren“ Gesichtspunkte? Liest man den Artikel in der „Rheinischen Zeitung“, dann besteht kein Zweifel daran, daß dieser Gesichtspunkt ein politischer und kein allgemein-ideologischer ist. Mit diesem Artikel greift Marx unmittelbar in das politische Leben ein. Die Bezeichnung „politisch“ bezieht sich bei Marx in erster Linie auf das Staatliche. Marx stellt die Frage der Preßfreiheit vom Wesen des Staates her. Das Wesen des Staates war für ihn zu dieser Zeit völlig von Hegels Staatsphilosophie her bestimmt. In einem später in der „Rheinischen Zeitung“ erschienenen Artikel, und zwar in einer auf den Leitartikel der Nr. 179 der „Kölnischen Zeitung“ vom 10. bis 14. Juli 1842[9] gegebenen Antwort, schreibt Marx, daß der Begriff des Staates in der vernünftigen Verwirklichung der Freiheit bestehe. In diesem Sinne kann der Staat nur ein vernünftiger Staat sein. Den Staat entwickelt man „aus der Vernunft der menschlichen Verhältnisse . . ., ein Werk, was die Philosophie vollbringt“.[10] Das ist eindeutig Hegelsche Auffassung.

Diese sich gegen den Artikel der „Kölnischen Zeitung“ richtende Arbeit von Marx hat auch vom Gesichtspunkt der Staatstheorie her Bedeutung. Marx stellt dort fest: „Gleich vor und nach . . . der großen Entdeckung des Kopernikus . . . wurde zugleich das Gravitationsgesetz des Staats entdeckt, man fand seine Schwere in ihm selbst.“[11] Zuerst begannen „Machiavelli, Campanella, später Hobbes, Spinoza, Hugo Grotius, bis zu Rousseau, Fichte, Hegel herab, den Staat aus menschlichen Augen zu betrachten und seine Naturgesetze aus der Vernunft und der Erfahrung zu entwickeln, nicht aus der Theologie, so wenig als Kopernikus sich daran stieß, das Josua der Sonne zu Gideon und dem Mond im Tale Ajalon stillezustehen geheißen“.[12] Marx hält der früheren Philosophie und den früheren Staatsrechtslehrern vor, daß sie den Staat aus den Instinkten oder aus der Vernunft, „aber nicht aus der Vernunft der Gesellschaft, sondern aus der Vernunft des Individuums“ konstruierten, „so die ideellere und gründlichere Ansicht der neuesten Philosophie aus der Idee des Ganzen“.

Die neueste Philosophie „betrachtet den Staat als den großen Organismus, in welchem die rechtliche, sittliche und politische Freiheit ihre Verwirklichung zu erhalten hat und der einzelne Staatsbürger in den Staatsgesetzen nur den Naturgesetzen seiner eignen Vernunft, der menschlichen Vernunft gehorcht“.[13] Was ist das anderes als reiner Hegelianismus? Die Auffassung des Staates als Verkörperung der sittlichen Idee! Die Zensur ist nur ein Hindernis und das Pressegesetz nur ein hemmendes Mittel, daß sich diese Staatsidee verwirklicht. Dem stehen solche Institutionen des Staates entgegen, „aus denen der Geist entflohen ist“,[14] wie Hegel im Hinblick auf die Württembergische Verfassung schrieb. Die Zensur ist eine Institution, die das Denken in Fesseln legt. Deshalb fordert Marx ein Pressegesetz als Mittel zur Verwirklichung der Staatsidee. Das ist der eigentliche Sinn der Arbeit von Marx, er verlangt ein neues Gesetz für die notwendigen neuen staatlichen Verhältnisse, in denen die Vernunft nunmehr triumphiert.

Es ist offensichtlich, daß Marx seinen Kampf, im gegebenen Falle für die Pressefreiheit, noch auf der Grundlage einer idealistischen Auffassung führte. Mit einem Wort: Er war noch kein Marxist, aber er unterschied sich schon von den anderen Junghegelianern, weil er entschlossen „als radikaler Demokrat" auftrat.[15] Seine Auffassung fand darin ihren Ausdruck, daß er einen Widerspruch zwischen der Zensur als feudaler Institution und der Pressefreiheit als liberaler Forderung feststellte. In dieser Argumentation stand die Zensur als reine Ordnungsregel dem Gesetz als Äußerung der menschlichen Vernunft gegenüber, ein Gedanke, der sich in ähnlicher Form bereits bei Rousseau findet. Der Marxsche Idealismus drückt sich u. a. in seiner Feststellung aus, daß „ein Gesetzbuch ... die Freiheitsbibel eines Volkes" ist.[16] Wessen Gesetz ist das, zu welchem System gehört die Freiheitsbibel des Volkes? Gibt es etwa keine einengenden und den Fortschritt bremsenden Gesetze? Wird das Gesetz der sittlichen Idee zur Macht verhelfen, den Hegelschen idealen Staat als Freiheit des Volkes installieren? Es wird deutlich, daß der Standpunkt von Marx bei weitem noch nicht eindeutig ist. Aber es ist der Beginn seiner Entwicklung, wobei er in dieser Arbeit noch wesentlich gegen die *feudale* Reaktion kämpft.

Das Interesse des Juristen an diesen Darlegungen von Marx beschränkt sich möglicherweise nicht nur auf die Probleme der geistigen Entwicklung von Marx. Die Feststellungen von Marx über das Gesetz im allgemeinen und dessen Theorie sind vielleicht noch von zusätzlichem Nutzen. Die Rechtstheorie arbeitet auch heute noch mit einer stark vereinfachten Gesetzestheorie, und besonders das Verhältnis zur Verordnung ist nicht ausreichend geklärt bzw. die zwischen ihnen vorgenommene Unterscheidung verwischt beide inhaltlich, unterscheidet sie nur formell. Bei Marx (wie übrigens auch bei Rousseau) spielt demgegenüber der inhaltliche Unterschied zwischen dem Gesetz (der Pressefreiheit) und der Verordnung (der Zensur) eine grundlegende Rolle. Das ist ein Element, das die gegenwärtige marxistische Rechtstheorie bei ihren Untersuchungen über die Rechtsquellen nicht unbeachtet lassen sollte.

Die gesamte Analyse von Marx über die Zensur und die Pressefreiheit geht von der These aus, daß das Naturgesetz des Staates bereits entdeckt wurde, dem die Staatsentwicklung unterworfen ist. Und da die Natur des Staates sich im Staat selbst ausdrückt, muß man auch die Zensur und das Pressegesetz von dieser Seite her bewerten. Die modernen Feudalherren wollen „die Freiheit (die Pressefreiheit — I. Sz.) nicht als natürliche Gabe dem allgemeinen Sonnenlichte der Vernunft, sondern als übernatürliches Geschenk einer besonders günstigen Konstellation der Sterne verdanken".[17] Marx stellt sich auch hinsichtlich des Staates auf einen idealistischen Standpunkt. Vom Gesichtspunkt der Staatsidee her steht die Freiheit im Mittelpunkt. Die Pressefreiheit selbst ist „eine Gestalt der Idee, der Freiheit, ein positiv Gutes ..., während die Zensur eine Gestalt der Unfreiheit, ... eine nur negative Natur ist".[18] Marx bricht eine Lanze für diese Form der Freiheit, für die Pressefreiheit und gegen die Zensur, die „Kritik als Monopol der Regierung" ist. Diese Kritik verliert jedoch ihren rationalen Charakter, „wenn sie nicht theoretisch, sondern praktisch (ist), wenn sie nicht über den Parteien, sondern selbst eine Partei, wenn sie nicht mit dem scharfen Messer des Verstandes agiert, sondern mit der stumpfen Schere der Willkür, wenn sie die Kritik nur ausüben, nicht ertragen will, wenn sie sich verleugnet ... "[19] Von dieser Konzeption geht Marx aus, wenn er die polizeiliche Zensur mit der Allgemeinheit des Gesetzes und der Staatlichkeit konfrontiert. Marx sah in der Allgemeinheit ein Wesensmerkmal, sogar das grundlegende Merkmal des Gesetzes.

„Das Zensurgesetz ist also kein Gesetz, sondern eine Polizeimaßregel, aber sie ist selbst eine *schlechte Polizeimaßregel*, denn sie erreicht nicht, was sie will, und sie will nicht, was sie erreicht."[20] „Das Preßgesetz (ist) Recht und das Zensurgesetz Rechtlosigkeit ..."[21] Wie erklärt Marx diese These im einzelnen? Zunächst mit einer Gegenüberstellung von Pressegesetz und Zensurgesetz. „Im Preßgesetz straft die Freiheit. Im Zensurgesetz wird die Freiheit bestraft. Das Zensurgesetz ist ein Verdachtsgesetz gegen die Freiheit. Das Preßgesetz ist ein Vertrauensvotum, das die Freiheit sich selbst gibt. Das Preßgesetz bestraft den Mißbrauch der Freiheit. Das Zensurgesetz bestraft die Freiheit als einen Mißbrauch ... Das Zensurgesetz hat nur die *Form* eines Gesetzes. Das Preßgesetz ist ein *wirkliches* Gesetz."[22] Damit wird eine erste, für uns und für das Recht grundlegende Feststellung des Unterschieds zwischen formalem Gesetz und wirklichem Gesetz[23] gegeben.

Es ist davon die Rede, daß das Gesetz nicht lediglich durch die gesetzliche Form zum Gesetz wird, sondern außerdem noch etwas anderes notwendig ist, damit es zum Gesetz werden kann. Das aber ist der Inhalt, das heißt das Wesen des Gesetzes. „Das Preßgesetz ist *wirkliches Gesetz*, weil es positives Dasein der Freiheit ist. Es betrachtet die Freiheit als den *normalen* Zustand der Presse, die Presse als ein Dasein der Freiheit und tritt daher erst in Konflikt mit dem Preßvergehen als einer Ausnahme, die ihre eigene Regel bekämpft und sich daher aufhebt."[24] Die sich auf die Pressefreiheit beziehende Rechtsvorschrift ist also ein wirkliches Gesetz, weil sein Wesen und Inhalt die Freiheit ist. Das Gesetz ist nichts anderes als eine Kategorie der Freiheit. Aber wenn das so mit dem Pressegesetz steht, gilt das dann nicht auch für jedes andere Gesetz? Prinzipiell ist jedes Gesetz, das ist der Standpunkt des revolutionären Demokraten Marx, eine Kategorie der Freiheit. Das „Preßgesetz erklärt die Freiheit für die Natur des Verbrechers. Was er also gegen die Freiheit getan, hat er gegen sich selbst getan, und diese Selbstverletzung erscheint ihm als *Strafe*, die ihm eine Anerkennung seiner Freiheit ist."[25] Dies ist eine charakteristische Reflexion der Hegelschen Strafrechtstheorie, nach der in der Bestrafung der Verbrecher sich selbst als Mensch achtet. Das soll uns jedoch hier zunächst noch nicht interessieren. Marx erklärt, daß das Gesetz durch seinen Inhalt zum Gesetz wird. Dieser Inhalt muß der höchsten Äußerungsform des Geistes, dem Staatsgeist, dem moralischen Gehalt der Gesellschaft entsprechen. Nach der Verwerfung des Tendenzgesetzes ist das das zweite wesentliche Element der Gesetzestheorie von Marx.

Aber ist es richtig, daß das ein „wirkliches Gesetz" ist, in dem sich der Geist äußert? Die Gegenüberstellung von Zensurgesetz und Pressegesetz zeigt, daß nur jenes Gesetz das „wirkliche Gesetz" ist, das dem Wesen des Staates, des gegebenen Staates, bei Marx eines radikalen bürgerlichen Staates, entspricht. Dies können wir als Grundthese annehmen und auch im Hinblick auf den Sozialismus für gültig erachten. Auch im Sozialismus gibt es nur jenes „wirkliche Gesetz", das dem Wesen des sozialistischen Staates entspricht. Wenn ein anderer Inhalt eine Gesetzesform annehmen würde, so wäre das nur ein formales Gesetz. Deshalb muß eine Prüfung des Gesetzes immer analysieren, ob es dem Wesen, der Bestimmung und dem Ziel des Staates entspricht. Nur wenn das der Fall ist, handelt es sich um ein wirkliches Gesetz, ansonsten ist es nur ein „negatives Gesetz", ein „Nicht-Gesetz", das lediglich in den Mantel eines Gesetzes gekleidet ist.

Marx gibt gleichsam auch eine Definition für das Gesetz: „Die Gesetze sind ... die positiven, lichten, allgemeinen Normen, in denen die Freiheit ein unpersönliches, theoretisches, von der Willkür des Einzelnen unabhängiges Dasein gewonnen hat ... Das *Preßgesetz* ... ist *Recht*, weil es positives Dasein der Freiheit ist."[26] Bei dem Begriff „positives Dasein" liegt die Betonung auf positiv. Marx fügt gleich hinzu — und das ist ein weiteres Element seines Gesetzesbegriffes —: „*Es gibt keine aktuellen Präventivgesetze*. Das Gesetz präveniert nur als *Gebot*. *Tätiges* Gesetz wird es erst, sobald es übertreten wird, denn *wahres* Gesetz ist es nur, wenn in ihm das bewußtlose Naturgesetz der Freiheit bewußtes Staatsgesetz geworden ist."[27] Hier ist wiederum von der unzertrennlichen Einheit zwischen Gesetz und Freiheit die Rede: „Die Gesetze können also den Handlungen des Menschen nicht prävenieren, denn sie sind ja die inneren Lebensgesetze seines Handelns selbst (die der Äußerung der Freiheit — I. Sz.), die bewußten Spiegelbilder seines Lebens ... und erst, wenn ... er aufgehört, dem Naturgesetz der Freiheit zu gehorchen, zwingt es ihn als Staatsgesetz, frei zu sein, wie die physischen Gesetze nur dann erst als ein Fremdes gegenübertreten, wenn mein Leben aufgehört hat, das Leben dieser Gesetze zu sein, wenn es *erkrankt* ist." Die letzte Konsequenz ist, daß das präventive Gesetz „ein *sinnloser Widerspruch*, ... der Widerspruch einer *unbeschränkten Beschränkung* (ist), und wo es aufhört, ist nicht durch die Notwendigkeit, sondern durch den Zufall der Willkür die Grenze gesetzt, wie die Zensur täglich ad oculos demonstriert".[28]

Marx demonstriert also in Gegenüberstellung von Zensur und Pressegesetz die Wesenseigenschaften des Gesetzes als einer inhaltlich bestimmten Kategorie, wobei er von der Hegelschen Rechtsphilosophie ausging und auf ihr aufbaute. Letztlich bestritt er die vorbeugende (präventive) Wirkung des Gesetzes, da es der Staat gerade dann geltend macht, wenn das Verhalten keine Äußerung der Freiheit ist. Das Gesetz ist ein Mittel, um den Menschen sukzessive auf den Weg der Freiheit zu geleiten. Es gibt nichts, dem vorzubeugen ist, der Freiheit ist nicht vorzubeugen. Auch hier ist die Hegelsche Position deutlich erkennbar.

Schließlich stellt Marx auch hinsichtlich der Rechtsanwendung Zensur und Pressegesetz gegenüber. Der Zensor ist „selbst Regierungsglied", er hängt nämlich von ihr ab, und der Richter ist „weder mir noch der Regierung" zugehörig. Der Richter mißt am Allgemeinen, er beurteilt die Handlung nach dem Gesetz. „Der Zensor bestraft nicht allein die Verbrechen, *er macht* sie auch." Im Falle der Zensur „wird gerichtet von einer versteckten, nur negativen Macht, die sich nicht als Gesetz zu konstituieren weiß, die das Licht des Tages scheut, die an keine allgemeinen Prinzipien gebunden ist". Deshalb wird die Zensur der Polizei übertragen.[29]

In der an Hegel orientierten Gesetzesauffassung von Marx ist das Element der Allgemeinheit dasjenige, das immer wieder herangezogen wird. An einigen Stellen erwähnt Marx ausdrücklich die Allgemeinheit als Erfordernis des Gesetzes und als allgemeine Bestimmung des Gesetzes.[30] Das Gesetz muß also allgemein, abstrakt sein. Gerade das macht es zum Gesetz. Gleichzeitig wird es dadurch auch von der Weisung unterschieden, denn Weisungen müssen nicht allgemein sein.

Dies war der erste Artikel von Marx über die Beratungen des Rheinischen Landtags im Jahre 1841. Er ließ darüber noch einen weiteren Artikel erscheinen, er bezieht sich auf die Debatte über die Mischehe. In einem dritten Artikel analysiert Marx die Debatten über den Entwurf für ein Holzdiebstahlsgesetz. Betrachten wir diesen Artikel nunmehr näher.

II

Der gleichfalls in der „Rheinischen Zeitung“ erschienene Artikel „Debatten über das Holzdiebstahlsgesetz“ von Marx[31] hat für die Entwicklung von Marx grundlegende Bedeutung. Er wandte sich darin, wie in der Literatur vermerkt wird, erstmals an die Volksmassen und befaßte sich mit einer Frage, die die armen Schichten des Volkes berührte. Mehring schreibt, daß im Jahre 1836 von den auf dem Territorium des preußischen Staates eingeleiteten 207478 Strafverfahren 150000, das heißt fast drei Viertel davon, aufgrund von Holzdiebstahl, Wilddieberei sowie Forst- und Weidevergehen eingeleitet wurden.[32] Ein weiteres Charakteristikum dieses Artikels ist es, daß sich Marx erstmals mit ökonomischen Fragen befaßte. In seinem berühmten Vorwort, das er zur „Kritik der politischen Ökonomie“ schrieb, sagte er im Jahre 1859 rückblickend: „Im Jahr 1842/43, als Redakteur der ‚Rheinischen Zeitung‘, kam ich zuerst in die Verlegenheit, über sogenannte materielle Interessen mitsprechen zu müssen. Die Verhandlungen des Rheinischen Landtags über Holzdiebstahl und Parzellierung des Grundeigentums, die amtliche Polemik, die Herr von Schaper, damals Oberpräsident der Rheinprovinz, mit der ‚Rheinischen Zeitung‘ über die Zustände der Moselbauern eröffnete, Debatten endlich über Freihandel und Schutzzoll, gaben die ersten Anlässe zu meiner Beschäftigung mit ökonomischen Fragen.“[33]

Der über die Fragen des Holzdiebstahls geschriebene Artikel führt die geistige Entwicklung von Marx *von ihrem Gegenstand her* weiter, während er ansonsten in seinem Denken noch Hegelianer blieb. „Marx betrachtete den Staat als den großen Organismus, worin die rechtliche, sittliche und politische Freiheit ihre Verwirklichung zu erhalten habe und der einzelne Staatsbürger in den Staatsgesetzen nur den Naturgesetzen seiner eigenen Vernunft, der menschlichen Vernunft gehorche.“[34] Aber das Denken von Marx nahm vom Gegenstand her neue Dimensionen an. Es erstreckte sich nunmehr bereits nicht mehr nur auf die politischen, sondern auch auf die ökonomischen Beziehungen der Gesellschaft. Wichtig ist, daß er diese dabei noch immer von ihren rechtlichen Äußerungsformen her analysierte. Deshalb ist auch sein Artikel, der die Debatten über das Holzdiebstahlsgesetz kritisiert, reich an juristischen Aussagen, unter denen besonders die eingehende Analyse des Gewohnheitsrechts hervorzuheben ist.

Bevor wir uns dem zuwenden, müssen wir nochmals darauf zurückkommen, was dieser Landtag darstellte. Nach dem Staatslexikon von Rotteck und Welcker entstehen, wenn es die Größe des Staates unmöglich macht, die verschiedenen Gebiete des Landes zu einem einzigen einheitlichen Verband zu vereinigen, jeweils gesonderte territoriale Vertretungen. Damit ist die Übertragung eines Teils der gesetzgebenden Macht an das Parlament dieser örtlichen, territorialen Einheit verbunden. Das Land ist somit eine verfassungsmäßig bestimmte territoriale und bevölkerungsmäßige Einheit, die teilweise die Staatsmacht ausübt.[35] In diesem Zusammenhang schreibt Marx über das Gesetzgebungsrecht des Landtags: „Der Landtag tritt als *ergänzender Gesetzgeber* an die Seite des Staatsgesetzgebers.“[36] Der Landtag hatte offensichtlich ein Recht, sich selbständig mit dem Holzdiebstahl zu befassen. Dieses Problem interessiert Marx nicht weiter. Ihn interessiert die Frage, wie kann dieser Landtag mittels Gesetzes den Holzdiebstahl als selbständige Straftat qualifizieren und damit dem für den gesamten Bund festgelegten Begriff des Diebstahls eine Erweiterung hinzufügen? Kann der Landtag das überhaupt?

Marx argumentiert dagegen, daß die angeführten Arten des Holzdiebstahls (Aneignung von Ästen, Sammeln von Reisig) durch das Gesetz zur Straftat erklärt werden. Er schreibt: „Wenn man zugeben muß, daß der Tatbestand dem Wesen nach verschieden, so wird man kaum behaupten dürfen, daß er dem Gesetz nach derselbe sei."[37] Wenn jemand lebendes bzw. eingeschlagenes Holz entwende, dann verletze er das Eigentum. Im Falle der herabgefallenen Äste handele es sich jedoch um Holz, das bereits prinzipiell vom Eigentum getrennt ist. Wird auch das als Diebstahl qualifiziert, so wird von den Unterschieden zwischen den verschiedenen Handlungen abstrahiert. Ist bei einer solchen Auffassung — so fragt Marx — „nicht alles Privateigentum Diebstahl"?[38] Eine Auffassung, die das Aufsammeln von herabgefallenen Ästen genauso wie das Fällen und das Wegnehmen des Baumes selbst für Diebstahl hält, führt im Volk zu falschen Vorstellungen. Man identifiziert zwei verschiedene Arten von Handlungen. Im Falle des Aufsammelns von Ästen sieht das Volk „die Strafe, aber es sieht nicht das Verbrechen, und weil es die Strafe sieht, wo kein Verbrechen ist, wird es schon darum kein Verbrechen sehen, wo die Strafe ist".[39] Beim Strafrecht, so erläutert Marx, ist es eine vorrangige Notwendigkeit, daß man auf die Gemeinschaftsauffassung achtet.

Aber jene Identifizierung ist auch logisch unsinnig. Marx argumentiert folgendermaßen: „Und hebt sich diese brutale Ansicht, die nur eine gemeinsame Bestimmung in verschiedenen Handlungen festhält und von der Verschiedenheit abstrahiert, nicht selber auf?"[40] Hier bestehe die Gefahr, daß man eine Straftat im Unterschied zum Recht fixiere und damit hebe man das Recht selbst auf.

Ein wesentlicher Bestandteil des Strafrechts ist die Unterscheidung der Straftaten nach der Schwere der Handlung, woraus sich die Abweichung in der Strafhöhe ergibt. Denn: „jedes Verbrechen hat eine Seite mit dem Recht selbst gemein. Es ist daher ein ebenso historisches als vernünftiges Faktum, daß die unterschiedslose Härte allen Erfolg der Strafe aufhebt, denn sie hat die Strafe als einen Erfolg des Rechts aufgehoben."[41]

Marx verweist in diesem Zusammenhang schließlich auf die Bedeutung des Maßes bei der Festlegung der Strafe. Hier macht er gleichfalls die Strafrechtstheorie Hegels nahezu vollständig zu seiner eigenen. „Wenn der Begriff des Verbrechens die Strafe, so verlangt die Wirklichkeit des Verbrechens ein Maß der Strafe."[42] Er übernimmt auch die Hegelsche Strafrechtskonzeption, wenn er schreibt: Die Strafe „muß dem Verbrecher also die notwendige Wirkung seiner eigenen Tat, daher als *seine eigene Tat* erscheinen. Die Grenze seiner Strafe muß also die Grenze seiner Tat sein."[43] Dieser subjektive Bezug der Straftat zur Bestrafung, die Selbsteinschätzung des Straftäters in der Bestrafung, das ist ein grundlegender Gedanke des strafrechtlichen Teils der Hegelschen Rechtsphilosophie.

Das Gewohnheitsrecht folgte im Mittelalter dem römischen Recht, aber es existierte auch gleichzeitig mit diesem und blieb schließlich auch im Kapitalismus als eine zweite, sekundäre Rechtsquelle bestehen. Die sozialistische Rechtslehre verneint, daß es neben seiner korrigierend-unterstützenden Rolle auch andere Funktionen habe. Das Entstehen des Gewohnheitsrechts wird oft mit einem Mythos umgeben, als ob unter bestimmten objektiven und subjektiven Bedingungen und während einer bestimmten Zeit das praktische Leben selbst neben dem geschriebenen Recht und mit ihm gleichrangig ein Gewohnheitsrecht schaffen würde. Es ist zu fragen, wer das Gewohnheitsrecht tatsächlich schafft. Es ist offensichtlich, daß es der Staat mittels seines Rechtsetzungsmonopols selbst nicht schafft. Es kann aber nur ein staatliches Organ sein, das eine ständig wiederkehrende Situation als Recht deklariert. Es handelt sich dabei um das staatliche, rechtsanwendende Organ. Das Gewohnheitsrecht ist also, seines Mythos' beraubt, ein durch das rechtsanwendende staatliche Organ geschaffenes (festgelegtes, deklariertes) Recht. Natürlich ist es soziologisch nicht unerheblich, ob in einer Gesellschaft die Kraft der Gewohnheit so stark wird, daß sie schließlich in Recht umschlägt, aber das ändert nichts an der rechtlichen Seite und am Wesen der Sache. Marx beruft sich deshalb auf das Gewohnheitsrecht, um zu beweisen: Das Volk hat immer im Wald Abfallholz gesammelt, ohne daß dies irgendwann als Diebstahl betrachtet worden wäre. Das Volk hat also ein gewohnheitsrechtlich erlangtes Anrecht auf dieses Holz.

Marx übersieht jedoch auch nicht die Tatsache, daß unter Umständen das Leben des Gesetzes selbst zur Gewohnheit wird. Das bezeichnet er mit Hegel als „vernünftiges Gewohnheitsrecht". Er schreibt: „Das vernünftige Gewohnheitsrecht ist in der Zeit allgemeiner Gesetze nichts anders als die *Gewohnheit des gesetzlichen Rechts*, denn das Recht hat nicht aufgehört, Gewohnheit zu sein, weil es sich als Gesetz konstituiert hat, aber es hat aufgehört, *nur* Gewohnheit zu sein. Dem Rechtlichen wird es zu seiner eigenen Gewohnheit, gegen den Unrechtlichen wird es durchgesetzt, obgleich es nicht seine Gewohnheit ist ... die Gewohnheit wird vernünftig, weil das Recht gesetzlich, weil die Gewohnheit zur Staatsgewohnheit geworden ist."[44] Das ist im Grunde der gleiche Gedankengang, von dem aus Lenin später die Umrisse des Kommunismus skizzierte, in dem die Menschen sich daran „gewöhnen" werden, „die elementaren Regeln des gesellschaftlichen Zusammenlebens *ohne Gewalt* und *ohne Unterordnung* einzuhalten", das heißt daß die Regeln des Zusammenlebens zu vernünftigen Gewohnheiten werden.[45]

Marx berührte übrigens in seinem Artikel alle drei Formen des Gewohnheitsrechtes, die in der klassischen Rechtslehre zu finden sind: das das Gesetz ersetzende, erklärende und verderbende Gewohnheitsrecht. Im Zusammenhang damit schreibt er „über das Gewohnheitsrecht der Armen", das offensichtlich das Gesetz verdirbt: „Wir vindizieren der Armut das *Gewohnheitsrecht*, und zwar ein Gewohnheitsrecht, welches nicht lokal, ein Gewohnheitsrecht, welches das Gewohnheitsrecht der Armut in allen Ländern ist." Das Gewohnheitsrecht könne „seiner Natur nach *nur* das Recht dieser untersten besitzlosen und elementarischen Masse sein".[46]

Dieses Gewohnheitsrecht ist ein Recht neben dem Recht der herrschenden Klasse, es ist ein sich neben dem amtlichen Recht herausbildendes, ihm widersprechendes, durch die herrschende Klasse zwar toleriertes, aber dem offiziellen Recht entgegengesetztes Recht. In dieser Hinsicht scheiden sich daher Gesetz und Gewohnheitsrecht, sie stehen geradezu im Widerspruch zueinander. Wir finden hier eine interessante und ursprüngliche Erklärung des Gewohnheitsrechts. Die Armut hat in diesem Falle ein das Gesetz verderbendes Gewohnheitsrecht. Dementsprechend würde das geplante neue Gesetz, das das Aufsammeln von Ästen als Diebstahl qualifiziert, dem durch eine jahrhundertelange Übung errungenen Gewohnheitsrecht der Armen widersprechen. Der Rheinische Landtag stellt sich also in einem solchen Falle einem bereits erlangten Recht, einem dem Gesetz widersprechenden Recht der Armen entgegen.

Aber Marx erkennt andererseits auch die dem Gesetz entgegengesetzten und das Gesetz verderbenden Gewohnheiten der Privilegierten. „Wenn die Privilegierten vom *gesetzlichen Recht* an ihre *Gewohnheitsrechte* appellieren, so verlangen sie statt des menschlichen Inhaltes die tierische Gestalt des Rechts, welche jetzt zur bloßen Tiermaske entwirklicht ist."[47] Dies ist ein Hegelianischer Gedanke, der das reale Wesen des Rechts im menschlichen Wesen sieht. Marx begründet, daß es einen Abschnitt in der Geschichte der Menschheit gab, in dem diese noch Teil der Natur war. Es ist jener Zustand, in dem das tierische oder ein ihm ähnliches Dasein herrschend war, als es noch keine Freiheit, sondern lediglich Unfreiheit gab. Dem entsprach ein tierisches Recht. Während „das menschliche Recht das Dasein der Freiheit, ist dies tierische Recht das Dasein der Unfreiheit".[48] Der Feudalismus ist nichts anderes als eine „geistige Tierwelt", die Menschen werden auf einer tierischen Ebene gehalten, weil im Feudalismus, wie in der Gesellschaft der Bienen, die Arbeitsbienen nicht die Drohnen töten, sondern die Drohnen töten die Arbeitsbienen, und zwar gerade durch die Arbeit.

Neben diesen gesellschaftsphilosophischen gibt es bei Marx auch rechtliche Argumente. „Die Gewohnheitsrechte der Vornehmen" sind von ihrem Inhalt her keine Gesetze, weil sie der Form des allgemeinen Gesetzes widersprechen, nämlich der Allgemeinheit und der Notwendigkeit. Bei Marx ist hier offensichtlich nicht von jenem Gewohnheitsrecht der „Vornehmen" die Rede, das gar kein Gesetz ist und dieses auch nicht ersetzen kann. Nach Marx ist der wirkliche Sinn des Gewohnheitsrechtes der, daß es „als eine *aparte Domäne* neben dem gesetzlichen Recht ... nur da vernünftig (ist), wo das Recht *neben* und *außer* dem *Gesetz* existiert, wo die Gewohnheit die *Antizipation* eines gesetzlichen Rechts ist".[49] Die Privilegierten sind demgegenüber bestrebt, für sich mit einem Gewohnheitsrecht außerhalb der durch das Gesetz bestimmten Grenzen der Vernunft die diese Grenzen überschreitenden Launen und Prätentionen zu sichern. Im Gegensatz dazu sind die wirklichen, das heißt die von ihrem Wesen her das wirkliche, vernünftige Recht realisierenden Gewohnheitsrechte, das heißt die Gewohnheitsrechte der Armen, jene Rechte, die der Gewohnheit des positiven Rechts und somit dem Gesetz entgegenstehen. Sie haben noch nicht die Form des Gesetzes erreicht, sie sind also Fragen des Kampfes gegen die bestehenden positiven Gesetze.[50] Es wird ersichtlich, daß in dieser Theorie vom wirklichen Gewohnheitsrecht, das in die Gestalt der Hegelschen Vernunft gekleidet ist, Gesetz und Gewohnheitsrecht als Ausdruck des wirklichen Klassengegensatzes zwischen Privilegierten und Armen auftreten.

Hier wird deutlich, daß Marx unabdingbar auf der Seite der Armen steht. „Es lebt also in diesen Gewohnheiten der armen Klasse ein instinktmäßiger Rechtssinn, ihre Wurzel ist positiv und legitim, und die Form des *Gewohnheitsrechts* ist hier um so naturgemäßer, als das *Dasein der armen Klasse selbst* bisher eine *bloße Gewohnheit* der bürgerlichen Gesellschaft ist, die in dem Kreis der bewußten Staatsgliederung noch keine angemessene Stelle gefunden hat."[51]

In seinem Artikel „Der Kommunismus und die Augsburger ‚Allgemeine Zeitung'" betonte Marx, die durch unsere Intelligenz zur Macht gebrachten Ideen „sind Ketten, denen man sich nicht entreißt, ohne sein Herz zu zerreißen".[52] Wie es scheint, wird Marx immer mehr zum Gefangenen solcher Ideen, und er wird sich bis zu seinem Tode nicht aus dieser Gefangenschaft befreien können.

Einige Kritiker werfen dem jungen Marx vor, daß er seine Theorie vom Humanismus her begründet, daß er im Humanismus befangen war, daß er dem Menschen als einem lebenden und fühlenden Wesen noch eine zu große Rolle zuweist. Das stünde im Gegensatz zum alten Marx, der sich bereits von diesem humanistischen Ballast befreit habe und dessen Theorie nunmehr so materiell geprägt sei, daß sie den Menschen als Faktor übergehe. Daß dies falsch ist und Marx immer „Gefangener" jener Ideen blieb, die ihn auf die Seite der Armen stellten, und daß bis zum Schluß seines Lebens bei ihm der Mensch im Mittelpunkt steht, dazu soll bereits an dieser Stelle auf den dritten Band seines Werkes „Das Kapital" verwiesen werden und die dort von Marx entwickelten Gedanken zum Verhältnis von Freiheit und Notwendigkeit. Marx spricht dort davon, daß „die assoziierten Produzenten, diesen ihren Stoffwechsel mit der Natur . . . unter ihre gemeinschaftliche Kontrolle bringen, statt von ihm als von einer blinden Macht beherrscht zu werden; ihn mit dem geringsten Kraftaufwand und unter den, ihrer menschlichen Natur würdigsten und adäquatesten Bedingungen vollziehn. Aber es bleibt dies immer ein Reich der Notwendigkeit. Jenseits desselben beginnt die menschliche Kraftentwicklung, die sich als Selbstzweck gilt, das wahre Reich der Freiheit, das aber nur auf jenem Reich der Notwendigkeit als seiner Basis aufblühn kann. Die Verkürzung des Arbeitstags ist die Grundbedingung."[53] Der Übergang aus dem Reich der Notwendigkeit in das Reich der Freiheit, das ist die wirkliche und völlige Befreiung des Menschen. Dazu gehört die Verringerung der zwangsläufigen Länge des Arbeitstages auf ein für den Menschen würdiges Niveau. Hier ist immer, ganz besonders beim alten Marx, vom Menschen die Rede. Er ist der Mittelpunkt jeder Überlegung von Marx. Aber es ist nicht der gleiche arbeitende arme Mensch, von dem beim jungen Marx die Rede war. In der „Rheinischen Zeitung" näherte sich Marx erst seiner Idee vom Menschen. Der Gedanke ist bereits da, aber er entfaltet sich noch nicht vollständig, und er ist noch in der Sprache von Hegel ausgedrückt. Noch entfaltet sich der Kampf scheinbar über das Gewohnheitsrecht und unter dessen Mantel. Aber der Keim ist schon sichtbar, der aus dem Samen entstanden ist und dessen Spitze sich bereits aus dem Boden streckt.

Marx untersucht dann — noch immer im Rahmen der Erörterungen über das Gewohnheitsrecht — die zivilrechtliche Seite des Aufsammelns von Astholz. Er stellt die Frage hinsichtlich des Eigentumsrechts. Für die Vergangenheit verweist Marx darauf, daß sich die privaten Rechte in der Gesellschaft herausgebildet haben, bevor man sie zu Rechten deklariert hat: „Die liberalsten Gesetzgebungen haben sich in *privatrechtlicher* Hinsicht darauf beschränkt (dieser Gedanke kehrt dann im „Kapital" wieder — I. Sz.), die Rechte, welche sie vorfanden, zu formulieren und ins Allgemeine zu erheben. Wo sie keine Rechte vorfanden, gaben sie auch keine."[54] Die Rechte der außerhalb der Ordnung stehenden Besitzlosen blieben jedoch prinzipiell außerhalb dieses Prozesses des Werdens von Recht. Es blieben zufällige Zugeständnisse, und die Zufälligkeit wurde nicht zur Notwendigkeit, sondern man abstrahierte gerade von ihr. „Dies fand bei allen Verwandlungen der Vorrechte in Rechte statt."[55] Von hier aus gesehen, strebt das Gewohnheitsrecht der Armen erst danach, Recht zu werden, es hat die „Form des Gesetzes . . . noch nicht erreicht".[56] Es ist noch auf dem Wege der Rechtsentstehung.

Im Mittelalter hatte das Eigentum, so die Auffassung von Marx, einen zwiespältigen Charakter, es war „eine Mischung von Privatrecht und öffentlichem Recht, wie sie uns in allen Institutionen des Mittelalters begegnet".[57] Das Organ, mit dem die Gesetzgebungen Gebilde mit einem derartigen Doppelsinn aufnahmen, war der Verstand. „Der Verstand hob also die zwitterhaften, schwankenden Formationen des Eigentums auf, indem er die vorhandenen Kategorien des abstrakten Privatrechts, deren Schema sich im römischen Recht vorfand, anwandte."[58] Aber es gibt auch Gegenstände des Eigentums, die „ihrer Natur nach nie den Charakter des vorherbestimmten Privateigentums erlangen können, die durch . . . ihr zufälliges Dasein dem Okkupationsrecht anheimfallen, also dem Okkupationsrecht der Klasse anheimfallen, welche eben durch das

Okkupationsrecht von allem andern Eigentum ausgeschlossen ist, welche in der bürgerlichen Gesellschaft dieselbe Stellung einnimmt wie jene Gegenstände in der Natur".[59] Die Gewohnheiten der armen Klasse erfassen das Eigentum an seiner *unentschiedenen* Seite. Die Armen haben den Trieb, ein natürliches Bedürfnis zu befriedigen, und zugleich haben sie das Bedürfnis, einen rechtlichen Trieb zu befriedigen. Die Gewohnheitsrechte der Armen sind Rechte gegen die Gewohnheit des positiven Rechts. „Ihr Inhalt sträubt sich nicht gegen die gesetzliche Form, er sträubt sich vielmehr gegen seine eigene Formlosigkeit. Die Form des Gesetzes steht ihm nicht gegenüber, sondern er hat sie noch nicht erreicht."[60]

Der im Rheinischen Landtag eingebrachte Gesetzesvorschlag wendet sich gegen das Gewohnheitsrecht des Volkes, er erwürgt das Recht der Armen auf Aufsammeln von Holz. Wenn man dieses Gesetz daher verletzt — so die Argumentation von Marx —, kann das keine Straftat, höchstens eine polizeiliche Übertretung sein. Die Polizeistrafe wendet sich gegen eine Tat, „welche Umstände zu einer äußern Unordnung stempeln, ohne daß sie eine Verletzung der ewigen Rechtsordnung wäre".[61] Auch an diesem Bezug auf die ewige Rechtsordnung zeigt sich, wieweit Marx noch von Vorurteilen befangen ist, wieweit er sich noch auf Gedankengänge von Hegel, vielleicht sogar von Kant bezieht. Es sei in diesem Zusammenhang vermerkt, daß man sich in den Debatten als Beweis für den freien Willen des Waldeigentümers als der privilegierten Person auf den „freien Willen" bei Kant berief.[62]

Marx tritt dagegen auf, daß man anstelle staatlicher Organe den Waldwächter zur zentralen amtlichen Person macht. Der Waldeigentümer verhilft nämlich seinem Diener zu staatlichem Ansehen, wenn er ihm das Recht der Anzeige überträgt. Nicht weniger beanstandet Marx, daß das Privatinteresse in den Mittelpunkt des ganzen Entwurfs gestellt wird und daß der Entwurf dieses schützt. In dem Entwurf betrachtet sich das Privatinteresse „als den Endzweck der Welt. Realisiert also das Recht diesen Endzweck nicht, so ist es ein zweckwidriges Recht. Ein dem *Privatinteresse nachteiliges Recht* ist also ein *Recht von nachteiligen Folgen.*"[63] Diesem Interesse ist alles untergeordnet, auch das Recht selbst. „Wir sehen jede Konsequenz rechtlicher Gesichtspunkte durch die Hinweisung auf die nachteiligen oder bedenklichen Folgen abgelehnt." Man behandelt das Recht „nicht als einen selbständigen Gegenstand", man manövriert „*hinter dem Rücken des Rechts*".[64]

Es wird sichtbar, daß Marx an dieser Stelle wie in dem ganzen Artikel noch von einer Konzeption ausgeht, die das Recht als Selbstzweck versteht. Er versieht das Recht mit einer selbständigen Existenz und argumentiert in jedem Falle in erster Linie rechtlich. Marx hielt es nicht nur moralisch für ungerecht, wenn man die Armen ihres erlangten Gewohnheitsrechtes beraubt, er wollte unbedingt beweisen, daß das Holzdiebstahlsgesetz auch rechtlich eine Absurdität ist. Darin hatte Marx sicherlich recht. Es war *auch* rechtlich, aber nicht *nur* und nicht *in erster Linie* deshalb eine Absurdität. Es war vielmehr unter den gegebenen Verhältnissen eine gesellschaftliche Notwendigkeit. Das empfand Marx, wollte es jedoch rechtlich ausdrücken.

Marx kritisiert auch, wie der Waldeigentümer die Bestrafung bestimmt. Hier greift Marx, wie so oft zu dieser Zeit, auf die Strafrechtstheorie Hegels zurück. Es ist von der Unterscheidung zwischen öffentlicher und privater Bestrafung die Rede, die in Wirklichkeit „alles Barbarentum" wiederherstellt. Die Strafgelder müssen nämlich nach dem Entwurf in die Privatkasse des Waldeigentümers fließen. Das mag für die Begleichung des Wertes und für den Schadenersatz richtig sein, für die Strafe ist das jedoch falsch, denn sie muß „die Wiederherstellung des Rechts“ sein, andernfalls wird sie „aus einer *öffentlichen Strafe* zu einer *Privatkomposition*“.[65] Die öffentliche Strafe hat sich gegen den Standpunkt barbarischer Völker herausgebildet, die in der Straftat lediglich eine Verletzung des Individuums sahen. Die Schädigung des Waldeigentümers wird mit der Schadensbegleichung ausgeglichen. Wenn jedoch im Falle eines Rückfalls die Strafe verschärft wird, dann identifiziert sich einfach der Waldeigentümer mit dem Staat. „Der Waldeigentümer kann doch nur zurückerhalten, was ihm genommen wurde“, nicht also die heraufgesetze Geldstrafe, andernfalls hätte das Holz „die merkwürdige Eigenschaft ..., seinem Besitzer Staatsqualitäten zu erwerben“. „Wird ihm der Staat (das heißt die öffentliche Strafe — I. Sz.) zurückgegeben ..., so muß der Staat sein Privateigentum gewesen sein.“[66] Auf eine öffentliche Bestrafung hat im modernen Staat niemand ein Privatrecht. Der Waldeigentümer eignet sich jedoch den Staat an, wenn er bei einem Rückfälligen bereits die Absicht bestraft und seine Strafe (das heißt das Strafgeld — I. Sz.), die dem Waldeigentümer zusteht, erhöht und wenn er unter dem Gesichtspunkt der Schadensbegleichung ein Vielfaches des Schadens erhält. Hier vermischt sich Privatrecht mit öffentlichem Recht.

„Die öffentliche Strafe ist die Ausgleichung des Verbrechens mit der Staatsvernunft, sie ist daher ein Recht des Staats ..., welches er (nicht) an Privatleute zedieren ... kann. Jedes Recht des Staats gegen den Verbrecher ist zugleich ein Staatsrecht des Verbrechers.“[67] Dieser Strafrechtstheorie Hegels widerspricht der Entwurf des Holzdiebstahlsgesetzes. Er liefert den Dieb nicht dem Staat, sondern dem Waldeigentümer aus. Daß die Konzeption Hegels künstlich konstruiert ist, ändert nichts daran, daß der Gesetzesentwurf einseitig für die Waldeigentümer ist. Das wird von Marx empört kritisiert. Wenn er Strafgelder fordert, „erschleicht (sich) der Waldeigentümer ... die *Person des Holzfrevlers*“. Das entspricht lediglich dem Rechts- und Billigkeitsgefühl des Waldeigentümers, aber es steht dem „Rechts- und Billigkeitsgefühl zum Schutz des Interesses des Lebenseigentümers, des Freiheitseigentümers, des Menschheitseigentümers, des Staatseigentümers, des Eigentümers von nichts als sich selbst“ entgegen.[68]

Marx entwickelt also noch weitgehend eine idealistische und das Recht verabsolutierende Auffassung. Er stellt fest, der Staat könne Privatforderungen nur durch die Zivilgerichtsbarkeit schützen. Der Staat könne und müsse sagen: „Das Recht allein ist in mir unsterblich, und darum beweise ich euch die Sterblichkeit des Verbrechens, indem ich es aufhebe“, das heißt mit der Bestrafung der Straftat mache er sie zunichte, mache er sie ungeschehen.[69]

In der Bestrafung muß also der Staat vor dem Verbrecher und für ihn die Unsterblichkeit des Rechts beweisen.[70] Im Unterschied dazu sind die Debatten über das Holzdiebstahlsgesetz dadurch gekennzeichnet, daß der Rheinische Landtag „die exekutive Gewalt, die administrativen Behörden, das Dasein des Angeklagten, die Staatsidee, das Verbrechen selbst und die Strafe zu *materiellen Mitteln des Privatinteresses* herabwürdigt“.[71] Mit anderen Worten: Der Rheinische Landtag befindet sich auf dem Standpunkt der Klasse der Privateigentümer.

Schließlich behandelt Marx in seinem Artikel die Beziehungen zwischen materiellem Recht und Verfahrensrecht. Dieser Teil seiner Arbeit wird am meisten zitiert, aber oft auch aus dem Zusammenhang herausgerissen. Marx verweist — auf Montesquieu zurückgehend — darauf, daß der Richter nur die Zunge des Gesetzes ist. Es gibt deshalb keinen unparteiischen Richter, wenn das Gesetz parteiisch ist. „Der Richter kann den

Eigennutz des Gesetzes nur puritanisch formulieren, nur rücksichtslos anwenden. Die Parteilosigkeit ist dann die Form, sie ist nicht der Inhalt des Urteils. Den Inhalt hat das Gesetz antizipiert."[72]

Das Wesen der Ausführungen von Marx bezieht sich eigentlich auf die Parteilichkeit des Richters. Der Prozeß ist keine inhaltslose, sondern eine gehaltvolle Form. Marx: „... das *materielle Recht* hat seine *notwendige, eingeborne Prozeßform* ... Es muß *ein* Geist sein, der den Prozeß und der die Gesetze beseelt, denn der Prozeß ist nur die *Lebensart des Gesetzes*, also die Erscheinung seines innern Lebens."[73] Obwohl damit die Einheit von materiellem Recht und Prozeß beschrieben wird, bezieht sich das mehr auf den Richter, auf den Träger des Prozesses, der sich nicht vom Geist des Gesetzes lösen darf, den dieser Geist ständig bindet. Marx greift in diesem Zusammenhang erneut den Waldeigentümer an, der als Richter wirken soll und als gleichzeitiger Eigentümer natürlich voreingenommen richten muß. Es sei eine dumme Illusion, daß er ein unparteiischer Richter sein könne. Die rheinischen Juristen müssen nunmehr, so rät Marx, über den gegebenen Entwurf hinausgehend, ihre Hauptaufmerksamkeit auf den *Rechtsgehalt* richten. „Die Form hat keinen Wert, wenn sie nicht die Form des Inhalts ist."[74]

Marx bewertet den Entwurf des Holzdiebstahlsgesetzes zusammenfassend dahingehend, daß in ihm das Interesse das Recht überstimme. Das ganze Gesetz sei eigentlich eine Ausnahme vom Gesetz. Das Gesamturteil von Marx ist, wie in seinen Details nachgewiesen wurde, nur ein rechtliches. Die Marxsche Argumentation bleibt bis zum Schluß eine juristische. „Um sich der Forstfrevler zu versichern", schreibt Marx, „hat der Landtag dem Rechte nicht nur Arme und Beine gebrochen, sondern sogar das Herz durchbohrt."[75] Marx kommt zu dem Schluß, daß der Entwurf das Wesen des Gesetzes und gleichzeitig des Rechts negiert. Hegel folgend, setzt Marx also ein abstraktes, selbständiges rechtliches Wesen voraus, und zwar die Vernünftigkeit des Rechts. In seiner Studie bemängelt Marx an dem Entwurf, daß er im Widerspruch zu diesem Hegelschen Vernunftsrecht stehe.

Diese Arbeit ist offensichtlich insgesamt noch keine „marxistische". Marx hat sich noch nicht von Hegel und vom Hegelianismus gelöst. Er ist noch deren Gefangener. Man kann den Artikel auch nicht als zusammenhängende juristische Studie betrachten. Das Recht ist auch hier, wie fast immer in der geistigen Entwicklung von Marx, nur ein Mittel zum Beweis einer gesellschaftlichen Wahrheit oder Unwahrheit, zur Illustrierung eines Widerspruches. Man kann deshalb feststellen, daß Marx auch in seinem Gesamtwerk keine selbständige und vollständige Rechtstheorie entwickelt hat. Aber er begründete eine selbständige Gesellschaftstheorie, die in sich auch eine marxistische Rechtstheorie oder zumindest deren Kern enthält.

Darüber hinaus gibt Marx in seinen Werken, gestützt auf seine juristische Bildung, zahlreiche rechtliche Begründungen, macht er viele das Recht betreffende Bemerkungen. Diese können als Mosaiksteine zusammengefügt werden, so daß sie als rechtliche Details zur Konkretisierung der Marxschen Theorie als Ganzes dienen. Die Juristen schlußfolgern aus diesen Bemerkungen nicht unmittelbar auf eine selbständige, eigene, durch Marx begründete Rechtstheorie. Aber jene Bemerkungen und Hinweise sind für die Juristen ein wertvoller Schatz, der ständig aufs neue gehoben werden muß. Die über den Rheinischen Landtag geschriebenen und hier behandelten beiden Artikel sind an derartigen Schätzen reich, jedoch weniger als die folgende Studie von Marx über die Kritik des Hegelschen Staatsrechts.

Dritter Vortrag: **Die „Kritik des Hegelschen Staatsrechts" und die Schrift „Zur Judenfrage"**

I

Hinsichtlich der Entstehung der Exzerpte von Marx über das Hegelsche Staatsrecht gibt es Meinungsverschiedenheiten zwischen S. Landshut und J. P. Mayer einerseits[1] und D. Rjazanov andererseits.[2] Landshut und Mayer datieren in ihrem Vorwort zu den Frühschriften von Marx das Entstehen der Exzerpte auf die Zeit zwischen 1841 und April 1842, das heißt vor die Artikel in der „Rheinischen Zeitung". Nach Rjazanov sind die Exzerpte zwischen März und August 1843 entstanden. Landshut und Mayer berufen sich als entscheidendes Argument auf einen Brief von Marx, den er am 5. März 1842 an Ruge geschrieben hat. In ihm hat Marx den „Deutschen Jahrbüchern" einen Artikel über die „Kritik des Hegelschen Naturrechts, soweit es *innere Verfassung* betrifft", angeboten.[3] Marx will darüber hinaus, aber darauf berufen sich Landshut und Mayer nicht, in seinem um den 25. August 1842 geschriebenen Brief an Oppenheim „in den ‚Anecdotis' als Anhang zu meinem Aufsatz gegen Hegels Lehre von der konstitutionellen Monarchie diese Kritik liefern".[4] Der letztgenannte Brief wurde weit nach dem April 1842 datiert, er zeugt also gegen die Behauptung von Landshut und Mayer. Gegen sie spricht auch der eindeutige hegelianische Geist, der in der „Rheinischen Zeitung" geschriebenen und bereits erläuterten Artikel, in denen es noch keine Spur eines Abwendens von Hegel gibt.

Hinsichtlich des Entstehens der Kritik des Hegelschen Staatsrechts folgen wir daher dem Standpunkt Rjazanovs. Es ist zu vermuten, daß Marx bereits früher die Absicht zum Schreiben einer Art Hegelkritik hatte, doch hat er es wahrscheinlich unterlassen. Es entstand schließlich eine Hegelkritik, nicht in Form eines Artikels, sondern in Form von Exzerpten, die sich an die Paragraphen des staatsrechtlichen Teils der Hegelschen „Rechtsphilosophie" anschloß. Es blieben also Notizen, es wurde keine Studie oder ein Artikel. Marx hat sie auch nirgendwo veröffentlicht. Sie erschienen erstmals im Jahre 1927 in der MEGA (Marx/Engels-Gesamtausgabe).

Es muß darauf aufmerksam gemacht werden, daß Marx nicht die gesamte „Rechtsphilosophie" von Hegel mit Bemerkungen versah, sondern nur den Teil des Werkes ab § 261. Daß die sich auf vorherige Abschnitte des Buches von Hegel beziehenden Manuskripte verloren gingen, ist nicht sehr wahrscheinlich. Ein Verlust des Manuskripts wäre wahrscheinlicher für die §§ 257 bis 260, denn der sich auf den Staat beziehende Teil des Werkes von Hegel beginnt beim § 257. Bekanntlich bestehen die „Grundlinien der Philosophie des Rechts" von Hegel aus drei Teilen und der dritte Teil wiederum aus drei Abschnitten. Der letzte Abschnitt behandelt den Staat. Dieser Abschnitt handelt nach den sich auf den Staat im allgemeinen beziehenden Paragraphen 257 bis 260 in erster Linie über das „innere Staatsrecht". Eigentlich gehört auch der Paragraph 260 zum „inneren Staatsrecht", obwohl er nur allgemein über den Staat spricht. Diesen das „innere Staatsrecht" behandelnden Abschnitt analysiert Marx, und die in den zitierten Briefen enthaltenen Hinweise beziehen sich allein darauf. Zu diesem dritten Abschnitt über den Staat gehören in Hegels Werk noch zwei weitere Teile über das „äußere Staatsrecht" und über „die Weltgeschichte". Diese beiden Teile interessierten Marx bereits nicht mehr bzw. regten ihn nicht zu einer besonderen Analyse an. Er spricht also in seinen Exzerpten lediglich über das „innere Staatsrecht", dessen erster Untertitel bei Hegel „innere Verfassung für sich" war. Hegel folgend, hat Marx dabei drei Punkte behandelt: die fürstliche Gewalt, die Regierungsgewalt und die gesetzgebende Gewalt. Den folgenden Unterabschnitt, der sich mit der „Souveränität gegen außen" bei Hegel befaßt, hat Marx bereits nicht mehr untersucht.

Die Arbeit von Marx ist insgesamt eine philosophische, und zwar eine staatsphilosophische. Sie greift die den Staat betreffende theoretische Auffassung Hegels an. Marx zeigt, daß Hegel „zu einem Produkt, einem Prädikat der Idee gemacht, was ihr Subjekt ist. Er entwickelt sein Denken nicht aus dem Gegenstand, sondern den Gegenstand nach einem mit sich fertig und in der abstrakten Sphäre der Logik mit sich fertig gewordnen Denken."[5] Hegel drehte also das Verhältnis von Wirklichkeit und Geist um. Man muß es jedoch „auf seine Füße stellen". Marx weist nach, daß die Rechtsphilosophie bei Hegel nur dazu da ist, dessen Logik zu beweisen. „Nicht die Rechtsphilosophie, sondern die Logik ist das wahre Interesse ... Nicht die Logik der Sache, sondern die Sache der Logik ist das philosophische Moment. Die Logik dient nicht zum Beweis des Staats, sondern der Staat dient zum Beweis der Logik."[6] Auch Kants Rechtsphilosophie diente ihm nur zum Erproben und Beweisen seiner Philosophie. „Das Wesen gehört der Logik und ist vor der Rechtsphilosophie fertig ... So ist die ganze Rechtsphilosophie (bei Hegel — I. Sz.) nur Parenthese zur Logik."[7]

Das Ziel dieses Vortrages besteht nicht darin, das gesamte Exzerptmaterial von Marx vorzustellen und alle seine Gedankengänge nachzuvollziehen. Es geht darum, die Teile mit einem rechtlichen Bezug herauszuarbeiten und näher zu bezeichnen. Da diese jedoch tief in die staatsrechtlichen Gedanken eingebettet sind, muß man sich eigentlich mit dem Staatsrecht befassen. Wir spüren den rechtstheoretischen Gedanken von Marx nach, auch wenn es staatsrechtliche sind. In ihren Grundlagen bleibt offensichtlich selbst die Verfassung eine rechtliche Frage. Die Gesetzgebung als rechtsgestaltende Tätigkeit ist ein rechtliches Problem. Wir müssen auf das Majorat und auf das Eigentum und besonders auf das Privateigentum eingehen. Schließlich werden wir mit der Frage der Demokratie diesen Vortrag abschließen.

In Verbindung mit der Verfassung hält sich Marx nur bei einigen Gedanken Hegels auf und unter ihnen besonders bei denen, die mit der gesetzgebenden Gewalt zusammenhängen.[8] Aus dem Teil über den Staat (obwohl die ersten vier Paragraphen fehlen) erwähnt Marx eigentlich nur einige Gesichtspunkte.[9] Bei jedem zeigt er die Verzerrung durch Hegel und besonders die Umkehrung des wirklichen Verhältnisses. So vor allem hinsichtlich der Beziehung des Staates zur Familie und zur ökonomischen Basis (bei Hegel: die bürgerliche Gesellschaft): „Der politische Staat kann nicht sein ohne die natürliche Basis der Familie und die künstliche Basis der bürgerlichen

Gesellschaft; sie sind für ihn eine conditio sine qua non".[10] Marx akzeptiert in diesem Zusammenhang: „Die politische Verfassung ist der Organismus des Staats, oder der Organismus des Staats ist die politische Verfassung."[11] Hegel spricht natürlich auch hier über die Idee als das Bestimmende und nicht über die Abhängigkeit der Idee von der politischen Verfassung.

Es ist hier nicht von einem allgemeinen Organismus die Rede, sondern von dem Staatsorganismus im speziellen. Dieser Organismus teilt sich in verschiedene Gewalten, wie das bereits Montesquieu darlegte. Marx verwendet im folgenden die Teilung der Gewalten nicht im Sinne Montesquieus, sondern im Sinne Hegels. Es ist nicht die Rede von einer besonderen richterlichen Gewalt, sondern nur von einer fürstlichen Gewalt, einer Regierungsgewalt und einer gesetzgebenden Gewalt. Marx betont: „Der Staat kann nicht als einfache Wirklichkeit, er muß als Wirksamkeit, als eine unterschiedne Wirksamkeit betrachtet werden."[12] Marx übernimmt von Hegel den Begriff des Staatszweckes und betrachtet — Hegel folgend — die Verwirklichung des allgemeinen Interesses (dessen Realität und Existenz abstrakt definiert wird) als Staatszweck, in dem die Erhaltung des besonderen Interesses als Substanz eingebettet ist.[13]

Marx mißt Hegels Auffassung von der Verfassung an der gesetzgebenden Gewalt. Er fragt, wie Hegel den Widerspruch löst, daß die gesetzgebende Gewalt eine allgemeine Gewalt ist, eine Gewalt zur Organisierung des Allgemeinen und damit Gewalt über die Verfassung, aber andererseits ist die gesetzgebende Gewalt eine Gewalt entsprechend der Verfassung, eine der Verfassung untergeordnete Gewalt. Nach Hegel ist die Verfassung die Voraussetzung der gesetzgebenden Gewalt: Insofern „liegt die Verfassung außerhalb dem Bereich der gesetzgebenden Gewalt".[14] Aber hinsichtlich der Weiterentwicklung der Gesetze ist bereits von einer der Verfassung untergeordneten Gewalt die Rede. Nach Hegel ist im Gesetz nicht das enthalten, was in der Natur der Sache liegt, das heißt nicht deren Wesen, es ist vielmehr der Schein, der das bewußte Gesetz der Verfassung ist. Marx: „Und wenn nun das Gesetz der Sache als widersprechend der gesetzlichen Definition erkannt wird, warum nicht das Gesetz der Sache, der Vernunft auch als das Staatsgesetz anerkennen . . .?"[15]

Hier spricht offensichtlich noch immer der idealistische Marx. Aber er kommt gleich auf das Wesen der Sache zu sprechen: „. . . damit der Mensch mit Bewußtsein tut, was er sonst ohne Bewußtsein durch die Natur der Sache gezwungen wird zu tun ist es notwendig, daß die Bewegung der Verfassung, daß der *Fortschritt zum Prinzip der Verfassung* gemacht wird, daß also der wirkliche Träger der Verfassung, das Volk, zum Prinzip der Verfassung gemacht wird. Der Fortschritt selbst ist dann die Verfassung."[16] Aber, setzt Marx seine in das Wesen der Sache eindringenden Ausführungen fort, „soll also die ‚Verfassung' selbst in den Bereich der ‚gesetzgebenden Gewalt' gehören? Diese Frage kann nur aufgeworfen werden, 1. wenn der politische Staat als bloßer Formalismus des wirklichen Staats existiert, wenn der politische Staat eine aparte Domäne ist, wenn der politische Staat als ‚Verfassung' existiert; 2. wenn die gesetzgebende Gewalt anderen Ursprungs ist als die Regierungsgewalt etc."[17] Für den Fall, daß die gesetzgebende Gewalt auch die Verfassung schafft, legt Marx zwei Bedingungen fest: die eine läßt die gesetzgebende und die vollziehende Gewalt aus einem gesonderten Ursprung kommen, das heißt, es wird ein prinzipieller Unterschied zwischen ihnen gemacht. Die andere Bedingung ist, daß der politische Staat und auch die Verfassung nur das Äußere des wirklichen Staates sind. In diesem Falle ist die Verfassung auch als Produkt der gesetzgebenden Gewalt zu betrachten.

Um den Gedankengang von Marx abzurunden, sei seine zu dieser Zeit noch idealistische Vorstellung über die Verfassung als eines Produkts der Vernunft zitiert. „Der Wille eines Volks kann ebensowenig über die Gesetze der Vernunft hinaus als der Wille eines Individuums." Das ist eine grundlegend vernunftsrechtliche Erklärung. „Die Verfassung ist nichts als eine Akkommodation zwischen dem politischen und unpolitischen Staat." Das wesentlich Neue besteht in der Begründung der Verfassung, in der Bestimmung ihres realen Inhalts. Ergänzend schreibt Marx: „Die gesetzgebende Gewalt macht das Gesetz nicht, sie entdeckt und formuliert es nur."[18] Schließlich verweist er auf die verfassungsrechtlichen Versuche, das Problem mit der Unterscheidung zwischen verfassungsgebender Versammlung und gesetzgebender Versammlung zu überbrücken. Das Wesen der Sache besteht darin, daß die Verfassung des unpolitischen Staates natürlich ist, während die politische Verfassung ein Machwerk darstellt. Die gesetzgebende Gewalt macht höchstens das Äußere, und wenn sie will, daß dieses mit dem Natürlichen zusammenfällt, dann schafft sie nicht das Gesetz, sie deckt es nur auf. Das Problem besteht für Marx darin, ob die Verfassung von der gesetzgebenden Gewalt stammt oder von einer gesonderten Gewalt. Im ersten Falle macht die gesetzgebende Versammlung die Verfassung genauso wie die Gesetze, das heißt auch die Verfassung stammt von ihr. Wenn die Verfassung nicht ihren Ursprung in der gesetzgebenden Gewalt hat, dann muß die Verfassung durch eine besondere verfassunggebende Versammlung gestaltet werden. Indem Marx die Kategorie der natürlichen Verfassung einführt, versucht er, den Gegensatz zwischen politischem und unpolitischem Staat zu lösen. Wenn die gesetzgebende Gewalt keine künstliche, sondern eine natürliche, allgemeine Gewalt ist, dann ist sie auch gleichzeitig eine verfassunggebende Gewalt.

Die These, daß der Gesetzgeber das Gesetz nicht macht, sondern nur aufdeckt, das Recht findet und nicht schafft, enthält zwei Bestandteile. Der eine betrifft Spuren der historischen Rechtsschule bei dem ansonsten an den napoleonischen Gesetzbüchern geschulten Marx. Da Marx das „wahre", das „natürliche" Gesetz als Äußerung der Vernunft betrachtet, sieht er die Gesetzgebung gemäß Hegel als eine Tätigkeit, die die Vernunft aufzudecken hat, also nicht als Rechtsschöpfung, sondern als vernünftige Formulierung des Rechts. Der wechselseitigen Anpassung zwischen dem politischen und dem nichtpolitischen, das heißt dem wahren, wirklichen Staat entspricht schließlich auch die gesetzgebende Gewalt. Am Ende fand Marx dann die entsprechende Antwort auf die Frage nach der Priorität der Verfassung oder der gesetzgebenden Gewalt, d. h. die Antwort auf die Frage, ob die Verfassung der gesetzgebenden Gewalt übergeordnet und die letztere ein Teil der Verfassung ist.

Eine seiner Grundthesen, seine Anschauung insgesamt charakterisierend, besteht bei Marx in der Feststellung, daß das Volk das Prinzip der Verfassung ist, daß der gesellschaftliche Fortschritt selbst die Verfassung darstellt, d. h., der Fortschritt der Geschichte des Volkes ist für ihn die wahre Verfassung. Sie ist nicht ein Produkt der gesetzgebenden Gewalt, sondern eine selbständige, reale Gewalt. Der Staat muß als Realität betrachtet werden, das ist das Entscheidende. Der politische Staat ist nur dessen Erscheinungsform.

Marx setzt sich ausgiebig mit der Privatrechtskonzeption von Hegel auseinander, und zwar damit, was dieser dazu im dritten Teil seiner „Rechtsphilosophie", im eigentlichen Staatsrecht, entwickelte. Es ist bekannt, daß Hegel seine „Rechtsphilosophie" mit dem abstrakten Recht beginnt, in dem das Eigentum als abstrakte Berechtigung eines jeden Menschen fungiert. Im Teil über das innere Staatsrecht ist von etwas anderem die Rede. Hier spricht Hegel über das Majorat als über einen Grundbesitz, als eine souveräne Gewalt, die in Wirklichkeit über dem politischen Staat steht. „Die politische Verfassung in ihrer höchsten Spitze ist also *die Verfassung des Privateigentums*", d. h. eine Verfassung des Majorats.[19] Nicht ohne Grund vermerkt Marx, daß die Spitze der Hegelschen Identität von bürgerlicher Gesellschaft und politischer Macht, wie Hegel selbst gesteht, das Mittelalter war,[20] als Staat und Majorat zusammenfielen und die politische Organisation noch nicht von der Organisation des Eigentums getrennt war.

Den Widerspruch zwischen bürgerlicher Gesellschaft und politischer Macht kann Hegel in seiner „Rechtsphilosophie" nicht lösen. Hegel lobt im Majorat das Mittelalter und im abstrakten Privatrecht den modernen Staat. Er meint jedoch, daß das Majorat auch neben dem abstrakten Privatrecht noch im modernen Staat aufrechtzuerhalten ist. „Welch ein Staat", empört sich Marx, „der nicht einmal den Idealismus des Privatrechts ertragen kann? Welch eine Rechtsphilosophie, wo die Selbständigkeit des Privateigentums eine andere Bedeutung im Privatrecht als im Staatsrecht hat?"[21]

Marx stört offensichtlich, wie natürlich auch bereits Hegel, die Zwiespältigkeit dieser Privateigentumskonzeption, nämlich „das abstrakte Recht", „das Recht der abstrakten Person" und in der Realität das an die Privilegien des Mittelalters erinnernde Recht des Majorats. Nach Marx bildeten bereits die Römer prinzipiell das abstrakte Recht heraus, das Recht der abstrakten Persönlichkeit, was eigentlich das Recht der freien Entscheidung über die Sache ist. Aber als Staatlichkeit hat man es nirgendwo modifiziert, und das Privatrecht wird auch im römischen Recht niemals zum Staatsrecht. Die Römer waren bestrebt, jene Verhältnisse zu erklären, die sich als abstrakte Verhältnisse des Privateigentums ergaben. Die eigentliche Grundlage des Privateigentums ist — und hier kehrt Marx zu dem über den Besitz geschriebenen Werk von Savigny zurück — die reine Tatsache des Besitzes: Der *Besitz* ist *„ein Faktum, ein unerklärliches Faktum, kein Recht.* Erst durch juristische Bestimmungen, die die Sozietät dem faktischen Besitz gibt, erhält er die Qualität des rechtlichen Besitzes, des *Privateigentums.*"[22] In diesem Gedankengang, bei dem Marx real zur Grundlage des Rechts, zur realen Situation zurückgreift, ist es nicht schwer, die Nachwirkungen der bereits erwähnten Darlegungen von Savigny in seinem Werk über den Besitz zu finden.

Im Anschluß an die Gesetze über die Verordnungen sprechend, bestreitet Marx, daß diese in ihrem Kern allgemein wären. Das Privatinteresse nimmt in ihnen nur eine allgemeine Form an, und diese Umkehrung des Interesses ist gesetzmäßig: „In den modernen Staaten, wie in Hegels Rechtsphilosophie, ist die *bewußte*, die *wahre Wirklichkeit* der *allgemeinen Angelegenheit nur formell*, oder *nur das Formelle ist wirkliche allgemeine Angelegenheit.* Hegel ist nicht zu tadeln, weil er das Wesen des modernen Staats schildert, wie es ist, sondern weil er das, was ist, für das *Wesen des Staats* ausgibt."[23] Dann zu dem in der Vorrede der Hegelschen „Rechtsphilosophie" zu findenden und recht zweideutigen Ausspruch zurückkehrend und ihn interpretierend (bei Hegel hieß es: „Was vernünftig ist, das ist wirklich; und was wirklich ist, das ist vernünftig"[24]), schreibt Marx über den Zusammenhang von Vernünftigem und Wirklichem: „Daß das Vernünftige wirklich ist, beweist sich eben im *Widerspruch* der *unvernünftigen Wirklichkeit*, die an allen Ecken das Gegenteil von dem ist, was sie aussagt, und das Gegenteil von dem aussagt, was sie ist."[25] Schließlich schlußfolgert Marx: „Die Form, welche die allgemeine Angelegenheit in einem Staat gewinnt, der nicht der Staat der allgemeinen Angelegenheit ist (d. h. nicht der notwendige Staat ist — I. Sz.), kann nur eine Unform, eine sich selbst täuschende, eine sich selbst widersprechende Form sein, eine *Scheinform*, die sich als dieser Schein ausweisen wird."[26]

Diese wie viele andere Beweisführungen sind nach Marx ein Teil des „Staatsrechts". Eigentlich geht es jedoch um die Staatstheorie Hegels. Deshalb sind auch wir ständig gezwungen, über unser Thema, über die Rechtstheorie im engeren Sinne, hinauszugehen. Es gehört unter anderem zur Staatstheorie, was Hegel und, ihm antwortend, Marx über die Demokratie als Staatsform sagen. Zugleich ist das aber auch vom Gesichtspunkt des Rechts her so wesentlich, daß wir uns damit befassen müssen. Marx begreift die Demokratie nicht nur als bessere Staatsform gegenüber der Monarchie, sondern zugleich als eine andere, eine neue, eine höhere Ordnung besitzende Qualität. Im Verhältnis zur Demokratie sind alle anderen Arten des Staates keine allgemeinen, vielmehr nur besondere Staatsformen. Die Demokratie ist „*das Wesen aller Staatsverfassung*". Sie „verhält sich zu allen übrigen Staatsformen als ihrem alten Testament. Der Mensch ist nicht des Gesetzes, sondern das Gesetz ist des Menschen wegen da, es ist *menschliches Dasein*, während in den andern der Mensch das *gesetzliche Dasein* ist. Das ist die Grunddifferenz der Demokratie."[27]

Bei Hegel erscheinen in der Monarchie und auch in der Republik, die alle untergeordnete Formen der Demokratie sind, das Eigentum, der Vertrag, die Ehe und die bürgerliche Gesellschaft (die Wirtschaft) „als *besondre* Daseinsweisen neben dem *politischen* Staat, als der *Inhalt*, zu dem sich der *politische Staat* als die *organisierende Form* verhält".[28] „Es versteht sich übrigens von selbst, daß alle Staatsformen *zu* ihrer Wahrheit die Demokratie haben." Das ist die Grundstaatsform, die auf das Wesen gegebene Antwort. „Soweit sie nicht die Demokratie sind, (sind sie) unwahr", sie sind dann nur besondere Formen, sie beziehen sich nicht auf das Wesen der Gesellschaft.[29] Marx liefert dafür auch sofort ein Beispiel: „Das Eigentum etc., kurz der ganze Inhalt des Rechts und des Staats, ist mit wenigen Modifikationen in Nordamerika dasselbe wie in Preußen. Dort ist also die *Republik* eine bloße Staats*form* wie hier die Monarchie. Der Inhalt des Staats liegt außerhalb dieser Verfassungen. Hegel hat daher recht, wenn er sagt: Der politische Staat ist die Verfassung, d. h., der materielle Staat ist nicht politisch."[30] Der politische Staat ist also nur die äußere Form des materiellen Staates. Der materielle Staat, das Wesen des Staates ist der Staat des Volkes. Der politische Staat ist nur dessen äußere Daseinsform, allerdings dessen notwendige Daseinsform.

Aus der Schrift von Marx ergibt sich, daß die gesetzgebende Gewalt bei ihm nicht nur die Schaffung der Gesetze bedeutet, sondern mehr. „Teil an der gesetzgebenden Gewalt nehmen ist daher teil am politischen Staat nehmen, ist sein *Dasein* als *Glied des politischen Staats*, als *Staatsglied* beweisen und verwirklichen."[31] Daraus ergibt sich logisch, daß das Gesetz nicht einfach eine höchsten Rang besitzende Äußerung des politischen Staates ist, sondern zugleich Äußerung des Mitglieds des Staates. Das Gesetz ist eine Äußerung der politischen Macht, Ausdruck der obersten Vertretungskörperschaft, der Teilnahme am politischen Leben. „Teil an den allgemeinen Angelegenheiten des Staats und teil am Staat nehmen, ist also identisch".[32]

Hier findet sich übrigens die prinzipielle theoretische Erklärung dafür, warum das Gesetz die höchste rechtliche Form ist, die einzige allgemein-rechtliche Form. Im Sozialismus werden diese Vorstellungen von Marx Wirklichkeit, weil die oberste Vertretungskörperschaft auch gleichzeitig die ausschließliche Gesetzgebungskompetenz hat.

Wir sahen, daß sich Marx durchgehend mit jener Widersprüchlichkeit befaßte, die den modernen Staat charakterisiert: der Widerspruch zwischen Wirklichkeit und Form, zwischen Wesen und Form; der Widerspruch zwichen dem Volk als gesellschaftlicher Inhalt und der politischen Form, das heißt der Staatsform. Marx war bestrebt, diese Widersprüchlichkeit auch in bezug auf den Menschen nachzuweisen. Bei Hegel existiert der Mensch in der bürgerlichen Gesellschaft, das heißt in der Produktion, als reale wirkliche Erscheinung, den das Privatinteresse treibt und durchdringt. Ihm steht der Mensch in der politischen Form entgegen. Dort ist er eine überirdische Erscheinung, eine Fiktion des ersteren. Auf diese Widersprüchlichkeit hat Marx in der Kritik des Hegelschen Staatsrechts vielfach verwiesen. Er legte damit bereits hier die theoretische Grundlage für seine spätere Studie „Zur Judenfrage". Dort wird diese Frage in bezug auf die staatsbürgerlichen und Menschenrechte gestellt. Sehen wir uns also jetzt dieses Werk näher an.

II

„Der politische Staat ist eine von der bürgerlichen Gesellschaft *getrennte* Existenz", schreibt Marx.[33] Im modernen Staat ist die politische Organisation des Staates, wie Marx in der Kritik des Hegelschen Staatsrechts begründete, im Gegensatz zum Feudalismus von der bürgerlichen Gesellschaft getrennt. Unter der bürgerlichen Gesellschaft verstand Hegel und ihm folgend auch Marx die Summe der materiellen Lebensbedingungen.[34] Dieser Gedanke beschäftigte Marx weiter. In den 1844 in Paris zusammen mit Ruge herausgegebenen „Deutsch-französischen Jahrbüchern" veröffentlichte Marx seinen in zwei Teilen geschriebenen Artikel „Zur Judenfrage", den er als Entgegnung auf das Buch von Bruno Bauer zum gleichen Thema verfaßte.

In einem am 13. März 1843 aus Köln an Ruge geschriebenen Brief erwähnt Marx bereits den „gemeinsamen Plan" zur Herausgabe der „Deutsch-französischen Jahrbücher", im September 1843 schreibt Marx aus Kreuznach erneut über das „neue Unternehmen" und argumentiert gegen die Hindernisse bei der Herausgabe mit dem schönen Hegelsatz: „Was notwendig ist, das fügt sich."[35]

Marx verweist in seinem Artikel darauf, daß es sich bei der Emanzipation des Judentums um zwei Problemkreise handele, die zwar zusammenhingen, aber gleichzeitig relativ unabhängig voneinander seien. Wenn auch in der politischen Welt die Emanzipation des Judentums erfolgt, so erfolgt sie doch nicht gleichermaßen im menschlichen Bereich und allgemein. Als Beispiel beruft er sich auf den Wahlzensus, den man politisch aufhob und somit aus der Politik offiziell verbannte. „Dennoch ist mit der politischen Annullation des Privateigentums das Privateigentum nicht nur nicht aufgehoben, sondern sogar vorausgesetzt[36] (zur Teilnahme an der Wahl — I. Sz.)." „Nichtsdestoweniger läßt der Staat das Privateigentum, die Bildung, die Beschäftigung auf *ihre* Weise, d. h. als Privateigentum, als Bildung, als Beschäftigung *wirken* und ihr *besondres* Wesen geltend machen. Weit entfernt, diese *faktischen* Unterschiede aufzuheben, existiert er vielmehr nur unter ihrer Voraussetzung, empfindet er sich als *politischer Staat* und macht er seine *Allgemeinheit* geltend."[37] Das Privateigentum, die Bildung und die Beschäftigung verschwinden damit nicht als Wirkung in der Politik, sie werden nur von der Sphäre der politischen Organisation getrennt, anders als im Mittelalter, da Ökonomie und Politik noch unmittelbar eine Einheit waren. Marx faßt diesen Gedanken schließlich so zusammen: „Wo der politische Staat seine wahre Ausbildung erreicht hat, führt der Mensch nicht nur im Gedanken, im Bewußtsein, sondern in der *Wirklichkeit*, im Leben ein doppeltes, ein himmlisches und ein irdisches Leben, das Leben im *politischen Gemeinwesen*, worin er sich als *Gemeinwesen* gilt, und das Leben in der *bürgerlichen Gesellschaft*, worin er als *Privatmensch* tätig ist . . . Der politische Staat verhält sich ebenso spiritualistisch zur bürgerlichen Gesellschaft wie der Himmel zur Erde."[38] Der Widerspruch des zerrissenen, gleichzeitig in zwei Qualitäten, im Himmel und auf der Erde, lebenden Menschen zeigt sich auf allen Gebieten des gesellschaftlichen Lebens: als Gegensatz zwischen lebendigem Individuum und Staatsbürger, als Widerspruch zwischen *bourgeois* und *citoyen*, als Gegensatz zwischen allgemeinem Interesse und Privatinteresse. Die politische Emanzipation ist nichts anderes als die Verbannung der Religion aus dem öffentlichen Leben in das Privatrecht. Die Religion ist nun nicht mehr der Geist des Staates, sondern der der bürgerlichen Gesellschaft, wo das Prinzip des Privateigentums und der Trennung herrscht. Das ist die „*Sophistik des politischen Staates* selbst".[39]

In Verbindung mit der Frage von Bauer, ob der politisch emanzipierte Jude neben den staatsbürgerlichen Rechten auch einen Anspruch auf eine andere Gruppe von Rechten erheben kann, auf die sogenannten Menschenrechte, analysiert Marx detailliert die staatsbürgerlichen und die Menschenrechte so, wie sie „bei ihren Entdeckern, den Nordamerikanern und den Franzosen", auftreten. Heute wissen wir allerdings, daß die Wurzeln zwar ähnlich, dennoch nicht gleich waren. Die gesellschaftlichen Ursachen waren bei den nach Trennung von England strebenden Nordamerikanern andere als bei den sich aus den Fesseln des Feudalimus befreienden Franzosen. Marx verweist in erster Linie auf die Deklaration der Menschen- und Bürgerrechte von 1789 in Frankreich. Das Subjekt der Menschenrechte ist der ein egoistisches Interesse besitzende Mensch, der um seine materiellen Interessen kämpft, während das Subjekt der staatsbürgerlichen Rechte der sich als Mitglied der politischen Gemeinschaft betrachtende Mensch ist. So könnte kurz zusammengefaßt die Marxsche Unterscheidung zwischen Menschenrechten und Bürgerrechten charakterisiert werden. In diesem Zusammenhang ist für Marx nicht nur eine ausgezeichnete Kenntnis des Gesetzesmaterials charakteristisch, was er mit vielen Zitaten belegt, sein Standpunkt kann auch nicht allein dem Umstand zugerechnet werden, daß er in einem früher von den Franzosen besetzten Gebiet lebte, vielmehr ist bei Marx in diesen Fragen eine starke Wirkung Rousseaus feststellbar. Das betrifft vor allem die Unterscheidung zwischen politischen Rechten, zwischen Bürgerrechten, die zur Kategorie der politischen Freiheit gehören, und den Menschenrechten. Gewissensfreiheit ist nur eine Kategorie der politischen Freiheit. Die allseitige Freiheit, die auch die Freiheit des Eigentums einschließt, ist in Wirklichkeit ein Menschenrecht. Die Freiheit der Eigentumsbeschaffung, davon ist eigentlich die Rede, ist ein Menschenrecht. Ihre prinzipielle Grundlage ist, daß sie im anderen Menschen keine Verwirklichung des Rechts, sondern allein dessen Beschränkung sieht. Die Gleichheit ist danach in Wirklichkeit nur die politische Gleichheit.[40]

Wer ist jedoch in Wahrheit der vom Staatsbürger unterschiedene Mensch? Es ist das Mitglied der durch Hegel als *bürgerliche Gesellschaft* bezeichneten Produktionsordnung. Das Verhältnis dieser Wirtschafts- und Produktionswelt zum politischen Staat, die Trennung beider voneinander, des Menschen und des Staatsbürgers, erklären es, daß sich die Kategorie des Menschen allein auf die bürgerliche Gesellschaft bezieht. Es werden zwei Arten von Emanzipationen unterschieden. Die Menschenrechte, die von den Rechten des Staatsbürgers unterschieden werden, sind „nichts anderes . . . als die Rechte des

Mitglieds der bürgerlichen Gesellschaft, d. h. des egoistischen Menschen, des vom Menschen und vom Gemeinwesen getrennten Menschen".[41] Dieser Gedankengang führt geradewegs bis zu den „Ökonomisch-philosophischen Manuskripten" und ihrer Unterscheidung zwischen menschlicher und gesellschaftlicher Tätigkeit, zwischen individuellem und gesellschaftlichem Wesen des Menschen.[42] In seiner Schrift „Zur Judenfrage" formuliert Marx: „Keines der sogenannten Menschenrechte geht also über den egoistischen Menschen hinaus, über den Menschen, wie er Mitglied der bürgerlichen Gesellschaft, nämlich auf sich, auf sein Privatinteresse und seine Privatwillkür zurückgezogenes und vom Gemeinwesen abgesondertes Individuum ist ... Das einzige Band, das sie zusammenhält, ist die Naturnotwendigkeit, das Bedürfnis und das Privatinteresse, die Konservation ihres Eigentums und ihrer egoistischen Person."[43]

Aber es geht nicht nur um die Unterscheidung der beiden Sphären, sondern auch um die Beziehungen zwischen den beiden Sphären. Die politischen Rechte standen in der bürgerlichen Gesellschaft stets im Dienst der Menschenrechte, die politische Organisation dient dem Individuum, die Menschenrechte gelangen in den Mittelpunkt. Indes: „Nicht der Mensch als citoyen, sondern der Mensch als bourgeois" werde für „den *eigentlichen* und *wahren* Menschen genommen."[44] Die Welt der Bourgeoisie ist eine auf den Kopf gestellte Welt, in der der Mensch als gesellschaftliches Wesen dem Menschen als Individuum untergeordnet ist. Marx beendet schließlich seine weitreichenden Ausführungen mit der Feststellung: „Erst wenn der wirkliche individuelle Mensch den abstrakten Staatsbürger in sich zurücknimmt und als individueller Mensch in seinem empirischen Leben, in seiner individuellen Arbeit, in seinen individuellen Verhältnissen, *Gattungswesen* geworden ist, erst wenn der Mensch seine ‚forces propres' als *gesellschaftliche* Kräfte erkannt und organisiert hat und daher die gesellschaftliche Kraft nicht mehr in der Gestalt der *politischen* Kraft von sich trennt, erst dann ist die menschliche Emanzipation vollbracht."[45] Dies ist aber die Gesellschaft der Zukunft, in der die für die bürgerliche Gesellschaft charakteristische Trennung zwischen produzierender Tätigkeit und politischer Existenz des Menschen aufgehoben ist. Im Feudalismus war es anders. „Die alte bürgerliche Gesellschaft (d. h. der Feudalismus — I. Şz.) hatte *unmittelbar* einen *politischen* Charakter, d. h., die Elemente des bürgerlichen Lebens, wie z. B. der Besitz oder die Familie oder die Art und Weise der Arbeit, waren in der Form der Grundherrlichkeit, des Standes und der Korporation zu Elementen des Staatslebens erhoben."[46] In der Gesellschaft der Zukunft bildet — nach Rousseau und (noch weitergehend) nach Marx — der individuelle Mensch mit dem gesellschaftlichen Menschen eine Einheit, das gesellschaftliche Wesen des Menschen wird seine individuelle Eigenschaft sein.

Dieser Gedanke läßt Marx in seinem Artikel „Zur Judenfrage" nicht zur Ruhe kommen. Er betrachtet deshalb jenen Prozeß in der bürgerlichen Revolution und in der menschlichen Revolution. Im modernen Staat erfolgt „*die Konstitution des politischen Staats* und die Auflösung der bürgerlichen Gesellschaft in die unabhängigen *Individuen* — deren Verhältnis das *Recht* ist, wie das Verhältnis der Standes- und Innungsmenschen das *Privilegium* war — ... *in einem und demselben Akte*. Der Mensch, wie er Mitglied der bürgerlichen Gesellschaft ist, der *unpolitische* Mensch, erscheint aber notwendig als der *natürliche* Mensch. Die *droits de l'homme* erscheinen als *droits naturels*, denn die *selbstbewußte Tätigkeit* konzentriert sich auf den *politischen Akt*. Der *egoistische* Mensch ist das *passive*, nur *vorgefundne* Resultat der aufgelösten Gesellschaft, Gegenstand der *unmittelbaren Gewißheit*, also *natürlicher* Gegenstand. Die *politische Revolution* löst das bürgerliche Leben in seine Bestandteile auf, ohne diese Bestandteile selbst zu *revolutionieren* und der Kritik zu unterwerfen. Sie verhält sich zur bürgerlichen Gesellschaft, zur Welt der Bedürfnisse, der Arbeit, der Privatinteressen, des Privatrechts, als *zur Grundlage ihres Bestehns*, als zu einer nicht weiter begründeten *Voraussetzung*, daher als zu ihrer *Naturbasis*. Endlich gilt der Mensch, wie er Mitglied der bürgerlichen Gesellschaft ist, für den *eigentlichen* Menschen, für den *homme* im Unterschied von dem *citoyen*, weil er der Mensch in seiner sinnlichen individuellen *nächsten* Existenz ist, während der *politische* Mensch nur der abstrahierte, künstliche Mensch ist, der Mensch als eine *allegorische*, *moralische* Person. Der wirkliche Mensch ist erst in der Gestalt des *egoistischen* Individuums, der *wahre* Mensch erst in der Gestalt des *abstrakten citoyen* anerkannt."[47]

Wir haben dieses lange Zitat von Marx gebracht, um dessen Gedanken in ihrer ganzen Breite erkennen zu können. Dieses Werk von Marx interessierte insbesondere unter dem Gesichtspunkt, daß darin der im bourgeoisen System existierende Doppelcharakter der Menschenrechte aufgedeckt wurde. Marx behandelte darin nicht im besonderen den verfassungsmäßigen Ausdruck dieser Rechte. Es ist jedoch heute offensichtlich, daß bereits in der französischen Deklaration der Menschen- und Bürgerrechte von 1789, noch mehr in den anderen und späteren Verfassungen, teilweise individuelle Rechte und teilweise politische Rechte enthalten sind. Beide werden unter dem Begriff der staatsbürgerlichen Rechte vermengt. Bürgerliche Verfassungen schaffen so im Hinblick auf den Ursprung der Rechte wie auf ihr gesellschaftliches Wesen Unordnung. Das gilt noch mehr für die Kategorie „Menschenrechte" des internationalen Rechts, wo man politische Rechte zu Menschenrechten erklärt und weitgehend deren Ursprung und Wesen übersieht. Die Menschenrechte des internationalen Rechts sind nicht die Menschenrechte der bürgerlichen Verfassungen, genausowenig, wie die staatsbürgerlichen Rechte dieser Verfassungen lediglich Menschenrechte sind.

Marx geht in seiner Schrift „Zur Judenfrage" weit über das Problem der Menschenrechte hinaus. Er beleuchtet bei der Analyse dieser Rechte zugleich die ganze Struktur und die gesellschaftliche Bedingtheit des bürgerlichen Staates. Er erörtert schließlich auch den Weg der menschlichen Befreiung, der wirklichen und allgemeinen menschlichen Emanzipation. Marx kommt hier zu einer tiefgehenden Kritik der Bourgeoisgesellschaft. Es ist daher verständlich, daß dieser Artikel eine bedeutende Etappe in der geistigen Entwicklung von Marx markiert, obwohl ihm nicht immer in der Literatur diese Bedeutung zugesprochen wird. Dieser Artikel bedeutet eine wichtige Wegstrecke zur Erkenntnis des Wesens des Rechts. Das öffentliche Recht, das politische Recht ist danach sekundär, es ist gebunden an die bürgerliche Gesellschaft und abhängig von ihr. Es ist ein Recht des politischen Systems, des politischen Überbaus. Das Recht der bürgerlichen Gesellschaft ist ein Recht des Privateigentums, der Familie, der Produktion und der Arbeit, das insofern nicht zum politischen Staat gehört und auch nicht von ihm abhängt. Da aber das Recht eine Einheit darstellt — eine Frage, mit der sich Marx zu diesem Zeitpunkt noch nicht befaßt —, tritt das Privatrecht auch in der Welt des politischen Staates auf, und zwar zusammen mit dem öffentlichen Recht in dem einheitlichen Rechtssystem, das demnach eine Einheit der Gegensätze darstellt. Die Studie von Marx gibt somit, wenn auch nicht unmittelbar, einen Schlüssel zum Verständnis des Wesens des Rechts, genauer gesagt: zur Erkenntnis des Doppelcharakters des Rechts, oder noch genauer: zur Erkenntnis des Doppelcharakters des Bourgeoisrechts.

Es ist eine ganz andere Frage, wie diese Widersprüche und dieser Doppelcharakter beim Übergang vom Kapitalismus zum Sozialismus gelöst werden, das heißt durch das sozialistische System, das zwar noch das Recht kennt, obwohl auch das bereits in einen Übergangszustand gelangt. Dazu finden wir in anderen Werken von Marx Hinweise und Ausführungen.

Vierter Vortrag: „Die deutsche Ideologie“ und die „Ökonomisch-philosophischen Manuskripte aus dem Jahre 1844“

I

Das in den Jahren 1845 und 1846 verfaßte und bis zum Jahre 1932 unveröffentlichte Werk von Marx und Engels „Die deutsche Ideologie“ ist die erste Arbeit des reifen, des „fertigen“ Marxismus. (Lenin hat sich auf diese Arbeit deshalb nicht berufen können, weil er sie noch nicht kennen konnte.) Im Vorwort seiner Schrift „Zur Kritik der politischen Ökonomie“ bemerkte Marx, daß er und Engels jenes Werk zur Herausarbeitung ihres eigenen Standpunktes geschrieben hätten, und da man es damals nicht herausgeben konnte, hätten sie das Manuskript „der nagenden Kritik der Mäuse um so williger (überlassen), als wir unsern Hauptzweck erreicht hatten — Selbstverständigung“.[1] Nachdem Details bereits vorher publiziert worden waren, ist es das Verdienst der Herausgeber der MEGA, erstmals „Die deutsche Ideologie“ in ihrer Gesamtheit veröffentlicht zu haben.

„Die deutsche Ideologie“ besteht aus mehreren Teilen. Ihr erster Teil befaßt sich mit Feuerbach und begründet den historischen Materialismus. Dieser Teil enthält die auch für uns interessantesten marxistischen Thesen.[2] Der zweite und dritte Teil beinhaltet eine scharfe Kritik an Bruno Bauer und Max Stirner. Hier ist es stellenweise schwierig, aus der Diskussion die marxistische Aussage herauszuschälen, sie verliert sich in manchen Fällen in der Polemik. Der vierte und fünfte Teil polemisiert mit dem „wahren Sozialismus“. Auch diese Darlegungen sind heute von vielfältiger Bedeutung.

Marx und Engels behandeln im ersten Teil die Staats- und Rechtstheorie, das öffentliche und das private Recht und das Strafrecht. Die dem Werk beigefügte Skizze von Marx über „Die bürgerliche Gesellschaft und die kommunistische Revolution“ ist gleichsam eine Skizze der Staatstheorie. Nicht weniger bedeutend sind die von Marx erarbeiteten „Thesen über Feuerbach“.[3]

Zunächst stellen Marx und Engels im ersten Teil der „Deutschen Ideologie“ die Frage nach der Basis des Rechts. Sie kritisieren gründlich Auffassungen, die aus der Wirklichkeit Begriffe ableiten und dann diese an sich, von den wirklichen gesellschaftlichen Verhältnissen getrennt, abhandeln. In Wirklichkeit ist jedoch der Begriff immer nur ein Ausdruck der wirklichen Verhältnisse selbst. Hinsichtlich der Basis des Rechts sahen die bisherigen Theorien entweder die Macht oder aber den Willen als die Basis an. Im Gegensatz dazu dringen Marx und Engels zu den tatsächlich das Recht determinierenden gesellschaftlichen Verhältnissen vor und analysieren ihre Zusammenhänge. „Wird die Macht als die Basis des Rechts angenommen, wie es Hobbes etc.

tun, so sind Recht, Gesetz pp. nur Symptom, Ausdruck *anderer* Verhältnisse, auf denen die Staatsmacht beruht."[4] Worauf aber beruht die Staatsmacht?: „Das materielle Leben der Individuen, welches keineswegs von ihrem bloßen ‚Willen' abhängt, ihre Produktionsweise und die Verkehrsform, die sich wechselseitig bedingen, ist die reelle Basis des Staats und bleibt es auf allen Stufen, auf denen die Teilung der Arbeit und das Privateigentum noch nötig sind, ganz unabhängig vom *Willen* der Individuen."[5] Das Recht ist demnach nicht nur Macht, obwohl auch diese für das Recht erforderlich ist. Nicht die politische Macht ist die Grundlage des Rechts, sondern die ökonomische Macht, auf der die politische Macht ruht. Und deren Wesen wird durch das Eigentum bestimmt. Deshalb muß man das Recht aus dem Eigentum ableiten.

Auch der Wille ist nicht die Basis des Rechts. Die die politische Macht begründende Macht ist die wirtschaftliche Macht. Der Wille der Individuen wird durch die Produktionsverhältnisse bestimmt. Die Vielfalt der individuellen Willen muß sich als Staat formieren und in Form des Staatswillens, des Gesetzes einen allgemeinen Ausdruck erhalten. Deren Inhalt wird, wie es das Privatrecht, aber auch das Strafrecht beweisen, durch die Verhältnisse der an der Macht befindlichen Gruppe von Menschen, der herrschenden Klasse bestimmt. Es hängt auch nicht vom selbständigen Willen der beherrschten Klassen ab, ob Gesetz und Staat bestehen. Denn auch deren Wille wird durch die bestehenden gesellschaftlichen Verhältnisse bestimmt.[6]

Hier ist von zwei Prozessen die Rede. Zunächst muß sich der durch die materiellen Lebensbedingungen bestimmte Wille der Individuen bzw. die Vielfalt ihres Willens als Durchschnittswille, als staatlicher Wille formieren. „Ihre persönliche Herrschaft muß sich zugleich als eine Durchschnittsherrschaft konstituieren." Andererseits muß dieser Durchschnittswille bzw. diese Durchschnittsherrschaft wiederum vom individuellen Willen unabhängig gemacht werden. Das Gesetz ist nichts anderes als „der Ausdruck dieses durch ihre gemeinschaftlichen Interessen bedingten Willens", als der Ausdruck des Durchschnittswillens. Das ist, wenn nicht das Wesen, so doch auf jeden Fall eine charakteristische Eigenart des Rechts. Das „macht die Selbstverleugnung im Gesetz und Recht nötig, Selbstverleugnung im Ausnahmsfall, Selbstbehauptung ihrer Interessen im Durchschnittsfall (die daher nicht *ihnen*, sondern nur dem ‚mit sich einigen Egoisten' für Selbstverleugnung gilt)."[7]

Das Wesen des von dieser Seite her bestimmten Rechts ironisiert Marx mit den Worten: „Der Bourgeois verhält sich zu den Institutionen seines Régimes wie der Jude zum Gesetz; er umgeht sie, sooft es tunlich ist, in jedem einzelnen Falle, aber er will, daß alle Andern sie halten sollen."[8] Das Recht ist also eine Norm, die dem gemeinsamen Interesse der Klassenmitglieder, dem allgemeinen Interesse der Klasse entspricht. Es befindet sich im Gegensatz zum besonderen Interesse, zum individuellen Interesse, soweit es Ursache eines rechtswidrigen Verhaltens ist.

Marx berührt diese Frage auch an anderer Stelle, als er den Gegensatz zwischen Privatinteresse des einzelnen und allgemeinem Interesse behandelt. Die persönlichen Interessen entwickeln sich zu Klasseninteressen, zu gemeinschaftlichen Interessen, sie werden komprimiert und verselbständigen sich scheinbar dann gegen die einzelnen Personen. „In der Verselbständigung" nehmen sie „die Gestalt *allgemeiner* Interessen" an.[9] Der Gegensatz, der zwischen den persönlichen und den allgemeinen Interessen entsteht, ist jedoch nur ein scheinbarer. „Beide (wurden) durch gleich empirische Lebensbedingungen der Individuen erzeugt."[10] Hier zeigt sich wieder der gleiche Gegensatz zwischen dem Privatmenschen (dem individuellen Interesse) und dem Gattungsmenschen (dem allgemeinen Interesse), wie ihn Marx bereits an anderer Stelle behandelte.

Marx und Engels verweisen in diesem Zusammenhang auf frühere Arbeiten von Marx, die sich mit dieser Frage befassen und die in den „Deutsch-französischen Jahrbüchern" erschienen sind. Offensichtlich handelt es sich um die Artikel „Zur Judenfrage" und „Zur Kritik der Hegelschen Rechtsphilosophie. Einleitung".[11] „Was das Recht betrifft, so haben wir ... den Gegensatz des Kommunismus gegen das Recht sowohl als politisches und privates als auch in seiner allgemeinsten Form als Menschenrecht geltend gemacht. Siehe ‚Deutsch-Französische Jahrbücher', wo das Privilegium, das Vorrecht als entsprechend dem ständisch gebundenen Privateigentum, und das Recht als entsprechend dem Zustande der Konkurrenz, des freien Privateigentums gefaßt ist ...; ebenso das Menschenrecht selbst als Privilegium und das Privateigentum als Monopol ... die Rechtsaxiome, die auf den Kommunismus führen sollen, als Axiome des Privateigentums gefaßt ..."[12] Daraus ergibt sich der Standpunkt von Marx hinsichtlich sowohl des feudalen als auch des bürgerlichen Rechts. Aber auch seine Skepsis im Hinblick auf die Menschenrechte im allgemeinen, die — wie jedes Recht — nicht nur dem Kommunismus entgegenstehen, sondern auch eine Art Privilegium (als Recht für das Privateigentum) und auch eine Art Monopol (nicht jeder hat ein Recht auf Eigentum) sind.

Marx und Engels kommen hier ebenfalls auf das Problem des Willens zurück, vor allem dann, wenn sie den Liberalismus Kants kritisieren, als „die charakteristische Form, die der auf wirklichen Klasseninteressen beruhende französische Liberalismus in Deutschland annahm".[13] Dieser Vorgang war dadurch gekennzeichnet, daß der durch materielle Interessen bestimmte Wille der französischen Bourgeoisie „zu *reinen* Selbstbestimmungen des *‚freien Willens'*, des Willens an und für sich, des menschlichen Willens (gemacht) und ... so in rein ideologische Begriffsbestimmungen und moralische Postulate" verwandelt wurde.[14] Der deutsche Liberalismus ist lediglich ein Traum vom *wirklichen* Liberalismus, er ist nur dessen Ideologie. In diesem Zusammenhang untersuchen Marx und Engels das Verhältnis zwischen Bourgeois und Liberalen. Sie kritisieren Stirner, der nicht sieht, daß „die liberalen Redensarten der idealistische Ausdruck der realen Interessen der Bourgeoisie" seien. Es ist in Wirklichkeit so, daß es das Ziel des Bourgeois ist, sich zum Liberalen zu vervollständigen, zum Staatsbürger zu werden. Für Stirner ist „nicht der bourgeois die Wahrheit des citoyen, ihm ist der citoyen die Wahrheit des bourgeois".[15] Das heißt, bei ihm ist nicht der Bourgeois das Wesen und der bürgerliche Zustand das Produkt, sondern umgekehrt, das Wesen des Privatmenschen ist die Folge des staatsbürgerlich-politischen Wesens. Diese durch Marx immer wieder angegriffene Grundthese stellt die wirklichen Zusammenhänge auf den Kopf.

In der „Deutschen Ideologie" befassen sich Marx und Engels sehr ausführlich und direkt mit dem Recht. Interessant ist dabei die bereits zitierte Zusammenfassung, die sie über die beiden Artikel von Marx in den „Deutsch-französischen Jahrbüchern" geben. An dieser Stelle sei kurz auf das Werk „Zur Kritik der Hegelschen Rechtsphilosophie. Einleitung" eingegangen. Dort wird festgestellt, der Kommunismus negiere das Recht insoweit, als die Arbeiterklasse „kein *besondres Recht* in Anspruch nimmt, weil kein *besondres* Unrecht, sondern das *Unrecht schlechthin* an ihr verübt wird, welche nicht mehr auf einen *historischen*, sondern nur noch auf den *menschlichen* Titel provozieren kann, welche in keinem einseitigen Gegensatz zu den Konsequenzen, sondern in einem allseitigen Gegensatz zu den Voraussetzungen des deutschen Staatswesens steht ..."[16] Bezug nehmend auf das Verhältnis von Kommunismus und Recht negiert Marx hier das Recht im allgemeinen, das politische Recht und das Menschenrecht im besonderen. „Wenn das Proletariat die *Negation des Privateigentums* verlangt, so erhebt es nur zum *Prinzip der Gesellschaft*, was die Gesellschaft zu *seinem* Prinzip erhoben hat, was in *ihm* als negatives Resultat der Gesellschaft schon ohne sein Zutun verkörpert ist."[17] Diese Negation des Privateigentums in seiner Gesamtheit führt — wie Marx und Engels unter Hinweis auf die „Deutsch-Französischen Jahrbücher" feststellen — zur Negation des Rechts,[18] das „dem Zustande der Konkurrenz, des freien Privateigentums" entspricht.[19]

An dieser Stelle muß darauf verwiesen werden, was Marx und Engels über die Arbeit aussagen, weil dies ihre Darlegungen über die Konkurrenz verständlich macht. „Der *moderne* Staat, die Herrschaft der Bourgeoisie, beruht auf der *Freiheit der Arbeit*... Die Freiheit der Arbeit ist die freie Konkurrenz der Arbeiter unter sich ... Die Arbeit *ist* frei in allen zivilisierten Ländern; es handelt sich nicht darum, die Arbeit zu befreien, sondern sie aufzuheben."[20] In diesem Sinne handelt es sich offensichtlich im Kommunismus darum, das Recht aufzuheben.

Marx und Engels erinnern hier an ein anderes, früheres Element ihrer Kritik. Bekanntlich brachten sie „die Kritik des Rechts in Zusammenhang ... mit der deutschen Philosophie und als Konsequenz der Kritik der Religion ..."[21] „Die Religion ist nur die illusorische Sonne, die sich um den Menschen bewegt ... Es ist zunächst die *Aufgabe der Philosophie* ..., nachdem die *Heiligengestalt* der menschlichen Selbstentfremdung entlarvt ist, die Selbstentfremdung in ihren *unheiligen Gestalten* zu entlarven. Die Kritik des Himmels verwandelt sich damit in die Kritik der Erde, *die Kritik der Religion* in die *Kritik des Rechts*, die *Kritik der Theologie* in die *Kritik der Politik*." In diesem Zusammenhang kämpft Marx an zwei Fronten. Einmal kämpft er gegen die historische Rechtsschule, „welche die Niederträchtigkeit von heute durch die Niederträchtigkeit von gestern legitimiert", und gegen die deutschen Zustände, die „*unter dem Niveau der Geschichte*" stehen.[22] Zum anderen setzt er sich mit Hegel auseinander. Die Hegelsche „*deutsche Rechts- und Staatsphilosophie* ist die einzige mit der *offiziellen* modernen Gegenwart al pari stehende *deutsche Geschichte*. Das deutsche Volk muß daher diese seine Traumgeschichte mit zu seinen bestehenden Zuständen schlagen und nicht nur diese bestehenden Zustände, sondern zugleich ihre abstrakte Fortsetzung der Kritik unterwerfen."[23]

Zur Frage der Entstehung des Rechts betonen Marx und Engels in der „Deutschen Ideologie", daß sich das Stammeseigentum in Wirklichkeit zuerst als gemeinschaftliches und dann als staatliches Eigentum herausbildete, was sich jedoch nur auf das Bodeneigentum bezog.[24] „Die neueren rechtsgeschichtlichen Forschungen haben nämlich herausgestellt, daß sowohl in Rom wie bei den germanischen, keltischen und slawischen Völkern die Eigentumsentwicklung vom Gemeindeeigentum oder Stammeseigentum ausging und das eigentliche Privateigentum überall durch Usurpation entstand ..."[25] Das Privateigentum ist also ein historisches Gebilde, alles andere denn ein abstrakter Begriff: „Die bisherigen Produktionsverhältnisse der Individuen müssen sich ebenfalls als politische und rechtliche Verhältnisse ausdrücken ... Alle Verhältnisse können in der Sprache nur als Begriffe ausgedrückt werden. Daß diese Allgemeinheiten und Begriffe als mysteriöse Mächte gelten, ist eine notwendige Folge der Verselbständigung der realen Verhältnisse, deren Ausdruck sie sind."[26] Das Recht ist demnach kein System von Begriffen, sondern von Verhältnissen, die durch Begriffe nur erfaßt werden. Marx und Engels gehen gegen den Mythos des Begriffes an, der den Begriff von den Verhältnissen loslöst, ihnen gegenüber verselbständigt und an sich betrachtet. An einer anderen Stelle schreiben sie: „Der Jurist (ist) der Ideologe des Privateigentums“[27], d. h. umgekehrt, das Privateigentum macht den Juristen. Er ist dessen Produkt und Funktion. Das bezieht sich natürlich auf den Juristen der bürgerlichen Gesellschaft.

Marx und Engels widmeten den rechtlichen Axiomen und den Axiomen des Privateigentums große Aufmerksamkeit. Es ist daher erforderlich, über die marxistische Auffassung hinsichtlich der Axiome zu sprechen. Über sie schreibt Engels in den „Umrissen zu einer Kritik der Nationalökonomie“, aber auch in anderen Zusammenhängen: „Die Axiome, welche die Erwerbsart des Grundbesitzers als Raub qualifizieren, nämlich daß jeder ein Recht auf das Produkt seiner Arbeit hat, oder daß keiner ernten soll, wo er nicht gesät hat, sind nicht unsre Behauptung ... Diese Axiome sind vielmehr Konsequenzen des Privateigentums.“[28] Mit anderen Worten, die vermeintlichen Grundwahrheiten, auf die die Grundbesitzer „ihre Rechte“ gründen, widerspiegeln nicht die Anschauung der Kommunisten, und die Kommunisten machen diese Axiome nicht zu den ihren.

Marx und Engels leiten den Staat ebenfalls aus dem Eigentum, genauer aus dem Privateigentum ab. Die Produktionsverhältnisse müssen sich unbedingt in Form politischer und rechtlicher Verhältnisse entfalten — und das ist der Staat. Aber die Ableitung erfolgt nicht allgemein aus dem Eigentum, sondern besonders und gerade aus dem Privateigentum. „Bei den aus dem Mittelalter hervorgehenden Völkern entwickelt sich das Stammeigentum ... durch verschiedene Stufen — feudales Grundeigentum, korporatives Mobiliareigentum, Manufakturkapital — bis zum modernen, durch die große Industrie und universelle Konkurrenz bedingten Kapital, dem reinen Privateigentum, das allen Schein des Gemeinwesens abgestreift und alle Einwirkung des Staats auf die Entwicklung des Eigentums ausgeschlossen hat.“[29] In diesem Prozeß bildet sich das Verhältnis zwischen dem entwickelten Privateigentum einerseits und dem politischen Staat andererseits heraus. Es entstand der moderne Staat, der dem modernen Privateigentum entspricht. Die Privateigentümer haben den Staat über die Steuern langsam gekauft, sie brachten ihn über die Staatsschulden völlig in ihre Hand. „Die Bourgeoisie ist schon, weil sie eine *Klasse*, nicht mehr ein *Stand* ist, dazu gezwungen, sich national, nicht mehr lokal zu organisieren und ihrem Durchschnittsinteresse eine allgemeine Form zu geben.“ Diese allgemeine Form ist der Staat bzw. diesem Durchschnittsinteresse gibt man mittels des Staates eine Form.

„Durch die Emanzipation des Privateigentums vom Gemeinwesen ist der Staat zu einer besonderen Existenz neben und außerhalb der bürgerlichen Gesellschaft geworden; er ist aber weiter Nichts als die Form der Organisation, welche sich die Bourgeois sowohl nach Außen als nach Innen hin zur gegenseitigen Garantie ihres Eigentums und ihrer Interessen notwendig geben.“[30] Daraus ergeben sich als gemeinsame Merkmale jedes Staates, daß der Staat notwendigerweise eine Organisation, eine Form ist und daß die herrschende Klasse ihn zu ihrem eigenen Schutze schafft. Der Bourgeoisstaat hat daneben spezifische Züge. Er ist ein Produkt des Privateigentums. Der Staat existiert „nur um des Privateigentums willen ...“[31] Der Bourgeoisstaat ist von der bürgerlichen Gesellschaft, d. h. von der Wirtschaft abhängig, aber ihr gegenüber relativ selbständig. „Die Selbständigkeit des Staats kommt heutzutage nur noch in solchen Ländern vor, wo die Stände sich nicht vollständig zu Klassen entwickelt haben, wo die in den fortgeschrittneren Ländern beseitigten Stände noch eine Rolle spielen und ein Gemisch existiert, in denen daher kein Teil der Bevölkerung es zur Herrschaft über die übrigen bringen kann. Dies ist namentlich in Deutschland der Fall."[32]

Im Verlaufe der Herausbildung der kapitalistischen Produktionsweise entwickelte sich zur Zeit der absoluten Monarchie eine Art politisches Gleichgewicht zwischen den feudalen Grundbesitzern und der sich herausbildenden Großbourgeoisie, wobei der Staat, die Macht und vor allem deren Organisation und Personal, die Bürokratie, als Zünglein an der Waage erscheint und diese Rolle auch spielt. Aber das ist noch nicht der moderne Staat, für den charakteristisch ist, daß in ihm — im Unterschied zum Feudalismus — ökonomische und politische Macht zwar voneinander getrennt, aber die politische Macht durchgängig in der Hand der ökonomischen Macht verbleibt.

„Da der Staat die Form ist, in welcher die Individuen einer herrschenden Klasse ihre gemeinsamen Interessen geltend machen und die ganze bürgerliche Gesellschaft einer Epoche sich zusammenfaßt, so folgt, daß alle gemeinsamen Institutionen durch den Staat vermittelt werden, eine politische Form erhalten. Daher die Illusion, als ob das Gesetz auf dem Willen, und zwar auf dem von seiner realen Basis losgerissenen, dem *freien* Willen beruhe."[33] Das ist jedoch nur ein gesellschaftlicher Schein. „Nicht der Staat besteht also durch den herrschenden Willen, sondern der aus der materiellen Lebensweise der Individuen hervorgehende Staat hat auch die Gestalt eines herrschenden Willens."[34] Bei den Ideologen bzw. Philosophen wird das Recht von seiner realen Basis getrennt, und es erscheint so, als ob die Gesetze ein selbständiges Leben hätten und die Gesellschaft bestimmten. „Womit sich die politische und bürgerliche Geschichte in eine Geschichte der Herrschaft von aufeinanderfolgenden Gesetzen ideologisch auflöst. Dies ist die spezifische Illusion der Juristen und Politiker . . ."[35] Das ist die Darstellung des wahren Zusammenhangs zwischen Recht, Gesetz, Rechtsbegriffen und materieller Produktion. Es ist die Zerteilung des um diese Beziehungen künstlich geschaffenen Nebels. Und das ist die theoretische Grundlage der Rechtstheorie des historischen Materialismus.

Der „Deutschen Ideologie" sind einige Beilagen angefügt, die sich in den Notizbüchern von Marx fanden. Eine erhielt den Titel „Die bürgerliche Gesellschaft und die kommunistische Revolution".[36] Dieser Titel ist vielleicht nicht genau genug. Besser wäre vielleicht die Überschrift „Der moderne politische Staat und die kommunistische Revolution". Die Skizze ist durchgehend geprägt von dem bereits behandelten Widerspruch zwischen Bürger und Mensch, ein beherrschender Gedanke bei Marx, nicht nur im Hinblick auf die Menschenrechte, sondern auch im Hinblick auf die menschliche Gesellschaft. Einige der aus neun Punkten bestehenden Skizze sind lediglich Überschriften, so zum Beispiel der achte Punkt: Die richterliche Gewalt und das Recht, Die Nationalität und das Volk. Oder der neunte Punkt: Die politischen Parteien. Aus anderen Punkten kann man inhaltlich bereits mehr erkennen.

Das betrifft zum Beispiel den ersten Punkt, der sich mit der Entstehungsgeschichte des modernen Staates befaßt und sie mit der Französischen Revolution gleichsetzt. Demnach ist also der moderne Staat prinzipiell der Bourgeoisstaat, wie er in reiner Form in der Französischen Revolution entstanden ist. Es ist weiter zu lesen: „Die Selbstüberhebung des politischen Wesens — Verwechslung mit dem antiken Staat." Diese These hat eine doppelte Bedeutung. Neben den ökonomischen Faktoren — sie werden von Marx an dieser Stelle als „Verhältnis der Revolutionäre zur bürgerlichen Gesellschaft", d. h. zu den materiellen Lebensbedingungen erwähnt — darf man der Politik keine primäre bzw. beherrschende Bedeutung geben. Die zweite Schlußfolgerung:

Trotz aller Ähnlichkeit mit dem Staat des Altertums ist der „moderne Staat“, d. h. der Bourgeoisstaat, in seinen Grundlagen bereits ein anderer, er besitzt andere Merkmale und ist durch ein anderes Verhältnis zum Eigentum charakterisiert. Schließlich der weitere und entscheidende Gedanke von Marx: „Verdoppelung aller Elemente in bürgerliche und Staatswesen.“ Das ist die grundlegende, für die bürgerliche Welt charakteristische Trennung von Staat und Gesellschaft, die Verdoppelung der bürgerlichen Welt.

Der zweite Punkt läßt einen bestimmten inhaltlichen Bezug erkennen. Es heißt dort: „Die *Proklamation* der *Menschenrechte* und die *Konstitution des Staats*.“ Marx denkt hier einerseits an den Zusammenhang zwischen politischem Staat und Menschenrechten und an die Tatsache, daß die Verfassungen die Menschenrechte in sich aufnehmen. Es wird dann in diesem Punkt weiter „die individuelle Freiheit und die öffentliche Macht“ als inhaltlicher Bezugspunkt genannt. Es geht hier um das Verhältnis des Individuums zum Staat als Organ der Bourgeoisieherrschaft sowie um die durch die Menschenrechte zum Ausdruck kommenden Sicherungen des Individuums. Schließlich sollten „*Freiheit, Gleichheit* und Einheit“ und „die Volkssouveränität“ behandelt werden. In dieser Formulierung liegen zwei Gedanken. Der Doppelcharakter der Freiheit (als Menschenrecht) und der Gleichheit (als staatsbürgerliches Recht) und andererseits die Einheit der Gesellschaft sowie die Volkssouveränität als Recht dieser Einheit.

Es kann angenommen werden, daß Marx im dritten Punkt das reale auf die Füße gestellte Verhältnis zwischen dem Staat und der bürgerlichen Gesellschaft in Auseinandersetzung mit Hegel behandeln wollte. Die Tatsache, daß Marx diese Fragestellung in die Skizze aufnahm, zeigt, welche grundlegende Bedeutung er ihr beimaß.

Der vierte Punkt trägt die Bezeichnung „*Der Repräsentativstaat und die Charte*“. Der Untertitel lautet: „Der konstitutionelle Repräsentativstaat, der demokratische Repräsentativstaat“. Offensichtlich ging es Marx hier um die Problemstellung, die er bereits in der Kritik des Hegelschen Staatsrechts behandelt hatte, nämlich das Verhältnis zwischen gesetzgebender und verfassungsgebender Gewalt. Der Untertitel verweist auf die Unterscheidung zwischen einer formalen, nicht unbedingt demokratischen Verfassungsmäßigkeit und der wirklichen Demokratie. Es ist ein Unterschied von Form und Inhalt.

Im fünften Punkt sollte die Teilung der Gewalten behandelt werden. In dieser Hinsicht war sich Marx über die gesellschaftlichen Ursachen des Entstehens der Gewaltenteilungstheorie durchaus im klaren. „Zu einer Zeit z. B. und in einem Lande, wo königliche Macht, Aristokratie und Bourgeoisie sich um die Herrschaft streiten, wo also die Herrschaft geteilt ist, zeigt sich als herrschender Gedanke die Doktrin von der Teilung der Gewalten, die nun als ein ‚ewiges Gesetz‘ angesprochen wird.“[37] Es ist erkennbar, daß Marx die ganze Lehre von Montesquieu nicht übernimmt, sondern verwirft. Marx spricht nur von zwei Gewalten, von der gesetzgebenden und der vollziehenden Gewalt. Aber auch diese faßt er in einem anderen Sinne auf als die Gewaltenteilungstheorie. Das geht übrigens aus dem fünften und dem sechsten Punkt der Skizze hervor. Wenn Marx hier von der gesetzgebenden und der exekutiven Gewalt spricht, so meint er nichts anderes als eine Art Arbeitsteilung, eine Teilung der staatlichen Arbeit, und nicht zwei sich einander im Gleichgewicht haltende Gewalten. Bei der gesetzgebenden Gewalt handelt es sich um die Tätigkeit der gesetzgebenden Körperschaften, genauer gesagt, um die spezifische Tätigkeit dieses Organs, nicht einfach Recht zu schöpfen, sondern mittels Gesetzgebung Macht auszuüben. Das zentralstaatliche Parlament, als das Organ der Gesetzgebung, wird durch die „politischen Klubs" ergänzt, die Marx sicherlich, in Anlehnung an das französische Beispiel, als mit der Machtausübung verbundene gesellschaftliche Organisationen betrachtet. Bei der vollziehenden Gewalt handelt es sich eindeutig um die Organisation der staatlichen Tätigkeit, um die Zentralisation und die Hierarchie, d. h. um die industriell organisierte und der industriellen Organisation entsprechende Staatsorganisation bzw. um die staatliche zentrale Verwaltung und die örtliche Verwaltung.

Die folgenden Punkte geben bei Marx lediglich grob den Inhalt an. Der letzte Punkt lautet: „Das Wahlrecht, der Kampf um die Aufhebung des Staats und der bürgerlichen Gesellschaft." Daraus ist ersichtlich, daß Marx dem Wahlrecht eine wichtige Rolle im Klassenkampf beimaß, der um die Aufhebung des Staates und der bürgerlichen Gesellschaft geführt wird, und daß er bereits zu diesem Zeitpunkt eindeutig das Endziel des Kommunismus im Auge hatte. Daraus ergibt sich, daß diese Skizze nicht zufällig als Anlage der „Deutschen Ideologie" beigegeben wurde, sondern sich organisch an diese anschließt.

Einen nahezu zentralen Platz nimmt in der „Deutschen Ideologie" das Privateigentum, diese grundlegende Institution der Bourgeoisgesellschaft, ein. „Im achtzehnten Jahrhundert in Frankreich und im neunzehnten in England wurde das gesamte Recht auf das Privatrecht..., und dies auf eine ganz bestimmte Macht, die Macht der Privateigentümer, reduziert, wobei man sich aber keineswegs mit der bloßen Phrase begnügte."[38] Marx und Engels geben einen knappen Überblick über die verschiedenen Eigentumsformen, die eigentlich „verschiedene Entwicklungsstufen der Teilung der Arbeit" waren. Sie verfolgen das Stammeseigentum, das gemeinschaftliche und staatliche Eigentum des Altertums, die Unterscheidung zwischen beweglichem und unbeweglichem Eigentum, die weiteren Formen des feudalen oder des ständischen Eigentums und in den Städten das sich daran anschließende Eigentum von Körperschaften sowie die feudale Organisation des Handwerks. Die beiden Haupteigentumsformen sind zu jener Zeit das Grundeigentum und die eigene Arbeit, speziell die akkumulierte Arbeit, das Kapital.[39]

„Das Privatrecht entwickelte sich zu gleicher Zeit mit dem Privateigentum aus der Auflösung des naturwüchsigen Gemeinwesens." Marx und Engels machen einen Unterschied zwischen den römischen und den modernen Verhältnissen. Sie sahen jedoch gleichzeitig auch die Kontinuität in der Form. „Bei den Römern blieb die Entwicklung des Privateigentums und Privatrechts ohne weitere industrielle und kommerzielle Folgen, weil ihre ganze Produktionsweise dieselbe blieb. Bei den modernen Völkern, wo das feudale Gemeinwesen durch die Industrie und den Handel aufgelöst wurde, begann mit dem Entstehen des Privateigentums und Privatrechts eine neue Phase, die einer weiteren Entwicklung fähig war ... Sobald ... die Industrie und der Handel das Privateigentum weiterentwickelten, wurde gleich das ausgebildete römische Privatrecht wieder aufgenommen und zur Autorität erhoben. Als später die Bourgeoisie so viel Macht erlangt hatte, daß die Fürsten sich ihrer Interessen annahmen, um vermittelst der Bourgeoisie den Feudaladel zu stürzen, begann in allen Ländern — in Frankreich im 16. Jahrhundert — die eigentliche Entwicklung des Rechts, die in allen Ländern, ausgenommen England, auf der Basis des römischen Kodex vor sich ging. Auch in England mußten römische Rechtsgrundsätze zur weiteren Ausbildung des Privatrechts (besonders bei Mobiliareigentum) hereingenommen werden."[40] Unter kapitalistischen Verhältnissen wurde also das römische Recht rezipiert, und zwar in dessen altertümlicher Form.

Dem folgte auch die Rechtswissenschaft. Im Kapitalismus wurden im Privatrecht

„die bestehenden Eigentumsverhältnisse als Resultat des allgemeinen Willens ausgesprochen". Die juristische Illusion „reduziert das Privateigentum selbst auf den bloßen Privatwillen", das heißt, sie verdreht die Tatsachen. Denn das gesellschaftliche Verhältnis gebiert in Wirklichkeit den Willen, doch der Jurist denkt umgekehrt. „Aus derselben Illusion der Juristen erklärt es sich, daß es für sie und für jeden Kodex überhaupt zufällig ist, daß Individuen in Verhältnisse untereinander treten, z. B. Verträge, und daß ihm diese Verhältnisse für solche gelten, die man nach Belieben eingehen oder nicht eingehen kann und deren Inhalt ganz auf der individuellen Willkür der Kontrahenten beruht."[41] Diese notwendig und objektiv determiniert bestehenden Verhältnisse werden zu Rechten und bei den Philosophen und den Rechtsphilosophen zu Rechtsbegriffen, obwohl in diesen realen Verhältnissen das Wesen des Privatrechts und eines jeden Rechts begründet ist. Dafür ein Beispiel: „Sooft sich durch die Entwicklung der Industrie und des Handels neue Verkehrsformen gebildet haben, z. B. Assekuranz-etc.-Kompanien, war das Recht jedesmal genötigt, sie unter die Eigentumserwerbsarten aufzunehmen."[42]

Das hat Konsequenzen für das Recht. Das Recht kann nicht an sich untersucht werden. Es entsteht nicht von selbst aus sich heraus. Es lebt kein selbständiges Leben. Es ist vielmehr das Produkt realer Verhältnisse. Im Kopf des bürgerlichen Juristen stellt sich das genau umgekehrt dar. Begriffsbildung und -entwicklung hält er für die treibenden Kräfte der Entwicklung und der Geschichte des Rechts. Das gilt auch in anderer Hinsicht. Das Privatrecht wird noch immer als Produkt des „freien Willens" angesehen und die rechtliche Widerspiegelung der realen Verhältnisse nicht als Folge, sondern als Wesen der Sache. Die bürgerliche Rechtswissenschaft baut auf rechtlichen Fiktionen auf. In Wirklichkeit ist jedoch der Wille nur eine Widerspiegelung realer Verhältnisse.

II

Bei den „Ökonomisch-philosophischen Manuskripten" von Marx aus dem Jahre 1844 handelt es sich um nationalökonomische Notizen. Sie wurden bereits vor der „Deutschen Ideologie" geschrieben. Der Hauptgedanke der Notizen betrifft die Entfremdung, über die sich Marx und Engels übrigens, obwohl sie diese Kategorie stellenweise auch in der „Deutschen Ideologie" benutzen, bei Gelegenheit spöttisch äußern: „Diese ‚*Entfremdung*', um den Philosophen verständlich zu bleiben . . ."[43] Hinsichtlich der Entfremdung geht es im Denken des jungen Marx nicht sosehr um das Problem Entfremdung und Staat, als vielmehr um das Problem Entfremdung und Recht.

Im Vorwort der „Ökonomisch-philosophischen Manuskripte" schrieb Marx: „Ich werde daher in verschiednen selbständigen Broschüren die Kritik des Rechts, der Moral, Politik etc. aufeinanderfolgen lassen und schließlich in einer besondren Arbeit wieder den Zusammenhang des Ganzen . . . zu geben versuchen. Man findet aus diesem Grunde in der vorliegenden Schrift den Zusammenhang der Nationalökonomie mit Staat, Recht, Moral, bürgerlichem Leben etc. grade nur soweit berührt, als die Nationalökonomie selbst ex professo diese Gegenstände berührt."[44] Das ist für uns eine sehr wichtige Feststellung. Aus den „Manuskripten" kann man nur vereinzelt unmittelbare Hinweise auf die Entfremdung des Staates und des Rechts herauslesen. Leider änderte Marx später seine Pläne, und so wurde nur diese Schrift über die Nationalökonomie fertiggestellt. Es gibt heute nicht wenige Versuche, die auf die Entfremdung bezogenen Thesen dieser Schrift unmittelbar auf das Recht zu übertragen. Schließlich muß auch vermerkt werden, daß die „Manuskripte" erst im Jahre 1932 das Licht der Welt erblickten und ihre marxistische Verarbeitung noch bis heute anhält.

Die Philosophie, die wir hier nicht behandeln können, ist bemüht, die Entfremdung und deren Ursprung historisch zu begründen. So wird in der Regel mit Rousseau begonnen, der von einer völligen Entfremdung eines jeden Mitglieds der Gesellschaft spricht und fordert, jedes Recht auf die Gemeinschaft zu übertragen.[45] Obwohl Rousseau eine große Wirkung auf Marx ausgeübt hat, ist es unwahrscheinlich, daß dieser die Entfremdungsauffassung von Rousseau her übernommen hat. Ähnliches gilt für die deutsche Romantik. Vielmehr belegen die „Manuskripte" eindeutig, daß Hegel und dessen „Phänomenologie" Marx anregten, die Hegelsche Entfremdungstheorie einer philosophischen Kritik zu unterziehen und einen eigenen positiven Standpunkt hinsichtlich der Kategorie Entfremdung zu entwickeln. Möglicherweise hätte Rousseau in den Theorien von Marx eine größere Rolle gespielt, wenn Marx seine Kritik des Rechts ausgearbeitet hätte. Hier wäre es denkbar gewesen, das Recht als etwas zu betrachten, das den Menschen äußerlich-fremd gegenübersteht. Das unterscheidet das Recht von der inneren Moral. Wir haben bereits bei der Analyse des Artikels „Zur Judenfrage" jene sich auf die menschliche Emanzipation beziehende These von Marx zitiert, nach der die menschliche Emanzipation erst dann vollzogen ist, „wenn der Mensch seine ‚forces propres' als *gesellschaftliche* Kräfte erkannt und organisiert hat und daher die gesellschaftliche Kraft nicht mehr in der Gestalt der *politischen* Kraft von sich trennt".[46] Wenn der Mensch das Recht nicht mehr in Gestalt einer von ihm getrennten äußerlichen gesellschaftlichen Kraft aufrechterhält, wenn er das Recht als gesellschaftliches Produkt in sich zurücknimmt, dann hört die Entfremdung des Rechts auf, aber dann hört auch das Recht selbst auf, dessen Wesen diese äußere Fremdheit, diese Entfremdung ist.

Marx beschreibt in den „Manuskripten", wie sich der Arbeiter im Arbeitsprozeß seiner Arbeit entfremdet, vom Produkt seiner Arbeit und schließlich von den anderen Arbeitenden. Das alles ist bei Marx in der Existenz des Privateigentums begründet, dessen Aufhebung auch die Entfremdung in der Produktion aufheben wird. Aber „Religion, Familie, Staat, Recht, Moral, Wissenschaft, Kunst etc. sind nur *besondre* Weisen der Produktion und fallen unter ihr allgemeines Gesetz. Die positive Aufhebung des *Privateigentums*, als die Aneignung des *menschlichen* Lebens, ist daher die positive Aufhebung aller Entfremdung, also die Rückkehr des Menschen aus Religion, Familie, Staat etc. in sein *menschliches*, d. h. *gesellschaftliches* Dasein."[47] Der Mensch hat diese Tatsache bereits erkannt: „Der Mensch, der in Recht, Politik etc. ein entäußertes Leben zu führen erkannt hat . . ."[48] Man darf auch nicht vergessen, daß Marx und Engels bereits in der „Deutschen Ideologie" darauf aufmerksam machten, daß das Recht keine selbständige Existenz hat, sondern von der Produktionsweise abhängt: „Nicht zu vergessen, daß das Recht ebensowenig eine eigene Geschichte hat wie die Religion."[49]

Bereits an dieser Stelle ergeben sich aus den „Manuskripten" drei sehr wesentliche Lehren:

1. Die Entfremdung des Rechts ist die Folge der allgemeinen Entfremdung der Produktion, eigentlich gibt es eine selbständige Entfremdung des Rechts nicht. Das Recht ist ein Produkt der Produktionsverhältnisse, daher ist die Entfremdung im Arbeits-

prozeß die Hauptursache für die Entfremdung des Rechts. Wenn wir also über die Entfremdung des Rechts selbständig sprechen, dann handelt es sich immer um eine von den Eigentumsverhältnissen abhängende Entfremdung.

2. Die Entfremdung ist eine Funktion des Privateigentums, und deshalb muß sie sich besonders offensichtlich im Privatrecht zeigen. Wenn das Privateigentum nicht als Recht zwischen Personen, sondern zwischen einer Person und Sachen aufgefaßt wird, als mehr oder weniger von der Gemeinschaft der Menschen und der politischen Macht unabhängige Erscheinung, dann tritt es gerade in seiner am meisten entfremdeten Gestalt auf.

3. Das entfremdete Recht ist jenes nach Rousseau „übertragene" Recht, welches durch den primitiven Menschen der Gesellschaft mit dem Gesellschaftsvertrag überlassen wurde, auf das er beim Abschluß des Gesellschaftsvertrags verzichtete. Es ist also jenes äußerlich und fremd gewordene Recht, das in einen Gegensatz zum Menschen gelangt. Das Spezifische des Rechts besteht gerade in dieser Äußerlichkeit. Die Entfremdung hängt damit zusammen. Deshalb hat beispielsweise die psychologische Richtung in der Rechtsphilosophie nicht recht, die das innerlich-bewußtseinsmäßige Dasein von Recht nicht entschieden und scharf von dem äußerlich-fremden unterscheidet und sogar ausschließlich geneigt ist, das Recht als etwas Verinnerlichtes, Bewußtseinsmäßiges aufzufassen (Petrashizki). Es ist jedoch zu sehen, daß mit dieser Verinnerlichung das Recht bereits verschwindet, weil es als Äußeres abstirbt.

Wenn wir auf der einen Seite betonen, daß die rechtliche Entfremdung eine abgeleitete Erscheinung ist, so muß zugleich hervorgehoben werden, daß die Entfremdung auf jedem Gebiet eine spezifische ist. „Es ist dies im Wesen der Entfremdung gegründet, daß jede Sphäre einen andren und entgegengesetzten Maßstab an mich legt, einen andren die Moral, einen andren die Nationalökonomie, weil jede eine bestimmte Entfremdung des Menschen ist und jede einen besondren Kreis der entfremdeten Wesenstätigkeit fixiert, jede sich entfremdet zu der andren Entfremdung verhält."[50] Die durch das Privateigentum bestimmte Entfremdung des Privatrechts äußert und entwickelt sich philosophisch im Privatrecht von Hegel und gesellschaftlich im allgemeinen im Privatrecht der Bourgeoisie. Das Recht als verhältnismäßig selbständige Erscheinung hat seine eigene Entfremdung, und das ist die besondere Rolle des Bourgeoisrechts, sein Gegensatz zur Produktion, seine Trennung von der bürgerlichen Gesellschaft, seine Umkehrung zu einer dem Menschen fremden und äußerlichen Erscheinung. Die Entfremdung des Rechts folgt beispielhaft der Entfremdung der Arbeit. Auf alle Fälle handelt es sich um eine Sphäre der Entfremdung, wo diese greifbare Ausmaße annimmt, wo die Kluft zwischen Recht und Mensch offensichtlich ist und ständig auftritt.

Die Entfremdung des Staates tritt in gewisser Weise anders in Erscheinung, obwohl es sich dem Wesen nach um gleiches handelt. Beim Staat handelt es sich um eine organisierte Gewalt, um eine physische und sachliche Sonderstellung. Die öffentliche Gewalt „besteht nicht bloß aus bewaffneten Menschen, sondern auch aus sachlichen Anhängseln, Gefängnissen und Zwangsanstalten aller Art ...".[51] Diese sachlichen Einrichtungen haben zugleich einen ideologischen Inhalt, den Marx Politik nennt und der ebenfalls Macht ist, jedoch keine verselbständigte, sondern mit den sachlichen Anhängseln verbundene Macht. Die Entfremdung ist hier deutlicher. Während beim Recht die juristischen Einrichtungen (Gerichte, Gefängnisse) nicht so direkt mit dem Begriff des Rechts verbunden sind, ist der Staat gleichzeitig sachliche Gewalt mit ihren ideellen Komponenten. Daher ist es leichter, die Entfremdung des Staates, der politischen Macht zu erfassen und das Fremdsein der Staatsmacht aufzudecken. Anders ist das beim Recht, das immer auch mit dem Bewußtsein verbunden ist. Daraus wird ersichtlich, daß Staat und Recht nicht in gleicher Weise, nicht in der gleichen Form aus der Produktion und aus dem Privateigentum abgeleitete Entfremdungen darstellen.

Marx kennt auch bei der Aufhebung der Entfremdung genau wie bei der vollen Verwirklichung des Kommunismus zwei Stufen. In der „erste(n) positive(n) Aufhebung des Privateigentums" ist der Kommunismus, „... der *rohe* Kommunismus ... α) nach politischer Natur demokratisch oder despotisch; β) mit Aufhebung des Staats, aber zugleich noch unvollendetem und immer noch mit dem Privateigentum, d. h. der Entfremdung des Menschen, affiziertem Wesen ... Er hat zwar seinen Begriff erfaßt, aber noch nicht sein Wesen." Die zweite Stufe wird folgendermaßen charakterisiert: „Der *Kommunismus* als *positive* Aufhebung des *Privateigentums* als *menschlicher Selbstentfremdung* und darum als wirkliche *Aneignung* des *menschlichen* Wesens durch und für den Menschen ..., die *wahrhafte* Auflösung des Widerstreites zwischen dem Menschen mit der Natur und mit dem Menschen, die wahre Auflösung des Streits zwischen Existenz und Wesen, zwischen Vergegenständlichung und Selbstbetätigung, zwischen Freiheit und Notwendigkeit, zwischen Individuum und Gattung. Er ist das aufgelöste Rätsel der Geschichte und weiß sich als diese Lösung."[52]

Die Beseitigung der Entfremdung ist also bei jeder Erscheinungsform der Entfremdung ein Prozeß, der bis zum vollständigen Kommunismus verläuft. In der nicht mehr auf Privateigentum gegründeten sozialistischen Gesellschaft ist der Prozeß der Aufhebung der Entfremdung des Staates und des Rechts bereits voll im Gange. Dieser Prozeß ist jedoch wesentlicher und tiefer als die mitunter der Entfremdung zugeordneten äußerlich — oberflächlichen Merkmale. Es handelt sich um den Prozeß, der auf der Grundlage der sozialistischen Produktionsverhältnisse und der sozialistischen Eigentumsverhältnisse zur vollständigen Vergesellschaftung des Menschen, zur Aufhebung des Staates und des Rechts und damit auch zur völligen Aufhebung jeder Art von Überresten staatlicher und rechtlicher Entfremdung hinführt.

Die Entfremdung ist eigentlich ein Element der Hegelkritik von Marx. Mittels der Entfremdung kritisiert Marx die Philosophie Hegels. In diesem Zusammenhang ist es ein Hauptpunkt der Marxschen Kritik, daß bei Hegel die Negation der Negation keine Bejahung ist, daß bei ihr nichts Positives herauskomme. Nach Marx ist der Kommunismus „die Position als Negation der Negation, darum das *wirkliche*, für die nächste geschichtliche Entwicklung notwendige Moment der menschlichen Emanzipation und Wiedergewinnung".[53] Im Unterschied dazu ist bei Hegel „die Negation der Negation ... nicht die Bestätigung des wahren Wesens, eben durch Negation des Scheinwesens, sondern die Bestätigung des Scheinwesens oder des sich entfremdeten Wesens in seiner Verneinung ..."[54]

Der Mangel der Philosophie Hegels ist in diesem Punkte, daß er eigentlich die Verneinung bejaht: „Hegel steht auf dem Standpunkt der modernen Nationalökonomen",[55] d. h. auf dem Standpunkt der bürgerlichen Nationalökonomie. Bei Hegel ist „die Vernunft ... bei sich in der Unvernunft als Unvernunft. Der Mensch, der in Recht, Politik etc. ein entäußertes Leben zu führen erkannt hat, führt in diesem entäußerten Leben als solchem sein wahres menschliches Leben."[56] Danach verneint Hegel nicht das zum Äußerlichen gewordene, entfremdete Dasein. Die Negation der Negation kann dieses Dasein nicht überwinden. Der philosophische Beweis dieser Aussage fällt allerdings nicht in den Gegenstandsbereich dieses Vortrags.

Im Zusammenhang mit der Negation der Negation bei Hegel „spielt... das *Aufheben*" „eine eigentümliche Rolle", „worin die Verneinung und die Aufbewahrung, die Bejahung verknüpft sind".[57] Die Verneinung ist also hier eine aufbewahrte Verneinung, keine völlige Verneinung, mehr nur eine Umgestaltung. „So z. B. ist in Hegels Rechtsphilosophie das aufgehobne *Privatrecht* = *Moral*, die aufgehobne Moral = *Familie*, die aufgehobne Familie = *bürgerliche Gesellschaft*, die aufgehobne bürgerliche Gesellschaft = *Staat*, der aufgehobne Staat = *Weltgeschichte*. In der *Wirklichkeit* bleiben Privatrecht, Moral, Familie, bürgerliche Gesellschaft, Staat etc. bestehn, nur sind sie zu *Momenten* geworden, zu Existenzen und Daseinsweisen des Menschen, die nicht isoliert gelten, sich wechselseitig auflösen und erzeugen etc., *Momente der Bewegung*."[58]

Marx bemängelt die Negation als Moment der Bewegung natürlich nicht, dies ist vielmehr ein Punkt, den er von Hegel übernimmt. Er kritisiert nur, daß es bei Hegel nicht um die Negation geht, insofern, als in der Hegelschen Rechtsphilosophie die Aufstellung höherer Thesen keine Negation der niedrigeren, sondern gleichzeitig „deren Bewahrung, Bejahung" ist. Dies ist übrigens eine grundsätzliche, das Wesen betreffende Kritik an der Hegelschen Rechtsphilosophie.

Andererseits erscheinen alle diese Momente in ihrer aufeinanderfolgenden Bewegung in der Hegelschen Rechtsphilosophie nicht als Momente der wahren Bewegung. „In ihrer wirklichen Existenz ist dies ihr *bewegliches* Wesen verborgen. Zum Vorschein, zur Offenbarung kömmt es erst im Denken, in der Philosophie, und darum ist mein ... wahres politisches Dasein mein *rechtsphilosophisches* Dasein, mein wahres natürliches Dasein das *naturphilosophische* Dasein ..., mein wahres menschliches Dasein mein *philosophisches Dasein*. Ebenso ist die wahre Existenz von Religion, Staat, Natur, Kunst: die Religions-, Natur-, Staats-, Kunst*philosophie*. Wenn aber nur die Religionsphilosophie etc. mir das wahre Dasein der Religion ist, so bin ich auch nur als *Religionsphilosoph* wahrhaft religiös, und so verleugne ich die *wirkliche* Religiosität und den wirklich *religiösen* Menschen." Bei Hegel ist „die aufgehobne Wirklichkeit" ein Begriff; das Wahre ist für ihn ein Gedankenmoment geworden.[59] Somit gestaltet Hegel die Existenz in einen Begriff um, in die Philosophie, er hebt sie *damit* auf, aber nicht gesellschaftlich.

So wird auch bei ihm nicht das Privatrecht aufgehoben und in Moral verwandelt, sondern der Gedanke des Privatrechts, „das *gedachte* Privateigentum hebt sich auf in den *Gedanken* der Moral". Und Marx fährt fort: „Nach der einen Seite hin ist das Dasein, welches Hegel in die Philosophie *aufhebt*, daher nicht die *wirkliche* Religion, Staat, Natur, sondern die Religion selbst schon als ein Gegenstand des Wissens, die *Dogmatik*, so die *Jurisprudenz*, *Staatswissenschaft*, *Naturwissenschaft*. Nach der einen Seite steht er also im Gegensatz sowohl zu dem *wirklichen* Wesen als zu der unmittelbaren unphilosophischen *Wissenschaft* oder zu den unphilosophischen *Begriffen* dieses Wesens. Er widerspricht daher ihren gangbaren Begriffen".[60]

Marx wirft hier Hegel einen doppelten Widerspruch vor. Einerseits hat es Hegel nicht mit der Wahrheit, sondern nur mit der objektiv-idealistischen Vorstellung von Wahrheit zu tun. Andererseits ist diese vorgestellte, eingebildete Wahrheit, die Philosophie, im Widerspruch mit der wissenschaftlichen Erkenntnis der objektiven Wahrheit, ihrer positiven Erkenntnis. Die Hegelsche Philosophie abstrahiert davon. Auf das Recht bezogen geht es für Marx dabei eigentlich um ein dreifaches: um das Recht als Wahrheit, um die Rechtsphilosophie als eingebildete juristische Wahrheit und um die Rechtswissenschaft als eine positive, die juristische Wahrheit systematisierende Lehre.

Das ist zum größten Teil auch heute noch typisch für die bürgerliche juristische Welt. Die juristische Wahrheit wird getrennt von der spekulativen Rechtsphilosophie, diese wiederum besteht unabhängig von der positiven Rechtswissenschaft. Andererseits besteht ein Widerspruch zwischen der juristischen Wahrheit und der Rechtswissenschaft.

Beim jungen Marx hatte die Entfremdung eine doppelte Funktion. Einerseits diente sie, wie wir gesehen haben, als Moment und Grundlage zur Kritik an Hegel. Andererseits trug sie durch die Aufdeckung der in der kapitalistischen Gesellschaft vorhandenen Entfremdung zum besseren Erkennen dieser kapitalistischen Gesellschaft bei. Es ist verständlich, daß die erste Seite bei Marx später wegfiel, weil er seine Kritik an Hegel als abgeschlossen und Hegel als endgültig überwunden betrachtete. Die Entfremdung als Wesensmerkmal der kapitalistischen Gesellschaft ist jedoch im „Kapital" und auch in „Grundrisse zur Kritik der politischen Ökonomie" enthalten. Hinsichtlich des Rechts ist zu sagen, daß Marx sich in Verbindung mit der Kritik der Hegelschen Rechtsphilosophie kritisch zur Entfremdungstheorie Hegels äußerte. Das beinhaltete bei ihm jedoch keine absolute Verneinung der Kategorie der Entfremdung. Vielmehr nimmt er auch später in Verbindung mit der Kritik der kapitalistischen Gesellschaft zur Entfremdung des Bourgeoisrechts Stellung. Darauf wird noch einzugehen sein.

Fünfter Vortrag:

„Das Elend der Philosophie“ und das „Manifest der Kommunistischen Partei“

I

Es ist interessant, daß Mehring in seiner Marx-Biographie zwar über „Die deutsche Ideologie“ spricht, ihr jedoch keine zentrale Bedeutung beimißt. Er bemerkt, daß in diesem Werk die Feuerbach-Kritik „leider nicht vollendet“ wurde.[1] Als das Werk von Marx, das die eigentliche Wende zum historischen Materialismus bedeutete, betrachtete Mehring „Das Elend der Philosophie“, die französisch geschriebene Antwort von Marx auf das Werk von Proudhon „Philosophie des Elends“. Sicherlich ist richtig, daß diese Polemik mit Proudhon in sich geschlossener ist als der zweite und dritte Teil der „Deutschen Ideologie“, wo der Streit nach Mehring „in Haarspaltereien und Wortklaubereien“ ausartet.[2] Demgegenüber „bildet die Schrift ‚Das Elend der Philosophie‘ einen Markstein, wie im Leben ihres Verfassers, so in der Geschichte der Wissenschaft. In ihr sind die entscheidenden Gesichtspunkte des historischen Materialismus zuerst wissenschaftlich entwickelt worden.“[3]

Wenngleich das „Elend der Philosophie“ (1847 erschienen) nicht die erste historisch-materialistische Arbeit von Marx ist, auf jeden Fall ist sie eine großartige Arbeit. Sie betrifft einerseits die politische Ökonomie. In ihrer zweiten Hälfte ist sie positiver als frühere Hegel-Kritiken von Marx um die materialistische Umwandlung der Hegelschen Dialektik bemüht.

Die juristischen Aussagen des Werkes „Das Elend der Philosophie“ sind einheitlich. Sie ergänzen und präzisieren frühere Aussagen von Marx über die Rechtsideologie. Marx betont, daß „dieselben Menschen, welche die sozialen Verhältnisse gemäß ihrer materiellen Produktivität gestalten, . . . auch die Prinzipien, die Ideen, die Kategorien gemäß ihren gesellschaftlichen Verhältnissen (gestalten). Somit sind diese Ideen, diese Kategorien, ebensowenig ewig wie die Verhältnisse, die sie ausdrücken. Sie sind *historische, vergängliche, vorübergehende Produkte.*“[4] Deshalb — und dieser Gedanke tritt dann im „Manifest der Kommunistischen Partei“ erneut auf — ist das Recht keine Idee, kein abstrakter Gedanke, sondern eine reale Tatsache. Diese Seite des Rechts stellt Marx in den Vordergrund.

Für Marx ist das Recht eine gesellschaftliche Tatsache, ein gesellschaftliches Verhältnis. Es unterliegt dem Primat der ökonomischen Verhältnisse. „Der Konsument ist nicht freier als der Produzent. Seine Meinung hängt ab von seinen Mitteln und seinen Bedürfnissen. Beide werden durch seine soziale Lage bestimmt, die wiederum selbst abhängt von der allgemeinen sozialen Organisation. Allerdings, der Arbeiter, der

Kartoffeln kauft, und die ausgehaltene Mätresse, die Spitzen kauft, folgen beide nur ihrer respektiven Meinung; aber die Verschiedenheit ihrer Meinungen erklärt sich durch die Verschiedenheit der Stellung, die sie in der Welt einnehmen und die selbst wiederum ein Produkt der sozialen Organisation ist."[5] Demnach ist das Recht nur die Folge, der Ausdruck, die Äußerung der gesellschaftlichen Verhältnisse.

Wenn Proudhon den Streik der Arbeiter für ungesetzlich erklärt, so will er „uns einen Artikel des Strafgesetzbuches als ein allgemeines und notwendiges Resultat der Verhältnisse der bürgerlichen Produktion auftischen". Marx bestreitet das. Was ist das notwendige Ergebnis der Produktionsverhältnisse? Proudhon betrachtet die Vereinigung der Arbeiter als ungesetzlich. Das ist ein Irrtum. Die Antwort von Marx: „In England sind die Koalitionen durch eine Parlamentsakte autorisiert, und es war das ökonomische System, welches das Parlament gezwungen hat, diese Autorisierung von Gesetzes wegen zu verkünden." Das Gesetz war — in einer bestimmten Zeit — die Folge, das Produkt des Wirtschaftssystems. „Als im Jahre 1825 das Parlament unter dem Minister Huskisson die Gesetzgebung abändern mußte, um sie mehr und mehr mit einem aus der freien Konkurrenz hervorgegangenen Zustand der Dinge in Einklang zu setzen, mußte es notwendig alle Gesetze abschaffen, welche die Koalitionen der Arbeiter verboten." Es handelt sich also um die verbindliche Kraft der gesellschaftlichen Verhältnisse selbst. „Je mehr die moderne Industrie und die Konkurrenz sich entwickeln, desto mehr Elemente treten auf, welche die Koalitionen hervorrufen und fördern; sobald die Koalitionen eine ökonomische Tatsache geworden sind, von Tag zu Tag an Bestand gewinnend, kann es nicht lange dauern, bis sie auch eine gesetzliche Tatsache werden."[6]

Diese neue marxistische juristische Formulierung „gesetzliche Tatsache" ist sehr wichtig. Das Gesetz ist keine Spekulation, keine abstrakte Idee, sondern der juristische Ausdruck der gesellschaftlichen Tatsachen. Das ist der grundsätzliche und zentrale Gedanke von Marx, seine das Recht betreffende Grundthese. Das Recht ist deshalb keine abstrakte Kategorie, sondern es entspricht den gesellschaftlichen Verhältnissen, es ist selbst eine gesellschaftliche Tatsache.

Mit diesem Grundgedanken drückt Marx aus, daß das Recht kein von den gesellschaftlichen Faktoren abstrahiertes und unabhängig davon zu betrachtendes Etwas ist, keine „bloße Verhaltensregel", sondern vielmehr die äußere Hülle eines materiellen, produktionsmäßigen Verhältnisses. „Eine Definition des Eigentums als eines unabhängigen Verhältnisses, einer besonderen Kategorie, einer abstrakten und ewigen Idee geben wollen, kann nichts anderes sein als eine Illusion der Metaphysik oder der Jurisprudenz."[7] Das Eigentum ist kein abstrakter Begriff und auch keine selbständige rechtliche Idee, sondern eine gesellschaftliche Tatsache, deren Fassung in einer gesonderten Kategorie nur der ideelle Ausdruck der Realität sein kann. Die Rechtstheorie zum Beispiel, die dem Eigentumsrecht eine dem Eigentum gegenüber selbständige und gesonderte Existenz zuspricht, ist demnach keine Realität, sondern eine rechtliche Illusion.

Diese Illusion bewirkt, daß die tatsächlichen Verhältnisse verkehrt gesehen werden. „In der Tat, man muß jeder historischen Kenntnis bar sein, um nicht zu wissen, daß es die Souveräne sind, die zu allen Zeiten sich den wirtschaftlichen Verhältnissen fügen mußten, daß aber niemals sie es gewesen sind, welche ihnen das Gesetz diktiert haben. Sowohl die politische wie die bürgerliche Gesetzgebung proklamieren, protokollieren nur das Wollen der ökonomischen Verhältnisse."[8]

Das „Wollen der ökonomischen Verhältnisse" ist ein bildhafter Ausdruck. Er zeigt, daß letzten Endes diese Verhältnisse die Gesetzgebung bestimmen. Dabei geht es nicht nur darum, daß die Ökonomie letztlich das ganze Privatrecht bestimmt, sondern auch und besonders, daß sie ebenso bestimmend für die politische Gesetzgebung, für das Staatsrecht ist. Für das Recht in seiner Gesamtheit gilt, daß es Ausdruck der ökonomischen Verhältnisse ist, und zwar sowohl unmittelbar (Zivilrecht) als auch mittelbar (politische Gesetzgebung).

Marx bringt dafür zwei Beispiele: „Gold und Silber sind nur deshalb von Rechts wegen austauschbar, weil sie es tatsächlich sind; und sie sind es tatsächlich, weil die gegenwärtige Organisation der Produktion eines allgemeinen Tauschmittels bedarf. Das Recht ist nur die offizielle Anerkennung der Tatsache."[9] Es wäre eine Illusion zu glauben, daß das Gesetz Gold und Silber durch die Deklarierung zu Tauschmitteln selbst macht. Diese Darlegung von Marx ist offensichtlich die materialistische Auffassung des Rechts.

Als Marx sich in der Schrift gegen Proudhon kritisch mit den verschiedenen Schulen der Nationalökonomie befaßt, erwähnt er auch die humanitäre Schule, die „endlose Unterscheidungen" zwischen den Gegensatzpaaren Theorie und Praxis, Inhalt und Form, Recht und Tatsachen vornimmt.[10] Es handelt sich hier offensichtlich um eine negative Antwort auf jene Rechtsauffassungen, in denen das Recht als Idee, als leere Form, als Hülle der wirklichen Verhältnisse, als abstrakte, konstruierte Idee erscheint. Es wird zu einer Erscheinung, die lediglich Hülle eines anderen inhaltlichen, ökonomischen Verhältnisses ist, aber von diesem Inhalt unabhängig und als pure Form, als inhaltsloser Rahmen charakterisiert ist. Damit werden, vom Wesen des Rechts abweichend, zwei Dinge logisch voneinander getrennt, die unzertrennbar sind, eine Einheit bilden. In der Einheit von Inhalt und Form liegt das Wesen des Rechts als gesellschaftlicher Tatsache. Die Form ist durch den Inhalt bestimmt, sie ist Äußerung des Inhalts, kein primärer Faktor und auf keinen Fall selbständig. Sie kann deshalb auch nicht Gegenstand einer Wissenschaft sein, die sich nicht mit dem Inhalt befaßt. Denn in der Wirklichkeit tritt die Form niemals getrennt vom Inhalt auf, sie ist immer eine mit dem Inhalt verbundene Erscheinung. Die Form ist immer die Form des Inhalts.

II

Das im Februar 1848 publizierte „Manifest der Kommunistischen Partei" wurde wegen seines programmatischen Charakters für die marxistische Theorie als allgemein verständliche Broschüre geschrieben, in der Marx und Engels ihre kommunistische Auffassung massenwirksam zusammenfaßten. Über die detaillierten Umstände seines Entstehens brauchen wir hier nicht zu berichten. Aus seiner Anlage ergibt sich, daß in dieser Broschüre über Einrichtungen wie das Recht nur nebenbei gesprochen wird und Wissenschaften wie die Rechtswissenschaft gar nicht erwähnt werden. Trotzdem, auch wenn nur einige, scheinbar flüchtige Hinweise über das Recht gegeben werden, bedeutet dieses Werk auch hinsichtlich der marxistischen Rechtstheorie einen Wendepunkt.

Das Manifest enthält eine These, die von der marxistischen Rechtstheorie als Definition des Rechts benutzt wird. Diese These hält noch an der Hervorhebung des Willenselementes im Recht fest. Beginnen wir mit dieser für die Rechtstheorie wichtigsten These des Manifestes.

Ein Absatz des Manifestes lautet: „Aber streitet nicht mit uns, indem ihr an euren bürgerlichen Vorstellungen von Freiheit, Bildung, Recht usw. die Abschaffung des bürgerlichen Eigentums meßt."[11] (An einer anderen Stelle erklären Marx und Engels, was die Bourgeoisie unter Eigentum und unter Freiheit versteht.) „Das moderne bürgerliche Privateigentum ist der letzte und vollendetste Ausdruck der Erzeugung und Aneignung der Produkte, die auf Klassengegensätzen, die auf der Ausbeutung der einen durch die andern beruht. In diesem Sinn können die Kommunisten ihre Theorie in dem einen Ausdruck: Aufhebung des Privateigentums, zusammenfassen."[12] Und weiter heißt es: „Unter Freiheit versteht man innerhalb der jetzigen bürgerlichen Produktionsverhältnisse den freien Handel, den freien Kauf und Verkauf."[13] Darauf führen sie schließlich, wie bereits früher, die sogenannten Freiheitsrechte, d. h. das Recht auf freie Gewerbeausübung und auf freien Handel, zurück.

Auf diesen Prinzipien beruhen dann auch die Auffassungen der Bourgeoisie über das Recht im allgemeinen, über das Recht, das dieses Ausbeutereigentum schützt, das Recht als Institution, das diese Freiheit schützt. Deshalb schreiben Marx und Engels: „Eure Ideen selbst sind Erzeugnisse der bürgerlichen Produktions- und Eigentumsverhältnisse, wie euer Recht nur der zum Gesetz erhobene Wille eurer Klasse ist, ein Wille, dessen Inhalt gegeben ist in den materiellen Lebensbedingungen eurer Klasse."[14]

Die erste und grundlegende These von Marx und Engels beinhaltet, daß das Recht durch die materiellen Lebensbedingungen der herrschenden Klasse determiniert wird. Das ist die Grundlage der marxistischen Lehre. Dazu nehmen sie jedoch nunmehr den Willen hinzu und fassen das Recht als ökonomisch determinierten Willen auf bzw. leiten es daraus ab. Ausgehend davon, betrachten sie in der allgemeinen Definition des Rechts den Willen, und zwar den Klassenwillen, als unerläßliches Element. Wir erinnern daran, was Marx und Engels in diesem Zusammenhang bereits in der „Deutschen Ideologie" geschrieben hatten hinsichtlich der Grundlagen des Rechts. Angesichts der Frage, ob die Basis des Rechts die Macht oder der Wille sei, gelangten sie eindeutig zu der Konsequenz, daß es die Macht ist, aber nicht die politische Macht, die selbst nur ein Produkt, eine Folge der materiellen Verhältnisse ist. Der Tatsache, daß Marx und Engels nunmehr im „Manifest" das Recht wieder in Zusammenhang mit dem Willen bringen, sollte man keine derartige absolute Bedeutung beimessen, wie das die marxistisch-leninistische Rechtstheorie heute im allgemeinen tut. Zu diesem Zeitpunkt, da das „Manifest" geschrieben wurde, war die sich entwickelnde Bourgeoisie aufgrund der Rechtsphilosophie Kants und zum Teil auch durch Savigny eindeutig ein Anhänger der Willenstheorie. Sie ließ das Gesetz aus dem Willen hervorgehen. Darauf legte sie das Schwergewicht und ordnete dem das Gesetz und die Rechtsanwendung unter. Studiert man die Aussagen in der „Deutschen Ideologie" zur Rechtsentwicklung genauer, so führten Marx und Engels das Recht bereits dort nicht allein auf den Willen zurück, sondern sie sahen in ihm ein objektiviertes Instrument, das immer dem Interesse der herrschenden Klasse entspricht. Das führte dann bereits zur Periode der Interessentheorie. Die Auffassung des Rechts als ein die gegebenen Interessen schützendes Instrument war für die Bourgeoisie vorteilhaft, und daher wurde es auch von ihr so aufgefaßt. „Durch jede Norm des positiven Rechts wird ein bestimmtes Interesse geschützt", konzipierte Plechanow diese These in der letzten Phase der Interessentheorie nach der Jahrhundertwende.[15]

Obwohl also Marx und Engels das Recht der Bourgeoisie im „Manifest" an den Willen der herrschenden Klasse banden, obwohl der Wille der herrschenden Klasse tatsächlich eine wichtige Rolle bei der Konzipierung ihres Rechts einnimmt, wäre es nicht richtig, die marxistische Rechtstheorie unter die Willenstheorien einzureihen und dort zu katalogisieren. Es wäre allerdings auch falsch, das Willenselement im Recht völlig unbeachtet zu lassen. Unter Berücksichtigung der „Deutschen Ideologie" könnte man feststellen, daß der Wille nach der marxistischen Rechtstheorie und nach der Lehre von Marx und Engels bei der Gestaltung und der Formung des Rechts eine grundlegende Rolle spielt; hinsichtlich des existierenden Rechts ist der Wille jedoch nicht mehr von der gleichen grundlegenden Bedeutung. So muß man auch die im „Manifest" enthaltene These von Marx und Engels verstehen. Darauf haben Marx und Engels übrigens selbst verwiesen, als sie hinsichtlich des Proletariats feststellten: „Die Gesetze, die Moral, die Religion sind für ihn (das heißt den Proletarier — I. Sz.) ebenso viele bürgerliche Vorurteile, hinter denen sich ebenso viele bürgerliche Interessen verstecken."[16] Mit anderen Worten: „vor" dem Gesetz ist der Wille, „hinter" dem Gesetz das Interesse verborgen. *Sapienti sat.*

Marx und Engels stellen sich möglichen Angriffen: „‚Aber', wird man sagen, ‚religiöse, moralische, philosophische, politische, rechtliche Ideen usw. modifizierten sich allerdings im Lauf der geschichtlichen Entwicklung. Die Religion, die Moral, die Philosophie, die Politik, das Recht erhielten sich stets in diesem Wechsel. Es gibt zudem ewige Wahrheiten, wie Freiheit, Gerechtigkeit usw., die allen gesellschaftlichen Zuständen gemeinsam sind. Der Kommunismus aber schafft die ewigen Wahrheiten ab, ... er widerspricht also allen bisherigen geschichtlichen Entwickelungen.'"[17] In der Beweisführung von Marx und Engels gegen derartige vorauszusehende Angriffe spielen drei Gesichtspunkte eine Rolle: das Recht als Institution, die juristischen Ideen und die ewigen Wahrheiten. Die Rechtstheorie des Marxismus befaßt sich mit allen dreien. Zu den juristischen Einrichtungen, zum Recht als System der gesellschaftlichen Einrichtungen, als organisierte, lebendige Wahrheit und als Rechtsideologie wird im allgemeinen gesagt, daß das Recht die Gesamtheit der Ideen und Einrichtungen (z. B. der Gerichte) ist oder daß die Einrichtungen die Ideen verkörpern. Die juristischen Einrichtungen seien die Verwirklichung, die Realisierung der Ideen. Daraus folgt, daß die Einrichtungen sich letztlich ebenfalls auf Prinzipien und Ideen reduzieren. Schließlich noch die „ewigen Wahrheiten", die natürlich keine ewigen sind, sondern stets Wahrheiten der gegebenen Epoche darstellen. Was das Fortwirken rechtlicher Einrichtungen und des Rechts überhaupt betrifft, so haben Marx und Engels darüber in der „Deutschen Ideologie" geschrieben: „Es ist möglich, daß Rechte und Gesetze sich ‚forterben', aber sie sind dann auch nicht mehr herrschend, sondern nominell, wovon die altrömische und englische Rechtsgeschichte eklatante Beispiele liefern."[18] In den überkommenen Gesetzen lebt also nur die Form weiter. Der Inhalt ist neu. Es gibt auch keine ewigen Wahrheiten, die sich forterben, die Wahrheit ist immer konkret, historisch-gesellschaftlich gebunden, und es scheint höchstens so, als sei sie ewig. Auch die juristische Illusion von den ewigen Wahrheiten ist also zu verwerfen.

Marx und Engels haben die beiden grundlegenden Elemente des Rechts in ihrer Einheit gesehen und die Rechtsinstitutionen mit den Ideen in Verbindung gebracht.[19] Die ökonomische Struktur der Gesellschaft ist jene reale Basis, „worauf sich ein juristischer und politischer Überbau erhebt, und welcher bestimmte gesellschaftliche Bewußtseinsformen entsprechen". Dem Überbau entsprechen also Bewußtseinsformen, Ideen, die ebenfalls Teile des Überbaus sind. „Die Produktionsweise des materiellen Lebens bedingt den sozialen, politischen und geistigen Lebensprozeß überhaupt."[20]

Wird unterstellt, daß sich die Ideen im Verlaufe der historischen Entwicklung zwar verändern, also auch die rechtlichen Ideen, aber gleichzeitig auch angenommen, die „Religion, die Moral, die Philosophie, die Politik, das Recht erhielten sich stets in diesem Wechsel", d. h. die Institutionen als solche sind ewig, so erhebt sich für Marx und Engels die Frage: „Worauf reduziert sich diese Anklage?"[21] „Die Geschichte der ganzen bisherigen Gesellschaft bewegte sich in Klassengegensätzen, die in den verschiedenen Epochen verschieden gestaltet waren. Welche Form sie aber auch immer angenommen, die Ausbeutung des einen Teils der Gesellschaft durch den andern ist eine allen vergangenen Jahrhunderten gemeinsame Tatsache. Kein Wunder daher, daß das gesellschaftliche Bewußtsein aller Jahrhunderte, aller Mannigfaltigkeit und Verschiedenheit zum Trotz, in gewissen gemeinsamen Formen sich bewegt, Formen, Bewußtseinsformen, die nur mit dem gänzlichen Verschwinden des Klassengegensatzes sich vollständig auflösen."[22]

Das ist eine wesentliche Feststellung von Marx und Engels. Sie gestattet, die Verschiedenheit und die Vielfältigkeit der Ideen in den verschiedenen Epochen und zugleich bestimmte gemeinsame Formen des gesellschaftlichen Bewußtseins anzuerkennen. Marx und Engels bestreiten nicht, daß das Recht Jahrhunderte hindurch vorhanden ist und bleibt. Sie diskutieren nicht über „ewiges Recht", weil sie von der Veränderung gerade der rechtlichen Ideen einerseits und der rechtlichen Institutionen andererseits ausgehen, die jede Art von ewigem Recht ausschließt. Aber sie setzen hinzu, daß diese gesellschaftlichen Veränderungen immer nur die Veränderungen innerhalb einer Art gemeinsamer Form sind. Es handelt sich um gemeinsame Bewußtseinsformen, die letztlich durch die Klassengegensätze der Gesellschaft bestimmt werden, und diese Bewußtseinsformen können nur mit dem vollständigen Verschwinden der Klassengegensätze aufgehoben werden. Die traditionelle Geschichtsauffassung sieht nur dieses „Gemeinsame", sie verabsolutiert es und läßt die neben den Gemeinsamkeiten existierenden Unterschiede und Gegensätze weg. Es gibt aber Gemeinsamkeiten der Klassengesellschaft und demgegenüber und im Gegensatz dazu Gemeinsamkeiten der klassenlosen Gesellschaft. Auch die marxistische Auffassung operiert mit diesen Gemeinsamkeiten, sie denkt gerade in diesen großen historischen Dimensionen.

Inwieweit übrigens der Wille nur ein vermittelndes Element bei der Rechtsbildung und der Rechtsverwirklichung ist, zeigt eine andere These des „Manifests". Das zur Klasse und damit zur Partei organisierte Proletariat „erzwingt die Anerkennung einzelner Interessen der Arbeiter in Gesetzesform, indem sie die Spaltungen der Bourgeoisie unter sich benutzt. So die Zehnstundenbill in England."[23] Das kapitalistische Recht ist danach und in diesem Falle höchstens insofern als Wille der Bourgeoisie aufzufassen, als man innerhalb des kapitalistischen Rechts einen Unterschied machen muß zwischen dem freiwilligen und dem erzwungenen Willen der Bourgeoisie. Das kapitalistische Recht wäre demnach nicht eindeutig als Recht der Kapitalistenklasse zu betrachten. Aber die Situation ist eine andere. Entsprechend der Situation der Produktion sowie den auf dieser Grundlage basierenden Klassenkräfteverhältnissen kann die Arbeiterklasse von der Bourgeoisie bestimmte Zugeständnisse erkämpfen. Aber diese Zugeständnisse sind Teil des Bourgeoisrechts. Sie entstehen auch entsprechend dem Willen der Bourgeoisie, so wie das direkt den kapitalistischen Interessen dienende Recht, wenngleich ein derartiges, auf Zugeständnissen beruhendes Recht unmittelbar auch den Interessen der Arbeiterklasse dient. Die Befriedigung von Interessen der Arbeiterklasse liegt letztlich unter den gegebenen Kräfteverhältnissen auch im Interesse der Bourgeoisie. Dieses Interessenelement dominiert durchweg im kapitalistischen Recht. Das durchgesetzte

Interesse der Arbeiterklasse ist nur *ein* Faktor, der das Interesse und den Willen der Bourgeoisie beeinflußt. Das kapitalistische Recht ist kein Mosaik, das der Befriedigung verschiedenartigster Interessen dient, sondern ein einheitliches Klassenrecht, bei dessen genetischer Erklärung man mit dem Willen und mit dem Interesse und sogar mit verschiedenen Willen und verschiedenen Interessen operieren kann. Aber das Wesen des Rechts liegt nicht hier, sondern in den herrschenden Klassenkräfteverhältnissen und in den diesen zugrunde liegenden Produktionsverhältnissen.

Marx und Engels analysieren im „Manifest" auch das Wesen des bürgerlichen Staates. Zunächst charakterisieren sie den modernen Staat im allgemeinen, d. h. den sich gerade aus dem Feudalismus herausentwickelnden bürgerlichen Staat, an dessen Stelle später notwendigerweise der sozialistische Staat treten muß. Die Bourgeoisie „erkämpfte ... sich ... im modernen Repräsentativstaat die ausschließliche politische Herrschaft. Die moderne Staatsgewalt ist nur ein Ausschuß, der die gemeinschaftlichen Geschäfte der ganzen Bourgeoisklasse verwaltet."[24] Marx und Engels verweisen auf die Klassenverhältnisse im Feudalismus, auf die verschiedenen Entwicklungsperioden des Feudalismus und auch auf die Zeit, als die Bourgeoisie „zur Zeit der Manufaktur Gegengewicht gegen den Adel in der ständischen oder in der absoluten Monarchie" war.[25] Schließlich konfrontieren sie die Bourgeoisie mit dem Feudalismus und enthüllen das kapitalistische System gegenüber dem Feudalismus. „Die Bourgeoisie, wo sie zur Herrschaft gekommen, hat alle feudalen, patriarchischen, idyllischen Verhältnisse zerstört." Sie hat alles „in dem eiskalten Wasser egoistischer Berechnung ertränkt. Sie hat die persönliche Würde in den Tauschwert aufgelöst und an die Stelle der zahllosen verbrieften und wohlerworbenen Freiheiten die *eine* gewissenlose Handelsfreiheit gesetzt. Sie hat, mit einem Wort, an die Stelle der mit religiösen und politischen Illusionen verhüllten Ausbeutung die offene, unverschämte, direkte, dürre Ausbeutung gesetzt." Sie hat jeden, „den Arzt, den Juristen, den Pfaffen, den Poeten, den Mann der Wissenschaft in ihre bezahlten Lohnarbeiter verwandelt".[26]

Marx und Engels unterzogen auch im „Manifest" den „deutschen" oder „wahren" Sozialismus mit Ernst von der Haide (alias Karl Grün) an der Spitze einer beißenden Kritik. Zunächst spießten sie die deutschen Literaten im allgemeinen auf: „Sie schrieben ihren philosophischen Unsinn hinter das französische Original. Zum Beispiel hinter die französische Kritik der Geldverhältnisse schrieben sie ‚Entäußerung des menschlichen Wesens', hinter die französische Kritik des Bourgeoisstaates schrieben sie ‚Aufhebung der Herrschaft des abstrakt Allgemeinen' usw."[27] Es war das große Mißgeschick des deutschen „wahren" Sozialismus, daß er auch das kritisierte, was zwar anderswo bereits überholt, aber in Deutschland noch längst nicht verwirklicht war.

Das „Manifest" sagt über den „wahren" Sozialismus und über die Aufgaben der Zeit: „Dem ‚wahren' Sozialismus war so erwünschte Gelegenheit geboten, der politischen Bewegung die sozialistischen Forderungen gegenüberzustellen, die überlieferten Anatheme gegen den Liberalismus, gegen den Repräsentativstaat, gegen die bürgerliche Konkurrenz, bürgerliche Preßfreiheit, bürgerliches Recht, bürgerliche Freiheit und Gleichheit zu schleudern und der Volksmasse vorzupredigen, wie sie bei dieser bürgerlichen Bewegung nichts zu gewinnen, vielmehr *alles* zu verlieren habe. Der deutsche Sozialismus vergaß rechtzeitig, daß die französische Kritik, deren geistloses Echo er war, die moderne bürgerliche Gesellschaft mit den entsprechenden materiellen Lebensbedingungen und der angemessenen politischen Konstitution voraussetzt, lauter Voraussetzungen, um deren Erkämpfung es sich erst in Deutschland handelte."[28] Marx verlor also in bezug auf Deutschland niemals aus den Augen, daß hier die Forderungen der Französischen Revolution an der Reihe sind, daß in Deutschland eine bürgerliche Gesellschaft errichtet und vor allem die absolute Monarchie zumindest durch eine konstitutionelle Monarchie ersetzt werden muß.

Es wird erst die Aufgabe der kommunistischen Revolution sein, „alle Produktionsinstrumente in den Händen des Staats, d. h. des als herrschende Klasse organisierten Proletariats zu zentralisieren ... Es kann dies natürlich zunächst nur geschehen vermittelst despotischer Eingriffe in das Eigentumsrecht und in die bürgerlichen Produktionsverhältnisse.“[29] Dieses „despotische Eingreifen“ in die Verhältnisse des kapitalistischen Privateigentums wird eine Ausdrucksform des sozialistischen Rechts sein. Lenin schrieb später bereits unter sozialistischen Verhältnissen darüber: „Wir erkennen nichts ‚Privates‘ an, für uns ist auf dem Gebiet der Wirtschaft *alles öffentlich-rechtlich* und nicht privat.“[30]

Marx und Engels haben übrigens diese Regeln in einigen Punkten zusammengefaßt, die selbstverständlich von Land zu Land unterschiedlich sein werden, aber dennoch die prinzipielle Richtung zeigen. In dieser Hinsicht haben die „für die fortgeschrittensten Länder“ in Aussicht gestellten Maßnahmen nur die Produktion berücksichtigt und nicht oder weniger die politischen Bedingungen. So ist statt der Expropriation des Grundeigentums auch eine politisch entsprechend gleichwertige Maßnahme vorstellbar, das Erbrecht z. B. muß aus politischen Gründen nicht unbedingt abgeschafft werden usw. Über das Wesen des sozialistischen Rechts hat Marx erst später, in der „Kritik des Gothaer Programms“ bzw. im „Kapital“ und in den „Grundrissen zur Kritik der politischen Ökonomie“, sich ausführlicher geäußert.

Sechster Vortrag

„Die Klassenkämpfe in Frankreich 1848 bis 1850“ und „Der achtzehnte Brumaire des Louis Bonaparte“

Die beiden im folgenden zu behandelnden Werke von Marx sind durch die revolutionären Kämpfe in Frankreich historisch miteinander verbunden. Am 2. Dezember 1852 schließt Louis Bonaparte mit seinem Staatsstreich diesen revolutionären Abschnitt der französischen Geschichte ab. Der „Achtzehnte Brumaire“ sprüht vor Geist und ist vielleicht das am besten geschriebene Werk von Marx, auf jeden Fall gehört es zu den besten. Nicht umsonst schrieb darüber Lévi-Strauss, daß er sich selten an die Klärung einer soziologischen oder ethnographischen Frage heranwagt, ohne vorher nicht seine Gedanken unter anderem mit dem erneuten Lesen des „Achtzehnten Brumaire“ aufzufrischen.[1] In seinem bewegten Leben mußte Marx viel Kraft auf derartige Artikelserien verwenden. Aber er wandte in ihnen seine Theorie so glänzend auf historische Ereignisse an, daß diese Artikelserien großen wissenschaftlichen Monographien gleichkommen.

Man könnte diese beiden Werke beinahe als Verfassungsgeschichte kennzeichnen, als Geschichte einer Republik, in der Marx die Theorie der Verfassung des 19. Jahrhunderts, die Geschichte der Gewaltenteilung, die Theorie der Ausübung der Grundrechte, das Wesen des Parlamentarismus und Definitionen der vollziehenden und der gesetzgebenden Gewalt entwickelt hat. Es ist jedoch erforderlich, diese Theorien von dem konkreten politisch-historischen Prozeß, den Marx aufzeichnete, abzuheben. Hinweise auf das Recht sind übrigens immer wieder zugleich Hinweise auf den Staat.

I

Betrachten wir unter diesen Voraussetzungen zunächst die „Klassenkämpfe in Frankreich“ und auch dabei in erster Linie Bemerkungen von Marx, die sich auf das Recht beziehen und die von prinzipieller Bedeutung sind. Beginnen wir damit, was er in Verbindung mit der am 23. Oktober 1848 fertiggestellten französischen Verfassung sagte: „Verfassungen wurden früher gemacht und angenommen, sobald der gesellschaftliche Umwälzungsprozeß an einem Ruhepunkt angelangt war, die neugebildeten Klassenverhältnisse sich befestigt hatten und die ringenden Fraktionen der herrschenden Klasse zu einem Kompromiß flüchteten, der ihnen erlaubte, den Kampf unter sich fortzusetzen und gleichzeitig die ermattete Volksmasse von demselben auszuschließen. Diese Konstitution (d. h. die am 23. Oktober 1848 angenommene französiche Verfassung — I. Sz.) dagegen sanktionierte keine gesellschaftliche Revolution, sie sanktionierte den augenblicklichen Sieg der alten Gesellschaft über die Revolution."[2]

Es ist sicherlich richtig, daß die französische Verfassung einen solchen sanktionierenden Charakter hatte, wie übrigens auch die belgische Verfassung von 1831. Und wahrscheinlich beruhte selbst die französische Verfassung des Jahres 1791 bereits auf einem derartigen Kompromiß, obwohl sie noch eine revolutionäre Verfassung war. Die Verfassung der französischen Republik ist das Grunddokument des Klassenkompromisses. Es ist in erster Linie eine Einigung der industriellen Bourgeoisie und der Grundbesitzerklasse auf staatlicher Ebene.

Jene Marxsche These über die bürgerliche Verfassung steht übrigens im Gegensatz zu den sozialistischen Verfassungen, die, wie die Geschichte zeigt, keine Klassenkompromisse, sondern den Sieg der Werktätigen fixierende Verfassungen sind. Sie fixieren Erreichtes und eröffnen zugleich eine neue Entwicklungsetappe. Der Begriff „Verfassung" ist demnach bei Marx noch kein Sammelbegriff, weil die bürgerliche und die sozialistische Verfassung eine jeweils andere gesellschaftliche und Klassensituation ausdrücken und auf ganz anderen Stufen der historischen Entwicklung entstehen.

Es lohnt sich, auch hier wieder zu vermerken, daß sich Marx nicht viel mit dem Gericht befaßte und auch bei der Teilung der Gewalten nicht besonders darauf eingeht. Nunmehr läßt jedoch eine spöttische Bemerkung von Marx über die Verfassung einen Blick darauf zu, warum er das Gericht so vernachlässigt hat. Er sah in ihm kein Organ der Zukunft. Die Verfassung, so schreibt er, „beeilte ... sich dagegen, einem Korps, worin der alte Staat seine verbissensten und fanatischsten Verteidiger fand, die traditionelle Unantastbarkeit wiederzugeben. Sie erhob die von der provisorischen Regierung in Frage gestellte *Unabsetzbarkeit der Richter* zum konstituierenden Gesetz. Der *eine* König, den sie abgesetzt, erstand schockweise in diesen unabsetzbaren Inquisitoren der Legalität."[3] Daraus ergibt sich, daß die richterliche Unabsetzbarkeit weder ein ewiges Vorrecht der Richter noch eine unbedingte Begleiterscheinung der bürgerlichen Republik ist. Allerdings kann man aus jenen Worten von Marx nicht herauslesen, daß Gerichte immer konservative Organe sind. Es ist eine Tatsache, daß in den Verfassungskämpfen, die die vollziehende Gewalt in erster Linie im Interesse des Louis Bonaparte geführt hat, die Gerichte bereitwillig die Gegner von Bonaparte verurteilten. Vor allem diese Tatsache rief den Zorn von Marx hervor. Er war in dieser historischen Situation sicherlich begründet.

Wir analysieren nicht im einzelnen die Rolle des allgemeinen Wahlrechts in der parlamentarischen Republik. Aber das allgemeine Wahlrecht wurde schließlich in der behandelten Periode zu einer Institution, die nicht der Herrschaft der Bourgeoisie entsprach und für diese nicht günstig war. Mit Blick auf die historische Epoche bemerkt Marx: „Das allgemeine Wahlrecht hat seine Mission erfüllt. Die Majorität des Volkes hatte die Entwicklungsschule durchgemacht, zu der es allein in einer revolutionären Epoche dienen kann."[4] Und das allgemeine Wahlrecht von der Seite der Bourgeoisie aus betrachtend, schrieb Marx: „Die Bourgeoisherrschaft als Ausfluß und Resultat des allgemeinen Stimmrechts, als ausgesprochener Akt des souveränen Volkswillens, das ist der Sinn der Bourgeoiskonstitution. Aber von dem Augenblick an, wo der Inhalt dieses Stimmrechts, dieses souveränen Willens nicht mehr die Bourgeoisherrschaft ist, hat die Konstitution noch einen Sinn? Ist es nicht die Pflicht der Bourgeoisie, das Stimmrecht so zu regeln, daß es das Vernünftige will, ihre Herrschaft? Das allgemeine Wahlrecht, indem es die vorhandene Staatsmacht beständig wieder aufhebt und von neuem aus sich erschafft, hebt es nicht alle Stabilität auf, stellt es nicht jeden Augenblick alle bestehenden Gewalten in Frage, vernichtet es nicht die Autorität, droht es nicht die Anarchie selbst zur Autorität zu erheben?"[5] Daraus ergibt sich, daß das allgemeine Wahlrecht für die Bourgeoisie eine gefährliche und zweischneidige Waffe ist. Es schafft einen schwankenden Boden. Es ist daher kein Wunder, daß es gleich nach der Konzipierung der Verfassung zur Seite gelegt wird. Das allgemeine Wahlrecht, das ist sicher, ist nicht ein Mittel der Aufrechterhaltung einer stabilen Bourgeoisherrschaft.

Als Marx an einer Stelle die regelrechte Prozeßwut der französischen Bauern anführt, bemerkt er von den Bauern, daß „deren Eigentumsgenuß sich auf die fanatische Geltendmachung des vorgestellten Eigentums, des *Eigentumsrechts* beschränkt". Er wollte damit ausdrücken, daß die Bauernschaft bereits durch das Recht selbst, d. h. durch das ideelle Eigentum befriedigt wird.[6] An einer anderen Stelle hebt er hervor, daß der Boden, auf dem das Recht erzeugt wird, das bürgerliche Eigentum ist.[7] Aus diesen Zitaten wird der Doppelcharakter des Eigentums deutlich: das Eigentum als tatsächliches Verhältnis und das Eigentumsrecht als ideelles Eigentum. Aus dem zweiten Zitat geht hervor, daß das Recht (auch das Eigentumsrecht) eine positive, reale und stabile gesellschaftliche Basis, ein gesellschaftliches Wesen hat, nämlich das reale, sachliche Eigentum, von dem das Eigentumsrecht nur die Widerspiegelung auf der Ebene des Rechts ist. In dieser Weise muß man den Schlüssel zum Wesen des Rechts suchen.

Die verfassungsrechtliche Hauptaussage von Marx betrifft die staatsbürgerlichen Rechte. In den „Klassenkämpfen in Frankreich" geschieht das nach zwei Richtungen. Zunächst erörtert er lange und mit großer Eindringlichkeit das Recht auf Arbeit, das im ersten Entwurf der Verfassung vom 19. Juni 1848 enthalten ist und in dem er eine bürgerliche Deformiertheit des wirklichen Rechts der Arbeiterklasse sah. Das wirft auch ein allgemeines Licht auf die Marxsche Position zu den Grundrechten in einer bürgerlichen Verfassung. Im „Achtzehnten Brumaire" spricht er über ein „doktrinäres Recht auf Arbeit".[8] Das Recht auf Arbeit ist die „erste unbeholfene Formel, worin sich die revolutionären Ansprüche des Proletariats zusammenfassen. Es wurde verwandelt in das *droit à l'assistance*, in das Recht auf öffentliche Unterstützung, und welcher moderne Staat ernährt nicht in der einen oder andern Form seine Paupers? Das Recht auf Arbeit ist im bürgerlichen Sinn ein Widersinn, ein elender, frommer Wunsch, aber hinter dem Rechte auf Arbeit steht die Gewalt über das Kapital, hinter der Gewalt über das Kapital die Aneignung der Produktionsmittel, ihre Unterwerfung unter die assoziierte Arbeiterklasse, also die Aufhebung der Lohnarbeit, des Kapitals und ihres Wechselverhältnisses."[9] Im Verhältnis zu dieser Forderung nach revolutionärer Umgestaltung der Gesellschaft und nach grundlegender Umgestaltung der Produktionsverhältnisse ist das Recht auf Arbeit eine kompromißlerische, unbeholfene Formel innerhalb des bürgerlichen Systems, eine Art vorsichtige und mäßige Forderung an die Bourgeoisie, an deren Staat. Aus dem Blickpunkt der Arbeiterklasse gesehen— und von dort aus betrachtet es Marx —, hatte es wirklich keinen Platz in der Verfassung.

Der gleichen Meinung war auch Engels. In seinem am 23. Mai 1884 an Bernstein geschriebenen Brief steht: „Das Recht auf Arbeit ist von Fourier erfunden ... Die Pariser Arbeiter 1848 ließen (es) sich — bei ihrer absoluten theoretischen Unklarheit — aufhängen, weil (es) so praktisch, so wenig utopistisch, so ohne weiteres realisierbar aussah." In Deutschland verwirkliche man nur in Gestalt der „Hunger- und Prügel-Arbeiterkolonien" dieses Recht. „Als *separate* Forderung gestellt, *kann* das Recht auf

Arbeit gar nicht anders verwirklicht werden“, wie auch Marx dies für die bürgerliche Gesellschaft nachweist. „Soll aber die Forderung des Rechts auf Arbeit *indirekt* die Forderung der Umwälzung der kapitalistischen Produktionsweise einschließen, so ist sie gegenüber dem heutigen Stand der Bewegung ein feiger Rückschritt, eine Konzession ans Sozialistengesetz, eine Phrase, die keinen Zweck haben kann, als die Arbeiter konfus und unklar zu machen über die Ziele, die sie zu verfolgen haben, und über die Bedingungen, unter denen allein sie sie erreichen können . . .“[10]

Es ist bekannt, daß das Recht auf Arbeit heute sowohl Grundbestandteil des bürgerlichen Arbeitsrechts ist als auch Grundbestandteil des sozialistischen Arbeitsrechts. Wie sind in diesem Falle jene Worte von Marx, die auch von Engels bekräftigt wurden, zu verstehen? Für die revolutionäre Arbeiterbewegung erscheint unter bürgerlichen Verhältnissen das Recht auf Arbeit im Verhältnis zur historischen Perspektive und zur revolutionären Forderung der Arbeiterbewegung auch heute als ein Zugeständnis, wenn die Arbeiterbewegung ihre Forderungen nur in diese „unbeholfene Formel“ faßt. Wenn jedoch darunter lediglich eine Übergangsforderung verstanden wird, daß es keine Arbeitslosigkeit geben soll, daß die Bourgeoisie für jeden einen Arbeitsplatz zu sichern hat, dann kann ein solches Recht bei den bestehenden Arbeitsverhältnissen die Rechte erweitern. Es ist dann die Pflicht der Bourgeoisie innerhalb ihrer eigenen Produktions- und Gesellschaftsverhältnisse, für effektive Arbeit zu sorgen, nicht aber Armenhäuser einzurichten. Insoweit ist ein derartiges Recht auf Arbeit eine Forderung der Arbeiterklasse, zusammen mit dem Recht auf Vereinigung, mit den Rechten der Gewerkschaften etc. Es beinhaltet eine Teilforderung, über deren Erfüllung die Arbeiterklasse von der Bourgeoisie Rechenschaft verlangen kann. Daneben kämpft jedoch die Arbeiterklasse konsequent weiter für ihre revolutionären Rechte und damit für eine grundlegende Veränderung des Gesellschaftssystems. Das „Recht auf Arbeit“ ist also kein Recht der Arbeiterklasse innerhalb des bürgerlichen Systems, sondern eine *Pflicht* der Bourgeoisie, die sich auf die Sicherung der Arbeitsmöglichkeiten richtet.

Im Sozialismus, nachdem die Arbeiterklasse in der Revolution gesiegt und die Produktionsmittel in ihr Eigentum übernommen hat, bestehen gänzlich andere Verhältnisse. Das Recht auf Arbeit ist nunmehr keine an den Staat oder an die Klasse gestellte Forderung, sondern ein Prinzip der Gesellschaftsorganisation, dessen Verwirklichung für den Staat, die Gewerkschaften, die Betriebe, mit einem Wort jedermanns Pflicht ist. Daher kann das Recht auf Arbeit nicht als für den Sozialismus und den Kapitalismus gleichermaßen gültig aufgefaßt werden, weil es unter kapitalistischen und sozialistischen Verhältnissen in absolut unterschiedlicher Weise in Erscheinung tritt.

In der universellen Erklärung der Menschenrechte und in der Menschenrechtsdeklaration aus dem Jahre 1966 über die wirtschaftlichen, sozialen und kulturellen Rechte ist das Recht auf Arbeit auf internationale Ebene gehoben worden. Das internationale Amt für Arbeit wird als zwischenstaatlich verantwortliches und spezialisiertes Organ für Arbeit betrachtet. Damit wurde Verwirrung verursacht, weil scheinbar Rechte, die den gleichen Namen tragen, aber gesellschaftlich einen ganz verschiedenen Charakter haben, auf eine Ebene gehoben wurden. Es erscheint so, als sei damit das Recht auf Arbeit in der kapitalistischen und das Recht auf Arbeit in der sozialistischen Gesellschaft gleichgestellt. Zu bemerken ist, daß dies nicht nur für das Recht auf Arbeit gilt. Diese international vereinbarten Menschenrechte wirken in der Realität anders, je nachdem, ob es sich um kapitalistische oder sozialistische Staaten handelt. Die gemeinsame Bezeichnung der Rechte ist lediglich als gemeinsames Merkmal aufzufassen für die je nach dem Staatstyp einen anderen Charakter und eine andere Bedeutung besitzenden und anders in Erscheinung tretenden Rechte. So bedeutet beispielsweise die Arbeitslosigkeit in den kapitalistischen Ländern ein ständiges Defizit an Verwirklichung des Rechts auf Arbeit. Im Sozialismus ist dagegen die volle Beschäftigung der natürliche Zustand, es ist für jeden dauerhaft die Arbeit gesichert. Diese Tatsache zerstört allerdings nicht die international vereinbarten Menschenrechte. Es ist ihnen vielmehr etwas minimal Gemeinsames eigen. Es gibt äußerlich gemeinsame Elemente, aber bei ihrer Verwirklichung gibt es gleichzeitig einen sich aus den Gesellschaftsverhältnissen ergebenden prinzipiellen Unterschied.

Die andere Richtung, in der sich Marx über die Grundrechte im konkreten wie im allgemeinen äußert, betrifft das Recht auf Vereinigung, das der Artikel 8 der französischen Verfassung für jeden Franzosen gewährleistete. Jener Gesetzesvorschlag, der sich auf das Verbot der Arbeiterklubs bezog, war daher eine offensichtliche Verletzung dieses Rechts auf Vereinigung. Die Nationalversammlung verbot damit durch Gesetz den Arbeitern, sich gegen die Bourgeoisie zu vereinigen.[11] „Was die Konstitution vor allem konstituieren sollte, es war die Herrschaft der Bourgeoisie. Die Konstitution konnte also offenbar unter dem Assoziationsrecht nur die mit der Herrschaft der Bourgeoisie, d. h. mit der bürgerlichen Ordnung in Einklang befindlichen Assoziationen verstehen. Wenn sie sich aus theoretischem Anstand allgemein ausdrückte, war nicht die Regierung da und die Nationalversammlung, um sie im besonderen Fall auszulegen und anzuwenden?“[12]

Dieser „theoretische Anstand“ betrifft alle Grundrechte, die in der bürgerlichen Verfassung stehen, wie Marx es im „Achtzehnten Brumaire“ theoretisch verallgemeinert feststellte. Das Recht der Regierung auf Interpretation und Anwendung der Grundrechte beweist, wie weitgehend bürgerliche Verfassungen und ihre Grundrechte relativ und zerbrechlich sind, wie weit sie nur bedingt gelten. Insofern ist die Regierung gegen die Verfassung. „Die Regierung, das sind die Werkzeuge der Repression, das sind die Organe der Autorität, das ist die Armee, das ist die Polizei, das sind die Beamten, die Richter, die Minister, das sind die *Priester*.“[13] Sie können einzeln oder zusammengenommen die aus „theoretischem Anstand“ in allgemeiner Form ausgedrückte Vereinigungsfreiheit für die Arbeiterklasse zunichte machen, sie als verfassungsmäßiges Grundrecht durchlöchern.

„Wie Kant die Republik als einzig rationelle Staatsform zu einem Postulat der praktischen Vernunft macht, deren Verwirklichung nie erreicht wird, deren Erreichung aber stets als Ziel angestrebt und in der Gesinnung festgehalten werden muß, so diese Royalisten das *Königtum*.“[14] Wenn die Royalisten im Kampf für die vollziehende Gewalt Ergebnisse erreichten und schließlich mit Hilfe der Thronbesteigung Louis Bonapartes am 2. Dezember 1852 einen Sieg erfochten, so kämpften sie doch durchgehend als prinzipielle Anhänger der Republik. Über das Endergebnis dieses Prozesses, über die Thronbesteigung Louis Bonapartes spricht das im folgenden analysierte Werk von Marx, „Der achtzehnte Brumaire des Louis Bonaparte“.

II

Das Pamphlet von Marx „Der achtzehnte Brumaire“ zeichnet in genialer Weise die Entwicklung auf politischem Gebiet in Frankreich von 1848 bis 1852, von der

Februarrevolution und dem dort proklamierten allgemeinen Wahlrecht bis zu jenem Gesetz, das mit dem Ansässigkeitszensus von drei Jahren an einem Ort das allgemeine Wahlrecht auslöschte.

Der Staatsstreich des Louis Bonaparte war ganz offensichtlich ein Sieg der vollziehenden über die gesetzgebende Gewalt. Es war der Sieg Bonapartes über die Nationalversammlung. Über das Verhältnis dieser beiden Gewalten schreibt Marx: „In dem Parlamente erhob die Nation ihren allgemeinen Willen zum Gesetze, d. h. das Gesetz der herrschenden Klasse zu ihrem allgemeinen Willen. Vor der Exekutivgewalt dankt sie jeden eignen Willen ab und unterwirft sich dem Machtgebot des fremden, der Autorität. Die Exekutivgewalt im Gegensatz zur Legislativen drückt die Heteronomie der Nation im Gegensatz zu ihrer Autonomie aus."[15] Die Gesetzgebung verkörperte die Einheit, die vollziehende Gewalt die Teilung der Macht. „Die Konstitution, die Nationalversammlung ..., das bürgerliche Gesetz und das peinliche Recht ... — alles ist verschwunden wie eine Phantasmagorie vor der Bannformel eines Mannes ..."[16] Zu einer derartigen radikalen Veränderung ist ein von der vollziehenden Gewalt durchgeführter Putsch in der Lage!

Die gesetzgebende Gewalt als Ausdruck der Autonomie der Nation sowie die vollziehende Gewalt als Widerspiegelung der Heteronomie der Nation zeigt die ganze prinzipielle Gegnerschaft von Marx zur Gewaltenteilungslehre Montesquieus. Es handelt sich um keine auf einer Ebene befindlichen Gewalt des Staates. Es sind vielmehr Organe des Staates mit unterschiedlichen Ebenen. Bereits in der Kritik des Hegelschen Staatsrechts hatte Marx erläutert, daß die gesetzgebende Gewalt Demokratie im Inhalt wie in der Form darstellte.

Was ist demgegenüber die vollziehende Gewalt, ist es eine Person oder eine Organisation? Es ist eine komplexe, heteronome Organisation: „Diese Exekutivgewalt mit ihrer ungeheuern bürokratischen und militärischen Organisation, mit ihrer weitschichtigen und künstlichen Staatsmaschinerie, ein Beamtenheer von einer halben Million neben einer Armee mit einer andern halben Million" — diese exekutive Gewalt ist Staatsmaschinerie. „Hier bringt sie ihre überschüssige Bevölkerung unter und ergänzt in der Form von Staatsgehalten, was sie nicht in der Form von Profiten, Zinsen, Renten und Honoraren einstecken kann."[17] Die Exekutivgewalt ist „dieser fürchterliche Parasitenkörper, der sich wie eine Netzhaut um den Leib der französischen Gesellschaft schlingt und ihr alle Poren verstopft, (er) entstand in der Zeit der absoluten Monarchie, beim Verfall des Feudalwesens, den er beschleunigen half. Die herrschaftlichen Privilegien der Grundeigentümer und Städte verwandelten sich in ebenso viele Attribute der Staatsgewalt, die feudalen Würdenträger in bezahlte Beamte und die bunte Mustercharte der widerstreitenden mittelalterlichen Machtvollkommenheiten in den geregelten Plan einer Staatsmacht, deren Arbeit fabrikmäßig geteilt und zentralisiert ist. Die erste französische Revolution ... mußte entwickeln, was die absolute Monarchie begonnen hatte: die Zentralisation, aber zugleich den Umfang, die Attribute und die Handlanger der Regierungsgewalt. Napoleon vollendete diese Staatsmaschinerie."[18] Welche Funktion hatte diese Staatsmaschinerie unter Napoleon? „Alle Umwälzungen (d. h. die revolutionären Umwälzungen bisher — I. Sz.) vervollkommneten diese Maschine statt sie zu brechen."[19] Die danach folgenden Monarchien, die legitimistische Monarchie und die Juli-Monarchie, „fügten nichts hinzu als eine größere Teilung der Arbeit, in demselben Maße wachsend, als die Teilung der Arbeit innerhalb der bürgerlichen Gesellschaft neue Gruppen von Interessen schuf, also neues Material für die Staatsverwaltung. Jedes *gemeinsame* Interesse wurde sofort von der Gesellschaft losgelöst, als höheres, *allgemeines* Interesse ihr gegenübergestellt, der Selbsttätigkeit der Gesellschaftsglieder entrissen und zum Gegenstand der Regierungstätigkeit gemacht."[20] Hier wird bei Marx erneut die Wirkung von Hegel spürbar. Daß Marx die Staatsmaschinerie, die Bürokratie zum Repräsentanten des allgemeinen Interesses macht, geht auf Hegel zurück. Dabei ist jedoch zu berücksichtigen, daß weder in der Revolution von 1848 noch in der Monarchie Hegels von der Bourgeoisie im allgemeinen die Rede war, sondern von einer gesellschaftlich ganz konkret determinierten Bourgeoisie.

Wir haben hier Marx sehr ausführlich zitiert, weil darin sehr plastisch die Herausbildung der Staatsmaschinerie der Bourgeoisie sowie das Entstehen und Aufblähen der Bürokratie zum Ausdruck kommt. Man konnte auch die Beschreibung jener Prozesse nicht weglassen, die zur Ausschaltung der Selbsttätigkeit der Gesellschaft und zur Erhöhung der Macht der staatlichen Exekutivgewalt „als allgemeines Interesse" führt. Diese Aussagen sind auch als Richtpunkte dafür aufzufassen, wie unter sozialistischen Bedingungen die Staatsmaschinerie der Bourgeoisie zerschlagen und ihre Exekutivgewalt abgebaut werden muß.

In bezug auf die Staatsform der zur Herrschaft gelangten Bourgeoisie erkennt Marx verschiedene Grundformen, so die parlamentarische Republik, die konstitutionelle Republik, die demokratische Republik und die soziale Republik. Das sind jedoch immer nur Formen der bürgerlichen Republik im Unterschied zur Monarchie. Republik und Monarchie sind dabei staatstheoretische Kategorien, und die verschiedenen Arten der Republik müssen als Kategorien des Staatsrechts betrachtet werden.

Marx stellt in diesem Zusammenhang übrigens die europäischen Staaten mit ihren entwickelten Formen den Vereinigten Staaten von Amerika gegenüber. Für ihn ist ersichtlich, daß in Europa zu dieser Zeit im Kern von etwas anderem die Rede ist als nur von der Frage „Republik oder Monarchie". Marx schreibt, „daß *bürgerliche Republik* hier die uneingeschränkte Despotie einer Klasse über andre Klassen bedeute(t). Sie hatte bewiesen, daß in altzivilisierten Ländern mit entwickelter Klassenbildung, mit modernen Produktionsbedingungen und mit einem geistigen Bewußtsein, worin alle überlieferten Ideen durch jahrhundertelange Arbeit aufgelöst sind, *die Republik überhaupt nur die politische Umwälzungsform der bürgerlichen Gesellschaft* bedeutet und nicht ihre *konservative Lebensform.*" Als Beispiel werden die Vereinigten Staaten genannt, wo sich die Klassen, die ihre Bestandteile „in beständigem Flusse fortwährend . . . wechseln", „noch nicht fixiert haben", hier ist die Republik die positive Entwicklungsform. Es ist weder Zeit noch Gelegenheit, „die alte Geisterwelt abzuschaffen".[21]

Dies alles widerspricht nicht den Feststellungen von Engels, die er in seiner Arbeit „Zur Kritik des sozialdemokratischen Programmentwurfs 1891" traf. Engels stellt fest, daß „. . . die Arbeiterklasse nur zur Herrschaft kommen kann unter der Form der demokratischen Republik. Diese ist sogar die spezifische Form für die Diktatur des Proletariats, wie schon die große französische Revolution gezeigt hat."[22] Eine spezielle Form der Diktatur des Proletariats kann nur die Republik und nicht die Monarchie sein, aber nicht die bürgerliche Republik und auch nicht irgendeine Unterart davon, etwa die sogenannte soziale Republik.

Engels sprach damals erstmals über eine bestimmte politische Form, und zwar über die demokratische Republik, die eine von der bürgerlichen Republik abweichende Staatsform ist. Marx sprach über die bürgerliche Republik als die allgemeine Staatsform der bürgerlichen Gesellschaft. Auf jeden Fall wollte er mit dem Begriff der bürgerlichen

Republik zeigen, daß in den über Traditionen verfügenden Ländern die Republik eine Station zwischen dem Feudalismus und einem wirklich reaktionären Bourgeoisstaat ist. Die bürgerliche Republik markiert einen Zustand, in dem der Bourgeoisstaat einen bestimmten Stand relativer Ruhe und Machtausgeglichenheit erreicht. Allerdings stabilisiert er sich auf dieser Ebene nicht.

Vielleicht ist es nicht der Entwicklung der Produktionsverhältnisse und der Klassenverhältnisse, sondern den politischen Verhältnissen zuzurechnen, daß die Entwicklung tatsächlich nicht ganz so erfolgt ist. Auch in den modernen kapitalistischen Staaten ist bereits nicht mehr die Frage „Monarchie oder Republik" wichtig. Die Republik hat einen gewissen „Übergangscharakter", einen gewissen provisorischen Charakter, weil in ihr — in der Tendenz — ein ständiges Bestreben der herrschenden Bourgeoisklasse nach immer größerer und vollständigerer Unterdrückung der Arbeiterklasse vorhanden ist und damit das Streben nach einer neuen Staatsform, einer mehr an die Monarchie erinnernden faschistischen Form oder zumindest nach allmählicher Faschisierung.

Die bürgerliche Republik — und das vor allem wollte Marx ausdrücken — ist kein Staat des Gleichgewichts, zumindest nicht eines dauerhaften Gleichgewichts zwischen Bourgeoisie und Arbeiterklasse. Es kann in ihm auch nur zeitweilig zu einem Kompromiß zwischen Kapital und Grundbesitz kommen. Es lohnt sich, im Zusammenhang damit zu erwähnen, was Marx über eine der politischen Formen der bürgerlichen Republik, über die sogenannte parlamentarische Republik sagte. Diese Form war die unerläßliche Bedingung der gemeinsamen Herrschaft von Industrie und Grundeigentum, sie war eine Form ihrer gemeinsamen Macht, sie war „die einzige Staatsform, worin ihr allgemeines Klasseninteresse sich zugleich die Ansprüche ihrer besondern Fraktionen wie alle übrigen Klassen der Gesellschaft unterwarf".[23] Auf diese Formierung eines „allgemeinen Klasseninteresses" zielte Marx, als er die bürgerlich-parlamentarische Republik als Übergangsform kennzeichnete, weil sich das „allgemeine Interesse" sehr bald auflöste.

Wenn Marx in seiner Schrift „Zur Judenfrage" das Wesen der Menschenrechte theoretisch konzipierte, so entwickelt er nunmehr eine Theorie der Technik bürgerlicher verfassungsmäßiger Wahrnehmung dieser Rechte. „Der unvermeidliche Generalstab der Freiheiten von 1848, persönliche Freiheit, Preß-, Rede-, Assoziations-, Versammlungs-, Lehr- und Religionsfreiheit usw., erhielt eine konstitutionelle Uniform, die sie unverwundbar machte. Jede dieser Freiheiten wird nämlich als das *unbedingte* Recht des französischen Citoyen proklamiert, aber mit der beständigen Randglosse, daß sie schrankenlos sei, soweit sie nicht durch die ‚*gleichen Rechte anderer* und die *öffentliche Sicherheit*' beschränkt werde, oder durch ‚Gesetze', die eben diese Harmonie der individuellen Freiheiten untereinander und mit der öffentlichen Sicherheit vermitteln sollen."[24] Diese Tendenz bezieht Marx auf die Gesamtheit der Konstitution, aber in Wirklichkeit meint er die Freiheitsrechte: „Jeder Paragraph der Konstitution enthält nämlich seine eigene Antithese, sein eignes Ober- und Unterhaus in sich, nämlich in der allgemeinen Phrase die Freiheit, in der Randglosse die Aufhebung der Freiheit. Solange also der *Name* der Freiheit respektiert und nur die wirkliche Ausführung derselben verhindert wurde, auf gesetzlichem Wege versteht sich, blieb das konstitutionelle Dasein der Freiheit unversehrt, unangetastet, mochte ihr *gemeines* Dasein noch so sehr totgeschlagen sein."[25]

Marx gibt dafür Beispiele aus der Verfassung von 1848, wo sich die Verfassung auf die Rechte anderer und die öffentliche Sicherheit beruft, oder darauf, daß der

Genuß der Rechte nur unter „durch das Gesetz fixierten Bedingungen“, unter „vorgeschriebenen Formen“ erfolgen darf. „Die Konstitution weist daher beständig auf zukünftige *organische* Gesetze hin, die jene Randglossen ausführen und den Genuß dieser unbeschränkten Freiheiten so regulieren sollen, daß sie weder untereinander noch mit der öffentlichen Sicherheit anstoßen . . . Beide Seiten berufen sich daher in der Folge mit vollem Recht auf die Konstitution, sowohl die Ordnungsfreunde, die alle jene Freiheiten aufhoben, wie die Demokraten, die sie alle herausverlangten.“[26]

Marx verwies damit nicht allein auf eine Eigenart der Freiheitsrechte in der französischen Verfassung von 1848, sondern auf die Grundrechte jeder Bourgeoisverfassung, jeder früheren wie jeder folgenden. Die Grundrechtsteile bürgerlicher Verfassungen und sogar ein großer Teil der speziellen Menschenrechtsdokumente enthalten ihr „Unterhaus“ in sich, und zwar entweder in Gestalt einer allgemeinen Ermächtigung, auf die gestützt die ganze Regelung außer Kraft gesetzt werden kann, oder in Form von Beschränkungen einengenden Charakters und Inhalts.

Sozialistische Verfassungen unterscheiden sich insofern von bürgerlichen, als sie keine derartigen einschränkenden Grundbestimmungen besitzen. Sie erfassen eventuelle Beschränkungen bereits inhaltlich. Sie verweisen nur dort auf besondere Gesetze, wo es darauf ankommt, die Grundrechte nicht zu beschränken, sondern mittels dieser Gesetze zur Geltung zu bringen und zu verwirklichen. Es sind das keine die Verfassungsbestimmung auflösenden, sondern gerade diese durchführenden Gesetze. Sie werden mit diesem ihrem Vollzugscharakter zu Teilen der Verfassung. Daraus geht hervor, daß Lenin, als er bürgerliche Verfassungen „illusorisch“ nannte, sicherlich auch an die Grundrechtsdeklarationen dachte und an deren gleichzeitige rechtliche Befreiung von ihrer Verwirklichung bzw. deren unverbindliche Allgemeinheit.[27]

Sicherlich muß auch Marx zugestimmt werden, wenn er diese die bürgerlichen Grundrechte betreffenden Züge auf die bürgerliche Verfassung in ihrer Gesamtheit ausdehnte. Oder weist etwa die Festlegung des allgemeinen Wahlrechts und seine sofortige Beschränkung nicht darauf hin? Bürgerliche Verfassungen sind auf alle Fälle keine aufrichtigen Verfassungen. Die Stellung des Codes Napoléon ist in unseren Tagen bekannt. Einerseits stagniert der sich seit Jahrzehnten hinziehende Versuch einer Neukodifizierung. Andererseits ist festzustellen, daß Gesetze, die neue Verhältnisse oder neue Erscheinungsformen der alten Verhältnisse auf eine neue Weise regeln, das außerhalb des Codes Napoléon tun. Dieser verbleibt so fast als trockenes Flußbett ohne Wasser. Das Leben gräbt sich neben ihm ein neues Flußbett. Das ist jedoch keine neue Erscheinung. Der Tod des Codes Napoléon war bereits zur Zeit des „Achtzehnten Brumaire“ eine Tatsache. In Verbindung mit der Lage der Bauernschaft schrieb Marx: „Der Code Napoléon ist nur noch der Kodex der Exekution, der Subhastation und der Zwangsversteigerung.“[28] War das tatsächlich alles, was vom Code Napoléon blieb? Ist dies das allgemeine Schicksal bürgerlicher Gesetze? Wahrscheinlich dann, wenn sie nicht in der Lage sind, sich ausgehend von ihrem ursprünglichen Charakter selbst zu erneuern und den sich verändernden Verhältnissen anzupassen. Was von den bürgerlichen Gesetzen am längsten bleibt, das ist die richterliche Vollstreckung.

Im bürgerlichen Rechtssystem unserer Tage besteht eine der grundlegenden Fragen des Privatrechts im Sterben des geltenden Privatrechts, seines Austausches mit einem neuen. Der Code Napoléon, der einstmals in der Welt Schule machte, wurde vor allem für die französische Bauernschaft während einer Zeit von nicht einmal ganz fünfzig Jahren zum Vollstreckungsgesetz.

Bei der Analyse der politischen und verfassungsmäßigen Entwicklung der Epoche gelangte Marx zu der Schlußfolgerung, daß die Bourgeoisie mit der Aufgabe des Parlamentes und mit dem Übergang der Macht von der gesetzgebenden Gewalt an die vollziehende Gewalt die politische Macht aus der Hand gab. Sie bewahrte ihre gesellschaftliche Macht, erbat aber gewissermaßen Befreiung von der „Gefahr des *Selbstregierens*". Es kam dazu, „... daß die Privatbourgeois nur fortfahren können, die andern Klassen zu exploitieren und sich ungetrübt des Eigentums, der Familie, der Religion und der Ordnung zu erfreuen, unter der Bedingung, daß ihre Klasse neben den andern Klassen zu gleicher politischer Nichtigkeit verdammt werde; daß, um ihren Beutel zu retten, die Krone ihr abgeschlagen und das Schwert, das sie beschützen solle, zugleich als Damoklesschwert über ihr eigenes Haupt gehängt werden müsse."[29]

Marx berichtet damit über wesentliche Veränderungen im politischen Mechanismus des bürgerlichen Staates. Die Bourgeoisie muß im Verlaufe der Entwicklung auf die effektive Ausübung der politischen Macht verzichten, damit sie ihre materielle und ideologische Macht erhält. Aber wer schützt schließlich die Macht der Bourgeoisie im bürgerlichen Staat? Das ist der Staatsapparat, die vollziehende Gewalt, die ursprünglich zu ihrem eigenen Schutz und als ihre eigene Macht geschaffen wurde, die sich aber nunmehr relativ von ihr absondert, sich ihr gegenüber verselbständigt, sie als Apparat ständig wie ein Damoklesschwert bedroht und möglicherweise auch gefährdet.

Oder werfen nicht jene politischen Veränderungen hier bereits ihre Schatten voraus, die mit dem Bürgertum und dem Kleinbürgertum in der Zeit des Faschismus erfolgten? Überließ das Bürgertum ihre politische Macht nicht dem Apparat des faschistischen Staates? Trug die Bourgeoisie nicht selbst bei zur Entmannung der gesetzgebenden Gewalt? Es zeigt sich, daß die gesetzgebende Gewalt nicht nur einfach die Funktion hat, Gesetze zu machen, sondern sie ist gleichzeitig ein Organ der Staatsgewalt, das, wenn es seine Funktion nicht wahrnimmt, unter den Einfluß der Exekutivorgane des Staates gerät. Es zeigt sich auch hier, daß Marx die Form der bürgerlichen Republik als Übergangsform faßt, die — ein heutiges Wort benutzend — zum faschistischen System, zur absoluten Herrschaft der Staatsmaschinerie hinführt. Es ist eine Tatsache, daß Marx ziemlich früh auf diese Gefahr bzw. auf diese Entwicklungstendenz aufmerksam machte.

Siebenter Vortrag: **Die ökonomischen Werke von Marx**

Die reifen ökonomischen Werke von Marx beginnen mit der „Einleitung zur Kritik der politischen Ökonomie“ aus dem Jahre 1857, die in die „Grundrisse der Kritik der politischen Ökonomie“ einzugliedern ist (das Konzept dazu stammt aus den Jahren 1857/1858). Schließlich gehört hierzu jenes im Jahre 1859 entstandene Werk, das den Titel „Zur Kritik der politischen Ökonomie“ trägt und das statt der geplanten drei Teile nur zwei beinhaltet und deren Vorwort die kompakteste und berühmteste Zusammenfassung der ganzen Lehre von Marx enthält. Im folgenden behandeln wir die Werke nicht in der genannten Reihenfolge, weil Fragen des Rechts in ihnen nicht in der gleichen Weise überall enthalten sind.

Die Marxschen Bemerkungen zum Recht betreffen verständlicherweise, da die Ökonomie behandelt wird, vor allem das bürgerliche Recht, das Eigentumsrecht und das Schuldrecht, aber auch den Staat. Marx erkannte sehr genau, daß — im Unterschied zu Hegel — der Staat zwar nicht der natürliche, aber doch der künstliche Rahmen der Wirtschaft ist. Das wird deutlich an dem, was Marx über das Geld schreibt: „Da die Bestimmung der Maßeinheit, ihrer aliquoten Teile und deren Namen einerseits rein konventionell ist, andererseits innerhalb der Zirkulation den Charakter der Allgemeinheit und der Notwendigkeit besitzen soll, mußte sie *gesetzliche* Bestimmung werden. Die rein formelle Operation fiel also den Regierungen anheim.“[1] Diese von Marx als „rein formelle Operation“ gekennzeichnete Tatsache ist jedoch von wesentlicher Bedeutung. Auch die Formulierung „gesetzlicher Maßstab der Preise“[2] zeigt die Rolle des Staates, d. h. der politischen Macht, die den Rahmen, die „gesetzlichen Bestimmungen“ für die ökonomischen Prozesse geben muß.

Dieses Verhältnis faßte Marx in der „Einleitung, in der er zunächst über die Planung seines gesamten großen Werkes sowie über die allgemeinen abstrakten Definitionen und die die innere Gliederung der bürgerlichen Gesellschaft bildenden Kategorien sprach, als dritten Punkt so zusammen: „Zusammenfassung der bürgerlichen Gesellschaft (d. h. der Produktion — I. Sz.) in der Form des Staats. In Beziehung zu sich selbst betrachtet . . . Steuern. Staatsschuld. Öffentlicher Kredit. Die Bevölkerung . . . Auswanderung.“[3] Der vierte Punkt der Zusammenfassung, der den Titel „Produktion“ trägt, enthält den Untertitel „Staats- und Bewußtseinsformen“. In diesem Zusammenhang wirft Marx eine der grundlegenden Fragen der Gesellschaftstheorie auf: „Der eigentlich schwierige Punkt, hier zu erörtern, ist aber der, wie die Produktionsverhältnisse als Rechtsverhältnisse in ungleiche Entwicklung treten. Also z. B. das Verhältnis des römischen Privatrechts (im Kriminalrecht und öffentlichen das weniger der Fall) zur modernen Produktion."[4] Wie es scheint, ist Marx nicht mehr zufrieden mit der Erklärung, die er in der „Deutschen Ideologie" im Hinblick auf die Rezeption des römischen Rechts gegeben hatte. Ihn interessiert prinzipiell nunmehr die Frage, wie eine entwickeltere Produktionsweise eine Institution wie das Recht einer unentwickelteren Gesellschaft rezipieren kann. Es ergibt sich der Umstand, daß sich gesellschaftliche Verhältnisse, im gegebenen Fall Produktionsverhältnisse, entwickeln, während die Rechtsverhältnisse in einem anderen, alten Zustand verbleiben. Wir meinen, daß das nur scheinbar so ist. Die Rezeption des römischen Rechts ist die Rezeption einer relativ selbständigen gesellschaftlichen Institution. Das bezieht sich in erster Linie auf den allgemeinen Rahmen und die Grundsituation. Bei der Rezeption handelt es sich um eine schöpferische Übertragung, die dem römischen Recht neues hinzufügt, so daß es vollständiger, genauer ist, als es ursprünglich einmal war. Es war ein irreführender Standpunkt in der Neuzeit, der die Dinge so erscheinen ließ, als ob man den Kodex Justinians — der ja selbst ein Teil und ein Ergebnis historischer Entwicklung war — einfach unmittelbar angewendet hätte. Das römische Recht wurde in erster Linie nicht direkt übernommen, eher noch die römische Rechtswissenschaft als ein Gedankensystem, in dem das nunmehr gesellschaftliche Neue untergebracht werden konnte. Daraus ist die Lehre zu ziehen, daß man sich auf die Rezeption des römischen Rechts in einem mißverständlichen Sinne berief, indem man dieses als unmittelbar übertragen verstand. Aber das war nicht der tatsächliche Vorgang. Es erfolgte vielmehr eine fortgesetzte, weiterentwickelte Rezeption, bei der die Rechtsentwicklung nicht wieder vom Nullpunkt ausgeht, sondern auch die Traditionen benutzt.

Die Frage, welche Stellung der Staat im System der gesellschaftlichen Verhältnisse einnimmt, tauchte bei Marx bereits in Verbindung mit der Kritik des Hegelschen Staatsrechts auf. Bei Hegel existierte noch eine hierarchische Rangfolge zwischen Staat und bürgerlicher Gesellschaft (den Produktionsverhältnissen), in der der Staat das Primäre, das Hauptsächliche war. Marx hat diese Beziehungen „auf die Füße gestellt". Von einem ähnlichen Irrtum wie bei Hegel ist auch bei den Ökonomen die Rede. Die Ökonomen des 17. und zum Teil auch die des 18. Jahrhunderts waren der Meinung, daß die „nationale Wirtschaft" lediglich für den Staat geschaffen wird. „Es war dies noch unbewußt heuchlerische Form, worin sich der Reichtum selbst und die Produktion desselben als Zweck der modernen Staaten ankündigt und sie nur noch als Mittel zur Produktion des Reichtums betrachtet."[5] Die den Reichtum produzierende Wirtschaft steht noch in einem umgekehrten Verhältnis zum Staat. Das Bestimmende und das Bestimmte sind noch verwechselt.

I

Das Wesen der „Einleitung" besteht in der Kritik, die Marx an der Methode der bürgerlichen Ökonomie übt, sowie in der Darlegung seiner eigenen Methode. Obwohl das alles unmittelbar im Hinblick auf die Ökonomie gesagt ist, geht es mittelbar alle Gesellschaftswissenschaften an. Auch im Hinblick auf die Rechtswissenschaft ist hier vieles zu übernehmen und zu übertragen. Zugleich bringt Marx an verschiedenen Stellen Beispiele, die unmittelbar rechtlich bedeutsam sind.

Eine derartige, auch für die Rechtswissenschaft gültige Beweisführung betrifft die Erläuterung über die „Produktion im allgemeinen“ und über die Abstraktion, „aber die vernünftige Abstraktion“. Schließlich wendet sich Marx sehr entschieden gegen die „Produktion im allgemeinen“, gegen die „allgemeine Produktion“ als ein Abstraktum, das es in Wirklichkeit nicht gibt, denn die Produktion ist immer konkret. Marx macht also einen Unterschied zwischen der wissenschaftlichen Arbeit und der Wirklichkeit. Er hielt derartige Abstraktionen für die wissenschaftliche Arbeit als unerläßlich. Dabei ist hier Vorsicht vonnöten, und es ist auch festzustellen, daß es sich nicht um die Abstraktion der bürgerlichen Wissenschaft handelt. Wahrscheinlich betrifft das auch — mutatis mutandis — das Recht als allgemeine Abstraktion. Für bürgerliche Ökonomen soll beispielsweise „die Produktion . . . als eingefaßt in von der Geschichte unabhängigen ewigen Naturgesetzen dargestellt werden, bei welcher Gelegenheit dann ganz unter der Hand *bürgerliche* Verhältnisse als unumstößliche Naturgesetze der Gesellschaft in abstracto untergeschoben werden“.[6] Vermutlich gilt das auch für das Recht. Als vor einigen Jahren in der westlichen Welt die Losung „rules of Law“ zu einer allgemeinen Bewegung wurde, machte man das Recht des bürgerlichen Systems zur Norm eines ewigen Rechts, des allgemeinen Rechts und damit zum absoluten Maß eines jeden Rechts. Das war offensichtlich eine grobe Fälschung.

Marx faßt schließlich seine ökonomischen Darlegungen, die in Wirklichkeit auch für das Recht und die Rechtswissenschaft gültig sind, dahingehend zusammen: „Es gibt allen Produktionsstufen gemeinsame Bestimmungen, die vom Denken als allgemeine fixiert werden (so z. B. im Recht der Vertrag — I. Sz.); aber die sogenannten *allgemeinen Bedingungen* aller Produktion sind nichts als diese abstrakten Momente, mit denen keine wirkliche geschichtliche Produktionsstufe begriffen ist.“[7]

Eine andere theoretische Überlegung, die rechtlich große Bedeutung besitzt und deren Verständnis schwierig ist, betrifft die Unterscheidung zwischen „einfachen Kategorien“ und „konkreten Kategorien“. Marx gibt in diesem Zusammenhang das Beispiel, daß Hegel die Rechtsphilosophie richtig mit dem Besitz als der einfachsten rechtlichen Beziehung des Subjekts beginne. Marx schreibt: „Es existiert aber kein Besitz vor der Familie oder Herrschafts- und Knechtschaftsverhältnissen, die viel konkretere Verhältnisse sind.“[8] Daher ist unter diesem Gesichtspunkt die Aussage Hegels letztlich doch nicht richtig. Marx fährt fort: „Dagegen wär es richtig, zu sagen, daß Familien, Stammesganze existieren, die nur noch *besitzen*, nicht *Eigentum* haben. Die einfachere Kategorie erscheint also als Verhältnis einfacher Familien- oder Stammgenossenschaften im Verhältnis zum Eigentum.“[9] Der Besitz setzt somit immer diese „konkretere Kategorie“ voraus.

Damit würde jedoch verbleiben, daß einfache Kategorien Ausdruck solcher Verhältnisse sind, in denen das Unentwickeltere sich konkret realisiert, ohne daß man das Verhältnis insgesamt bereits erkannt hätte, das sich in der konkreteren Kategorie ausdrückt, „während das entwickeltere Konkrete dieselbe Kategorie als ein untergeordnetes Verhältnis beibehält“.[10] Marx sieht den Zusammenhang zwischen der einfachen und der konkreten Kategorie grundsätzlich so: „Nach dieser Seite hin kann also gesagt werden, daß die einfachre Kategorie herrschende Verhältnisse eines unentwickeltern Ganzen oder untergeordnete Verhältnisse eines entwickeltern Ganzen ausdrücken kann.“[11]

Somit kann der Besitz, von dem Marx sagt, daß er in Gestalt von Rechtsverhältnissen eintritt, d. h. als gesellschaftliches Verhältnis, einen solchen entwickelteren gesellschaftlichen Zustand um sich haben, der das Eigentum noch nicht kennt. Aber auch ein entwickelterer gesellschaftlicher Zustand kann den Besitz kennen als niedere Form gegenüber dem Eigentum. Dies ist von theoretischer Bedeutung hinsichtlich herrschender Formen in einzelnen gesellschaftlichen Systemen.

Eine andere historisch vergleichende Bemerkung macht Marx im Hinblick auf rechtliche Formen. Diese Bemerkung wird oft mißverstanden. Marx kritisiert die bürgerlichen Ökonomen: Ihnen „schwebt nur vor, daß sich mit der modernen Polizei besser produzieren lasse als zum Beispiel im Faustrecht. Sie vergessen nur, daß auch das Faustrecht ein Recht ist, und daß das Recht des Stärkeren unter andrer Form auch in ihrem ‚Rechtsstaat' fortlebt."[12] Marx denkt hier, wenn er vom Faustrecht spricht, offensichtlich nicht an eine vorrechtliche Gesellschaft, sondern an eine Gesellschaft, die das Recht bereits kennt und in der sich das Recht des Stärkeren roher ausdrückt und sich weniger hinter rechtlicher Ideologie verbirgt. Insofern hat das Recht eines primitiven Staates letztlich die gleiche Funktion wie das Recht des späteren „Rechtsstaates". Im Verhältnis des gesellschaftlichen Wesens des Rechts zu den gegebenen Produktionsverhältnissen ist dessen Funktion prinzipiell immer gleich. Ähnliches drückt Marx an anderer Stelle aus, wenn er darüber spricht, daß Gesetze ein Produktionsinstrument erblich machen können, z. B. den Boden für bestimmte Familien. Diese Gesetze können jedoch nur dann eine ökonomische Bedeutung haben, wenn sich ihre Bestimmung in Übereinstimmung mit der gegebenen gesellschaftlichen Produktion befindet.[13] Das Recht ist also nicht nur eine Stütze oder ein Mittel der Produktion, sondern die Art und Weise der Produktion ist eine Bedingung des Rechts. Hierin besteht das eigentliche Wesen dessen, was Marx in der „Einleitung" über das Verhältnis von Produktion und Recht sagte.

Obwohl es eine sehr abstrakte und relativ weit vom Recht entfernt liegende Darstellung ist, müssen wir dennoch erwähnen, was Marx über den Prozeß des Aufsteigens zum Konkreten schreibt, weil auch das die Rechtswissenschaft angeht. Marx erachtet es als die richtige Methode, wenn die erkennenden Menschen „von den einfachen (Kategorien — I. Sz.) . . . aufsteigen bis zum Staat".[14] „Das Konkrete ist konkret, weil es die Zusammenfassung vieler Bestimmungen ist, also Einheit des Mannigfältigen."[15] Auch das konkrete Recht ist eine Einheit von vielen Momenten." „Im Denken erscheint es daher als Prozeß der Zusammenfassung, als Resultat, nicht als Ausgangspunkt, obgleich es der wirkliche Ausgangspunkt und daher auch der Ausgangspunkt der Anschauung und der Vorstellung ist." Auf diesem Wege „führen die abstrakten Bestimmungen zur Reproduktion des Konkreten im Weg des Denkens". Gerade in Verbindung damit verweist Marx auf den Irrtum bei Hegel, „. . . das Reale als Resultat des sich in sich zusammenfassenden, in sich vertiefenden und aus sich selbst sich bewegenden Denkens zu fassen, während die Methode, vom Abstrakten zum Konkreten aufzusteigen, nur die Art für das Denken ist, sich das Konkrete anzueignen, es als ein geistig Konkretes zu reproduzieren. Keineswegs aber der Entstehungsprozeß des Konkreten selbst."[16]

In die Sprache der Jurisprudenz übersetzt und verkürzt bedeutet dies.: Die Rechtswissenschaft bezweckt die Erkenntnis als „Einheit der Mannigfaltigkeit", und das konkrete Recht ist die wirkliche Realität. Das Erkennen des konkreten Rechts erfolgt mit Hilfe der Rechtswissenschaft, aber der Prozeß des Erkennens ist nicht mit dem Prozeß des Entstehens von Recht identisch. Das sind zwei unterschiedliche Dinge, das ist der Widerspruch zwischen Erscheinung und ihrer Erkenntnis.

II

Die rechtlichen Bezüge des Werkes „Zur Kritik der politischen Ökonomie" gehen nicht über die das Geld betreffende Funktion des Staates hinaus. Darauf haben wir bereits hingewiesen. „Wie die Bestimmung des Münzpreises, so fällt das technische Geschäft der Münzung dem Staat anheim. Wie das Rechengeld, so erhält das Geld als Münze *lokalen und politischen Charakter*, spricht verschiedene Landessprachen und trägt verschiedene Nationaluniform."[17]

Das bereits erwähnte Vorwort zu diesem Werk besitzt herausragende Bedeutung. Es hat Weltruhm erlangt. In diesem „Vorwort"[18] hat Marx in kompakter Weise, sozusagen auf einer einzigen Seite das Wesen seiner Theorie zusammengefaßt. Es muß hier gleich einleitend bemerkt werden, daß in dieser Zusammenfassung zahlreiche Hinweise auf das Recht vorhanden sind, vor allem — und das muß an den Anfang gesetzt werden — ordnet Marx das Recht in das System gesellschaftlicher Verhältnisse ein. Er bestimmt seinen Platz in diesem System: Das Recht ist ein sich auf der ökonomischen Struktur der Gesellschaft erhebender Teil des Überbaus. Die „reale Basis" sind die Produktionsverhältnisse, die die Menschen unabhängig von ihrem Willen eingehen. Hier findet sich der bereits früher erwähnte Doppelcharakter des Rechts. Das Recht ist in einem doppelten Sinne Überbau. Es ist Institution, „der bestimmte gesellschaftliche Bewußtseinsformen entsprechen", aber gleichzeitig ist es selbst auch Bewußtseinsform. Das Recht ist Einheit von Institution und Bewußtsein.

Das Verhältnis beider ist dialektisch, wechselseitig: Das rechtliche Bewußtsein bestimmt die rechtlichen Institutionen, und die rechtlichen Institutionen wirken auf das Rechtsbewußtsein zurück.

Ein anderes wichtiges Element des Vorworts von Marx in bezug auf das Recht ist der Beweis, daß der eigentliche rechtliche Ausdruck der Produktionsverhältnisse die Eigentumsverhältnisse sind. Dieser Satz verweist mit dem vorherigen zusammen auf eine doppelte Bindung des Rechts. Beim Überbau unterscheiden wir einen rechtlichen und einen politischen Überbau. Das Recht ist letzten Endes in seiner Gesamtheit durch die ökonomische Struktur bestimmt. Aber die Produktionsverhältnisse haben eine — fast als unmittelbar zu bezeichnende — Beziehung zum Recht, und diese drückt sich in den Eigentumsverhältnissen aus. Da jedoch auch die Eigentumsverhältnisse durch Vermittlung des Staates, d. h. auf dem Wege des politischen Rechts entstehen, gehören sie deshalb in den rechtlichen und politischen Überbau. Innerhalb dessen gibt es aber einen Teil des Rechts, der eine unmittelbare ökonomische Determination hat. Diese doppelte, unmittelbare und mittelbare, ökonomische und politische Determiniertheit des Rechts ist eines der „Geheimnisse" des Rechts.

In gesellschaftlichen Revolutionen, die eine Folge dessen sind, daß Produktionsverhältnisse aus Entwicklungsformen der Produktivkräfte in deren Fesseln umschlagen,[19] muß man nach Marx bei der ganzen riesigen Umwälzung des Überbaus einen Unterschied machen „zwischen der materiellen, naturwissenschaftlich treu zu konstatierenden Umwälzung in den ökonomischen Produktionsbedingungen und den juristischen, politischen, religiösen, künstlerischen oder philosophischen, kurz, ideologischen Formen, worin sich die Menschen dieses Konflikts bewußt werden und ihn ausfechten".[20]

Die Formen rechtlichen Bewußtseins, und zwar sowohl das Bewußtsein über das vergangene Recht als auch die sich auf das Übergangsrecht vom Kapitalismus zum Kommunismus beziehenden Ansichten und auch die Vorstellungen über ein ideales

Recht, verselbständigen sich relativ gegenüber dem Recht. Sie werden zu Bewußtseinsformen, sie legen die Richtung fest, in der oder gegen die man kämpfen muß, sie werden zur Bremse oder zur Triebkraft der Rechtsentwicklung. Für das Rechtsbewußtsein ist charakteristisch, daß es relativ selbständig gegenüber anderen Bewußtseinsformen ist, wenn es auch mit ihnen verwandt ist (Moral, Religion). Es ist auch relativ getrennt von den rechtlichen Institutionen und gleichzeitig vom Recht selbst abgeleitet. Darin besteht ein zweites von Marx aufgedecktes Geheimnis des Rechts.

Aus dem Vorwort sei an dieser Stelle nur so viel als spezifisch rechtlich hervorgehoben. Der ganze Inhalt und die ganze gesellschaftliche Bedeutung des Vorworts beziehen sich auf die Gesamtheit des Rechts als eines Phänomens, das eine Überbauerscheinung über den Produktionsverhältnissen darstellt.

III

Das für unsere Zwecke wichtigste, aber zugleich auch schwierigste Werk sind die „Grundrisse der Kritik der politischen Ökonomie" (Rohentwurf 1857—1858).[21] In diesem Werk befaßt sich Marx — als Vorarbeit für das „Kapital" — mit den schwierigsten Kategorien und Fragen der bürgerlichen Ökonomie. Das Recht wird in der Regel dabei berührt, in erster Linie im Zusammenhang mit dem Eigentum, dem Tausch, der Gleichheit und der Freiheit, der Produktion und dem Gemeinschaftsinteresse. Auch die Frage des römischen Rechts kommt erneut zur Sprache. Bevor wir die Analyse dieser Fragen beginnen, wollen wir auf eine spezielle Frage eingehen, nämlich des Erbrechts.

Im „Kommunistischen Manifest" wird unter den „für die fortgeschrittensten Länder" anzuwendenden Prinzipien die „Abschaffung des Erbrechtes" genannt.[22] In den „Grundrissen" scheint sich dieser Standpunkt von Marx zu verändern. Im „Kommunistischen Manifest" war vermutlich die Grundlage seiner negativen Meinung die Auffassung, daß man das Fortbestehen des Kapitals auch mit einem Verbot des Erbrechts verhindern muß. Jetzt kam Marx jedoch darauf, daß sich an der im Austausch von Ware gegen Geld zur Geltung gelangenden allgemeinen Freiheit und Gleichheit nichts dadurch verändert, daß sich der eine bereichert und der andere verarmt. Er schreibt: „Selbst Erbschaft und dergleichen juristische Verhältnisse, die so entstehnde Ungleichheiten verlängern mögen, tun der sozialen Gleichheit keinen Eintrag. Wenn das ursprüngliche Verhältnis des Individuums A nicht im Widerspruch mit denselben steht, so kann dieser Widerspruch (d. h. der, daß das eine Individuum verarmt und das andere sich dagegen bereichert — I. Sz.) sicher nicht dadurch hervorgebracht werden, daß das Individuum A an die Stelle des Individuums B tritt, es verewigt. Es ist dies vielmehr ein Geltendmachen des sozialen Gesetzes über die natürliche Lebensgrenze hinaus; eine Befestigung derselben gegen die zufällige Wirkung der Natur ..."[23] Ein solches Zur-Geltung-kommen-lassen des sozialen Gesetzes mittels des Rechts ergibt sich einerseits aus jener ökonomischen Erwägung, daß die Bereicherung oder die Verarmung vom Willen und von der Eigenmächtigkeit der Menschen abhängen, also keine ökonomische Gesetzmäßigkeit sind. Andererseits kommt dieses soziale Gesetz, das mit Sicherheit nicht ökonomisch gesetzmäßig ist, „gegen die zufällige Wirkung der Natur" zur Geltung, „deren Einwirkung als solche vielmehr Aufhebung der Freiheit des Individuums wäre".[24] Daraus wird ersichtlich, daß Marx nun nicht mehr die Aufhebung des Erbrechts schlechthin wünscht (obwohl er das hätte fordern können), da er hier nur über die

Vererbung des kapitalistischen Eigentums, des durch Kapital erlangten Eigentums in der kapitalistischen Gesellschaft sprach. Aber die Unterscheidung zwischen Naturgesetz und gesellschaftlichem Gesetz (d. h. dem Erbrecht), die Aufdeckung der Beziehungen zwischen beiden führten Marx auch im Kapitalismus von der glatten Verneinung des Erbrechts weg. Wie steht oder stand diese Frage nunmehr im Sozialismus? Jede Verfassung eines sozialistischen Landes fixiert die Zulässigkeit des Erbrechts. Der entscheidende ökonomische Grund dafür ist, daß sich der Charakter des vererbbaren Vermögens (bestimmte Überreste der Vergangenheit ausgenommen) grundlegend verändert hat. Dieses Vermögen hat bereits keinen kapitalistischen Charakter mehr. Charakteristisch für die Erbschaft im Sozialismus ist, daß es sich jetzt bereits um eine Vererbung von persönlichem Eigentum handelt, das in erster Linie durch Arbeit erlangt wurde. Die Vererbung dieses Eigentums zu verbieten, wäre unvernünftig und würde dem Wesen der sozialistischen Gesellschaft widersprechen. Natürlich könnte das sozialistische Recht auch bestimmte Korrekturen im Erbrecht vornehmen, z. B. ein Verbot des Vererbens bestimmter Gegenstände mit einem bestimmten Ursprung. Aber das zu tun, wäre wenig lohnend. Es ist vielmehr davon auszugehen, daß im Sozialismus eine neue gesellschaftliche Situation, eine neue Art von „Vermögen" entstand oder im Entstehen ist; es handelt sich also grundsätzlich um neue gesellschaftliche Bedingungen, die auch eine neue Regelung des Erbrechts erfordern. Auf jeden Fall ist es eine Tatsache, daß die Zulassung des Erbrechts als Rechtsinstitut im sozialistischen Staat nicht gegen die Lehre von Marx über die kapitalistische Gesellschaft und deren Erbrecht spricht.

Marx kehrt in den „Grundrissen" erneut zur Frage des römischen Rechts zurück, und zwar zum römischen Privatrecht und zum Bürgerlichen Gesetzbuch als Grundlage des Privatrechts der kapitalistischen Produktionsweise. Marx verweist auf das römische Recht erstmals in Verbindung mit dem Tauschwert und mit dem Tausch im allgemeinen. An zwei Stellen verweist er darauf, daß der Sklave kein Subjekt des Tausches sein kann, und deshalb bestimmt man ihn richtig als solchen, der sich nicht selbst durch den Tausch erlangen kann.[25] In Verbindung damit drückt Marx aus — und das gelangt unverändert dann in „Das Kapital" —, daß beim Tausch solche Personen einander gegenübertreten, die sich gegenseitig als Eigentümer anerkennen, „als Personen, deren Willen ihre Waren durchdringt und wo die wechselseitige Aneignung durch wechselseitige Entäußerung nur durch ihren gemeinschaftlichen Willen, also wesentlich vermittelst des Kontrakts, stattfindet. Es kommt hier das juristische Moment der Person herein und der Freiheit, die in ihr enthalten ist."[26] Auf die Freiheit und Gleichheit bzw. auf deren Verhältnis zueinander kommen wir noch zurück.

Diese These von Marx, die sich auf das wechselseitige Akzeptieren der Menschen als rechtliche Person bezieht (Gleichheit), ist für ihn auch eine Voraussetzung der kapitalistischen Gesellschaft. Das römische Recht ist für Marx eine Vorwegnahme der kapitalistischen Gesellschaft, soweit dies in der Gesellschaft des Altertums möglich war. Er schreibt: „Es ist daher ebenso klar, daß dies *Recht* (nämlich des Tauschs — I. Sz.), obgleich es einem Gesellschaftszustand entspricht, in welchem keineswegs der Austausch entwickelt war, doch, insofern er in bestimmtem Kreise (unter den Freien — I. Sz.) entwickelt war, die *Bestimmungen der juristischen Person*", d. h. für die rechtlich relevante, nicht für die juristische Person im juristisch-technischen Sinne, „*eben des Individuums des Austauschs*, entwickeln konnte, und so das Recht (nach den Grundbestimmungen hin) für die industrielle Gesellschaft antizipieren, vor allem aber dem

Mittelalter gegenüber als das Recht der aufkommenden bürgerlichen Gesellschaft geltend gemacht werden mußte." Im Hinblick auf den historischen Hintergrund fügte Marx hinzu, daß die Entwicklung des römischen Rechts selbst „aber auch vollständig mit der Auflösung des römischen Gemeinwesens zusammen(fällt)".[27] Marx dachte hier sicherlich an das Recht nach Justinian. Tatsache ist, daß das Justinianische Recht hinsichtlich des Tauschs bis an die Schwelle der Verhältnisse der aufbrechenden bürgerlichen Gesellschaft gelangte. Deshalb bleibt von diesem Gesichtspunkt aus betrachtet das Mittelalter für die Rechtsentwicklung eigentlich irrelevant.

Das Wesen der Marxschen Bemerkungen betrifft die Beziehungen zwischen Tausch und Recht. Der Tausch machte die Postulierung der beim Tausch gleichen (ansonsten ungleichen) Personen notwendig. Das führte zur Herausbildung des Rechtsbegriffs der Person. Historisch gesehen, schreibt der hervorragende sowjetische Jurist E. Paschukanis, „ließ gerade das Tauschgeschäft die Idee des Subjekts als Träger jeder möglichen Rechtsforderung reifen".[28] Dies ist jedoch — und gerade hier lag der Irrtum bei Paschukanis — nur ein Teil der Komponenten des Rechts. Ein anderer grundlegender, das Recht fordernder Gesichtspunkt betrifft die Sicherung des Eigentums. Und schließlich kommt als drittes ein das gesamte Recht — und nicht nur das den Tausch und das Eigentum betreffende Privatrecht — umfassendes politisches Element hinzu: Der Staat kreiert und schützt die juristische Person, er gewährleistet ihre Rechte, er macht den bloßen Besitz zum Eigentum, d. h. zum Rechtsverhältnis. Wenn wir über die Bedeutung des Tausches für das Recht sprechen, so erneuern wir damit keineswegs eine gewisse „Tauschtheorie", wie man die Theorie von Paschukanis, der seine Rechtstheorie ausschließlich auf den Tausch aufbaute, bezeichnete, sondern wir verweisen lediglich auf eines der sehr bedeutenden Elemente des Rechts, zu dem jedoch andere Elemente hinzukommen müssen, damit wirklich Recht entsteht.

Ein anderer Aspekt des Tauschs betrifft das Auftreten und das Zusammenstoßen individueller und gemeinschaftlicher Interessen beim Tausch. Dabei ist das individuelle Interesse entscheidend. In diesem Zusammenhang gelangt in die Beweisführung auch der Gedanke der Freiheit hinein: „Keines bemächtigt sich des Eigentums des andren mit Gewalt. Jedes entäußert sich desselben freiwillig ... Jedes dient dem andren, um sich selbst zu dienen; jedes bedient sich des andren wechselseitig als seines Mittels."[29] Wie verhält sich dies zum gemeinschaftlichen Interesse? „Das gemeinschaftliche Interesse, was als Motiv des Gesamtakts (des wechselseitigen Tauschs — I. Sz.) erscheint, ist zwar als fact von beiden Seiten anerkannt, aber als solches ist es nicht Motiv, sondern geht sozusagen nur hinter dem Rücken der in sich selbst reflektierten Sonderinteressen, dem Einzelinteresse im Gegensatz zu dem des andren vor ... der andre ist auch als ebenso sein selbstsüchtiges Interesse verwirklichend anerkannt und gewußt, so daß beide wissen, daß das gemeinschaftliche Interesse eben nur in der Doppelseitigkeit, Vielseitigkeit, und Verselbständigung nach den verschiednen Seiten, der Austausch des selbstsüchtigen Interesses ist. Das allgemeine Interesse ist eben die Allgemeinheit der selbstsüchtigen Interessen."[30] Auf diese Weise drückt Marx auf den Tausch bezogen den Mechanismus jedes allgemeinen Interesses aus, sein fiktives Dasein. Das allgemeine Interesse der Privateigentümer hat seinen Ursprung in den widersprechenden individuellen Interessen, das Gemeinschaftsinteresse ist getarntes individuelles Interesse. Mit entsprechenden Modifikationen und Korrekturen kann all das auch auf das politische Gemeinschaftsinteresse übertragen werden.

Marx kehrt in dieser Arbeit über die politische Ökonomie ebenfalls zu einem seiner Grundgedanken über die bürgerliche Gesellschaft zurück: zur Gleichheit und zur Freiheit. Er gelangt jetzt zum Wesen dessen, was er bereits in seiner Jugendzeit über die Menschenrechte sagte. Die Gleichheit hatte er bereits angedeutet: Die Handelnden beim Tausch müssen sich gegenseitig als gleich anerkennen, und die Form dieser Gleichheit ist die rechtliche Gleichheit. Aber: „Aus dem Akt des Austauschs selbst ist das Individuum, jedes derselben, in sich reflektiert als ausschließliches und herrschendes (bestimmendes) Subjekt desselben. Damit ist also die vollständige Freiheit des Individuums gesetzt: Freiwillige Transaktion; Gewalt von keiner Seite . . ."[31]

Marx erläutert diesen Gedankengang weiter: „Wenn also die ökonomische Form, der Austausch, nach allen Seiten hin die Gleichheit der Subjekte setzt, so der Inhalt, der Stoff, individueller sowohl wie sachlicher, der zum Austausch treibt, die *Freiheit*. Gleichheit und Freiheit sind also nicht nur respektiert im Austausch, der auf Tauschwerten beruht, sondern der Austausch von Tauschwerten ist die produktive, reale Basis aller *Gleichheit* und *Freiheit*. Als reine Ideen sind sie bloß idealisierte Ausdrücke desselben; als entwickelt in juristischen, politischen, sozialen Beziehungen sind sie nur diese Basis in einer andren Potenz."[32] Was die staatsbürgerlichen Rechte, d. h. den rechtlichen und politischen Ausdruck dieser Ideen betrifft, so ist die Rechtsgleichheit die Widerspiegelung des Tausches als Form; der Inhalt der Rechte aber ist nichts anderes als die Freiheit, die Handlungs- und Aufenthaltsfreiheit. Diese Widerspiegelung ist natürlich nicht direkt, sondern sie ist durch viele Faktoren deformiert.

Man muß dem noch hinzufügen, daß Marx eine scharfe Zäsur zwischen den verschiedenen gesellschaftlichen Formen zieht und die kapitalistische Produktion, die der eigentliche Gegenstand seiner Analyse ist, scharf von Altertum und Mittelalter trennt. „Die Gleichheit und Freiheit in dieser Ausdehnung sind grade das Gegenteil der antiken Freiheit und Gleichheit, die eben den entwickelten Tauschwert nicht zur Grundlage haben, vielmehr an seiner Entwicklung kaputtgehn. Sie setzen Produktionsverhältnisse voraus, die in der alten Welt noch nicht realisiert waren, auch nicht im Mittelalter. . . .; das Gemeinwesen ruht auf dieser (Zwangsarbeit — I. Sz.) als existierender Unterlage; Arbeit selbst als Privilegium, als noch in ihrer Besonderung, nicht als allgemein Tauschwerte produzierend, geltend als die Grundlage des zweiten."[33]

Daraus geht hervor, wie sehr Paschukanis irrte, als er den Tausch für die ausschließliche zentrale Idee des Rechts hielt. Es taucht sogleich die Frage auf, wie und ob der Tausch im allgemeinen im Altertum und im Mittelalter entstand. Kann man überhaupt auf einem Charakteristikum des kapitalistischen System eine ganze Rechtstheorie aufbauen? Und: Ist das sozialistische Recht die Verneinung eines jeden Rechts und der Gesamtheit der bis dahin bekannten Rechtssysteme oder einfach nur eine Verneinung des Rechtssystems des Kapitalismus? Für eine marxistische Rechtstheorie muß man andere Merkmale suchen, die im Hinblick auf jedes Recht gültig sind. Ein derartiges Merkmal ist oder kann vielleicht unter anderem das Eigentum sein.

Zwei grundlegende Kategorien des kapitalistischen Rechts sind der Tausch und das Eigentum. Der Tausch ist eine Kategorie des Schuldrechts und das Eigentum eine des Sachenrechts. Sie entsprechen zwei grundlegenden Kategorien der politischen Ökonomie, der Wirtschaft. Aber das Wesen der Sache besteht gerade darin, daß sie im kapitalistischen Zivilrecht nicht in ihrer politisch-ökonomischen Verschiedenheit, d. h. hinsichtlich ihres wirtschaftlichen Sachverhaltes erscheinen, sondern einen mehr oder weniger rechtlich gleichförmigen Charakter haben. Ihr grundlegender ökonomischer

Unterschied wird im Recht zu einer grundlegenden Ähnlichkeit. Und das verzerrt ihr Wesen. Der Tausch setzt — wie wir gesagt haben — eine Gleichheit und eine Tauschfreihheit voraus. Sein Wesen ist der unpersönliche Tauschwert. Das Eigentum im kapitalistischen System ist dagegen mehr an den Gebrauchswert gebunden, und seine Arten unterscheiden sich nach der Verwendung des Gebrauchswerts voneinander. Der Mittelpunkt des Eigentums, sein Wesen ist die Arbeit. Wie in der Sklavenhaltergesellschaft der Sklave der hauptsächliche und grundlegende Gegenstand des Eigentums ist, so ist es im Feudalismus der Boden zusammen mit dem dazugehörenden Leibeigenen. Im Kapitalismus ist dagegen der zentrale Gegenstand die prinzipiell „freie Arbeit", die eigentlich Eigentum des Arbeiters ist, die sich aber der Kapitalist von ihm aneignet. Das Eigentum gehörte somit in seinen Grundlagen niemals demjenigen, dem es zustand. Diese Situation wird dann auf andere, weniger bedeutende Eigentumsarten übertragen.

Das bürgerliche Recht verbirgt auf jeden Fall diesen zentralen Kern des Eigentums, des Privateigentums. Es macht sogar das Eigentum mit allen seinen Unterarten zu einer gegenüber jedermann gültigen Kategorie. Es wird gegenüber dem wahren Eigentümer der Arbeit, gegenüber dem Arbeiter, zu einer absoluten, diesen vom Eigentum ausschließenden Kategorie. Demgegenüber hat der Tausch eine andere Bedeutung. Die kapitalistische Rechtswissenschaft müßte diesen Unterschied zwischen Eigentum und Tausch im kapitalistischen Recht darstellen. Statt dessen negiert sie diesen Unterschied und läßt das bürgerliche Recht als Gesamtheit erscheinen und macht nur einen relativen Unterschied zwischen Eigentumsrecht und Schuldrecht, noch dazu in umgekehrter Weise als es der Realität entspricht. Das absolute Recht ist das Sachenrecht, das Eigentum, und das relative Recht ist das Schuldrecht, der Tausch.

Es ist eine Eigenart des Rechts, eines jeden Rechts, somit auch des kapitalistischen, daß es mehrere Dimensionen der gesellschaftlichen Verhältnisse auf zwei Ebenen projiziert. Die Vielschichtigkeit des Rechts wird verflacht, wenn von der bürgerlichen Rechtswissenschaft das Recht als Ausdruck verschiedener gesellschaftlicher Verhältnisse in eine einheitliche Form gezwängt und die Unterschiede als gleichartig dargestellt werden. Das geschieht auch im Falle der sogenannten Einheit des kapitalistischen Rechts.

In den „Grundrissen" erläutert Marx das Geheimnis der bürgerlichen Ökonomie, er erklärt es und ist bestrebt, deren Probleme zu lösen. Wir meinen, daß dies auch die bürgerlichen Rechtwissenschaftler tun müßten. Den Unterschied zwischen Eigentum und Tausch drückt Marx an einer Stelle so aus: „*Sofern* dieser Austausch juristisch ausgedrückt nichts voraussetzte als das Eigentumsrecht eines jeden an seinen eignen Produkten und die freie Disposition über sie (Gleichheit und Freiheit — I. Sz.) ... sehn wir, daß dialektisch umschlägt, durch eine sonderbare Konsequenz, das Eigentumsrecht auf seiten des Kapitals in das Recht auf fremdes Produkt oder in das Eigentumsrecht auf fremde Arbeit, das Recht sich fremde Arbeit ohne Äquivalent anzueignen, und auf seiten des Arbeitsvermögens in die Pflicht, sich zu seiner eignen Arbeit oder seinem eignen Produkt als *fremdem Eigentum* zu verhalten ... Der Austausch von Äquivalenten ..., der als die ursprüngliche Operation erschien, die das Eigentumsrecht juristisch ausdrückte, hat sich so gedreht, daß auf der einen Seite nur zum Schein ausgetauscht wird, indem der gegen lebendiges Arbeitsvermögen ausgetauschte Teil des Kapitals, erstens selbst *fremde Arbeit* ist, angeeignet ohne Äquivalent, und zweitens *mit einem Surplus vom Arbeitsvermögen ersetzt werden muß*, also in fact nicht fortgegeben wird, sondern nur aus einer Form in die andre verwandelt wird.

Das Verhältnis des Austauschs ist also gänzlich weggefallen, oder ist *bloßer Schein.* Ferner erschien ursprünglich das Eigentumsrecht gegründet auf die eigne Arbeit. Eigentum erscheint jetzt als Recht auf fremde Arbeit und als Unmöglichkeit der Arbeit, sich ihr eignes Produkt anzueignen."[34] Beim Eigentumsrecht verwandelt sich also das ursprüngliche Recht auf die Arbeit, das Eigentumsrecht des Arbeiters in das Eigentumsrecht des Kapitalisten auf die Arbeit. Die Arbeit wird eine dem Arbeiter fremde Arbeit, das Eigentumsrecht wendet sich in sein Gegenteil, und das kapitalistische Eigentumsrecht wird zum Recht auf Aneignung des Mehrwertes und hält diese Aneignung für ein heiliges Eigentum. Der Tausch ist, wie Marx es ausdrückt, nur ein Schein, wo scheinbar gleiche Parteien tauschen. Das kapitalistische Recht nimmt diesen wesentlichen Unterschied zwischen dem Eigentum und dem Tausch auf, stellt aber beides rechtlich auf eine Ebene, d. h., es macht auch das Eigentum *zu einer Form.*

An anderer Stelle heißt es bei Marx: „Um die Verhältnisse, worein Kapital und Lohnarbeit treten, *als Eigentumsverhältnisse* oder *Gesetze* auszudrücken, haben wir nichts zu tun als das Verhalten beider Seiten in dem *Verwertungsprozeß* als *Aneignungsprozeß* auszudrücken. Zum Beispiel, daß die Surplusarbeit als Surpluswert des Kapitals gesetzt wird, heißt, daß der Arbeiter sich nicht das Produkt seiner eignen Arbeit aneignet; daß es ihm als *fremdes Eigentum* erscheint; umgekehrt, daß die *fremde Arbeit* als Eigentum des Kapitals erscheint." Marx spricht hier über zwei mögliche Gesetze des bürgerlichen Eigentums: „Das erste ist die Identität der Arbeit mit dem Eigentum; das zweite die Arbeit als negiertes Eigentum oder das Eigentum als Negation der Fremdheit der fremden Arbeit."[35] Die Arbeit wird zur fremden Arbeit für den Arbeiter und zum Eigentum des Kapitalisten.

So bildet sich das ausbeuterische Eigentum heraus, das im kapitalistischen System als allgemeines Eigentum betrachtet wird und das sich der Gleichheit und der Freiheit anschließt, sozusagen eine heilige Dreifaltigkeit der bürgerlichen Gesellschaft mit diesen bildet. Diese Ideen und Institutionen existieren nur in der kapitalistischen Gesellschaft. „Die antike Welt, der der Tauschwert nicht als Basis der Produktion diente, die an seiner Entwicklung vielmehr unterging, produzierte eine Freiheit und Gleichheit von ganz entgegengesetzem und wesentlich nur lokalem Gehalt. Andrerseits, da in der antiken Welt im Kreis der Freien wenigstens die Momente der einfachen Zirkulation sich entwickelten, so ist es erklärlich, daß in Rom und speziell dem kaiserlichen Rom, dessen Geschichte eben die Geschichte der Auflösung des antiken Gemeinwesens ist, die Bestimmungen der juristischen Person, des Subjekts des Austauschprozesses, entwickelt wurden, das Recht der bürgerlichen Gesellschaft nach seinen wesentlichen Bestimmungen ausgearbeitet, vor allem aber dem Mittelalter gegenüber als das Recht der entstehenden industriellen Gesellschaft geltend gemacht werden mußte."[36]

Zum Verständnis der kapitalistischen Gesellschaft und ihres Rechts muß man also, und zwar unabhängig vom Tausch, das kapitalistische Eigentum tiefgehend analysieren, muß darin die Entfremdung aufdecken, d. h. das Werden der Arbeit zu etwas Äußerlichem und Fremdem dem Arbeiter gegenüber. Man muß den im Eigentum vorhandenen Widerspruch, das dialektische Umschlagen aus dem eigenen Eigentum in kapitalistisches Eigentum, sehen und die Abweichung vom Tausch. Eigentum und Tausch existieren in einem wirtschaftlichen System und hängen eng zusammen. In gewisser Weise bilden sie im kapitalistischen Wirtschaftssystem eine Einheit. Aber bisher haben die Juristen vor allem nur diese Seite untersucht. Man muß auch die wesentlichen

Unterschiede zwischen beiden analysieren. „Der Austausch von Äquivalenten, der das Eigentum an dem Produkt der eignen Arbeit zu unterstellen scheint“ und in diesem Zusammenhang „als juristisches Verhältnis, d. h. als allgemeine Bedingung der Produktion anerkannt, und darum gesetzlich anerkannt, als Ausdruck des allgemeinen Willens gesetzt —, schlägt um, zeigt sich durch eine notwendige Dialektik nach als absolute Scheidung von Arbeit und Eigentum und Aneignung fremder Arbeit ohne Austausch, ohne Äquivalent ... Verhalten der Arbeit zu ihren objektiven Bedingungen ... als fremdem Eigentum: *Entäußerung der Arbeit.*“[37]

Hierin liegt der Mythos des bürgerlichen Eigentums, und den muß man auflösen, erklären und verständlich machen. Es ist natürlich nicht sicher, daß damit eine theoretisch größere Einsicht hinsichtlich der Einheit im System des bürgerlichen Rechts geschaffen wird, als sie heute vorhanden ist. Sicher würden aber die wesentlichen Unterschiede zwischen seinen Grundinstitutionen damit deutlicher zutage treten. Auf alle Fälle scheint es notwendig, den Zusammenhang von Eigentum und Tausch in seiner Einheit und Widersprüchlichkeit sowohl im Hinblick auf das sozialistische als auch in bezug auf das bürgerliche Recht gründlicher auszuarbeiten.

Achter Vortrag: „Das Kapital“

„Solange es Kapitalisten und Arbeiter in der Welt gibt, ist kein Buch erschienen, welches für die Arbeiter von solcher Wichtigkeit wäre wie das vorliegende. Das Verhältnis von Kapital und Arbeit, die Angel, um die sich unser ganzes heutiges Gesellschaftssystem dreht, ist hier zum ersten Mal wissenschaftlich entwickelt ...“[1] So schrieb Engels über „Das Kapital“. Natürlich besteht unser Ziel weder in einer Erläuterung noch einer Würdigung dieses Werkes. Einleitend erscheinen jedoch einige allgemeine Bemerkungen unerläßlich.

Marx plante noch im Februar 1858, daß sein Buch aus sechs Teilen bestehen solle. Ein Abschnitt davon hätte den Staat behandelt und darin offensichtlich auch das Recht. Es ist für uns daher sehr bedauerlich, daß dieser Plan nicht erfüllt worden ist. Hinsichtlich des Rechts blieb es somit im „Kapital“ bei einzelnen Hinweisen, die man in vier Themenkreise aufteilen kann: Erläuterung und Kritik der sich auf den Arbeitstag beziehenden Gesetzgebung; Institution der Vertragsfreiheit; der Tausch; das Eigentum. Von diesen vier Themenkreisen haben wir uns mit dreien eigentlich bereits in Verbindung mit den „Grundrissen der Kritik der politischen Ökonomie“, dem Vorläufer des „Kapitals“, befaßt.

Wir beziehen uns hier auf den zu Lebzeiten von Marx erschienenen ersten Band des „Kapitals“. Im dritten Band des Werkes finden sich sowohl detailliertere als auch allgemeinere Fragen rechtlichen Charakters, die von Marx erörtert werden. Damit werden wir uns später befassen.

Eine wichtige rechtliche Frage im „Kapital“ betrifft den Arbeitstag. In seiner bereits zitierten Rezension schrieb Engels: „Über die Geschichte dieser gesetzlichen Regelung des Arbeitstags in England enthält das vorliegende Werk ein höchst ausführliches Material.“[2] In seinem am 27. Oktober 1890 an Conrad Schmidt geschriebenen Brief verwahrt sich Engels gegen die Anklage von Barth, die Marxisten würden jede Wirkung des politischen etc. Überbaus auf die Wirtschaft verneinen. Er verweist dabei als Beispiel auf die Schrift „Der achtzehnte Brumaire des Louis Bonaparte“ von Marx, wo nahezu ausschließlich die spezifische Rolle der politischen Kämpfe und Ereignisse dargestellt ist, natürlich innerhalb ihrer allgemeinen Abhängigkeit von der ökonomischen Basis. Oder, so fährt Engels fort, man kann sich auch auf den Abschnitt des „Kapitals“ über den Arbeitstag berufen, in dem die Gesetzgebung als politischer Faktor eine entscheidende Rolle hinsichtlich der Einwirkung auf die Ökonomie spielt.

Schließlich verweist er auch auf den 24. Abschnitt des ersten Bandes des „Kapitals", in dem die Geschichte der Bourgeoisie behandelt wird.[3]

Der Abschnitt über den Arbeitstag und über die gesetzliche Regelung des Arbeitstages im allgemeinen ist mit grundlegenden rechtlichen Aussagen angefüllt. Der 24. Abschnitt des ersten Bandes des „Kapitals" stellt die ursprüngliche Akkumulation und in diesem Rahmen die Blutgesetzgebung des 15. Jahrhunderts gegen die Enteigneten dar. Außerdem wird die Gesetzgebung in bezug auf die Herabdrückung des Arbeitslohnes untersucht. Am Vorabend der Entwicklung des kapitalistischen Systems existierte folgende Lage: „Der stumme Zwang der ökonomischen Verhältnisse besiegelt die Herrschaft des Kapitalisten über den Arbeiter ... Für den gewöhnlichen Gang der Dinge kann der Arbeiter den ‚Naturgesetzen der Produktion' überlassen bleiben, d. h. seiner aus den Produktionsbedingungen selbst entspringenden, durch sie garantierten und verewigten Abhängigkeit vom Kapital. Anders während der historischen Genesis der kapitalistischen Produktion. Die aufkommende Bourgeoisie braucht und verwendet die Staatsgewalt, um den Arbeitslohn zu ‚regulieren', d. h. innerhalb der Plusmacherei zusagender Schranken zu zwängen, um den Arbeitstag zu verlängern und den Arbeiter selbst in normalem Abhängigkeitsgrad zu erhalten. Es ist dies ein wesentliches Moment der sog. ursprünglichen Akkumulation."[4] Die wirklich „große" Periode der sich auf den Arbeitstag beziehenden Gesetzgebung begann jedoch erst im 19. Jahrhundert, dem wesentlichen Abschnitt der Entfaltung der kapitalistischen Produktion.

Über den Arbeitstag heißt es bei Marx: „Der Kapitalist behauptet sein Recht als Käufer, wenn er den Arbeitstag so lang als möglich und womöglich aus einem Arbeitstag zwei zu machen sucht. Andrerseits schließt die spezifische Natur der verkauften Ware eine Schranke ihres Konsums durch den Käufer ein, und der Arbeiter behauptet sein Recht als Verkäufer, wenn er den Arbeitstag auf eine bestimmte Normalgröße beschränken will. Es findet hier also eine Antinomie statt, Recht wider Recht, beide gleichmäßig durch das Gesetz des Warenaustausches besiegelt. Zwischen gleichen Rechten entscheidet die Gewalt. Und so stellt sich in der Geschichte der kapitalistischen Produktion die Normierung des Arbeitstages als Kampf um die Schranken des Arbeitstags dar — ein Kampf zwischen dem Gesamtkapitalisten, d. h. der Klasse der Kapitalisten, und dem Gesamtarbeiter, oder der Arbeiterklasse."[5] Marx faßt in diesen Ausführungen das Wesen jenes Kampfes zusammen, der um die Länge des Arbeitstages geführt wird und der die Grundlage des entsprechenden Rechtes war.

Dieser verzweifelte Kampf um den Arbeitstag, der sich anfangs so gestaltete, daß der Kapitalist den Staat für die Sicherung und Verlängerung des Arbeitstages zu Hilfe rief, veränderte sich Mitte des 19. Jahrhunderts, seit 1833, ganz wesentlich. Die englischen *factory acts* sind „*negative* Ausdrücke" der Gier nach Mehrwert. „Diese Gesetze zügeln den Drang des Kapitals nach maßloser Aussaugung der Arbeitskraft durch gewaltsame Beschränkung des Arbeitstags von Staats wegen, und zwar von seiten eines Staats, den Kapitalist und Landlord beherrschen."[6] Wir können also feststellen, daß die Kapitalisten, in Erkenntnis ihrer Klasseninteressen, hinsichtlich des Arbeitstages den Staat allmählich zu einer entgegengesetzten Politik bewegten. Während zuerst der Staat die Rolle des Verlängerers des Arbeitstages in der Hand der aufstrebenden jungen Kapitalistenklasse spielte, stellte dann später die Erkenntnis des Allgemeininteresses der ganzen Kapitalistenklasse die Notwendigkeit der Bewahrung der Arbeitskraft in den Vordergrund. Der Staat wurde zum Vertreter dieser Bestrebungen. Das Interesse der Gesamtklasse siegte über das Interesse des individuellen Kapitalisten oder einzelner Kapitalistengruppen in dem Maße, wie „sich die Fabrikmagnaten in das Unvermeidliche gefügt . . . (, sich) mit ihm ausgesöhnt (hatten und) die Widerstandskraft des Kapitals (sich) graduell abschwächte, während zugleich die Angriffskraft der Arbeiterklasse wuchs mit der Zahl ihrer Verbündeten in den nicht unmittelbar interessierten Gesellschaftsschichten. Daher vergleichsweise rascher Fortschritt seit 1860." „Die Fabrikanten selbst, denen die gesetzliche Schranke und Regel des Arbeitstags durch halbhundertjährigen Bürgerkrieg Schritt für Schritt abgetrotzt", ergaben sich wegen ihres allgemeinen gemeinsamen Interesses und zu dessen Sicherung in das Unvermeidliche.[7] Die Verringerung der Arbeitszeit begann mit der Beschränkung für Kinder und Frauen. Der Kampf spielte sich besonders in England ab, der traditionellen Heimat des Kapitalismus. Nach Kämpfen mit Partisanencharakter geschah es: „Die Gesetzgebung ward daher gezwungen, ihren Ausnahmecharakter allmählich abzustreifen, oder, wo sie römisch kasuistisch verfährt, wie in England, irgendein Haus, worin man arbeitet, nach Belieben für eine Fabrik (factory) zu erklären."[8] Aus dem gesetzlich gesicherten Recht, das sich zunächst auf die Kinder und die Frauen und dann auf einzelne bestimmte Industriezweige bezog und jeweils gesondert erkämpft werden mußte, wurde dann eine allgemeine Gesetzgebung. Die Sache nahm so wieder eine dialektische Wendung.

„Frankreich hinkt langsam hinter England her." Das bedeutete, es war in der gesetzlichen Sicherung des minimalen Arbeitstages hinter England weiter zurück. „In den Vereinigten Staaten von Nordamerika (kann) die Arbeit in weißer Haut . . . sich nicht dort emanzipieren, wo sie in schwarzer Haut gebrandmarkt wird."[9] Das heißt, dort war die Befreiung der Neger aus der Sklaverei die erste und vorrangige Aufgabe. Nur dann konnte es nach dem Bürgerkrieg zur fortgesetzten Agitation für den achtstündigen Arbeitstag kommen. „Der allgemeine Arbeiterkongreß zu Baltimore (Aug. 1866) erklärt: ‚Das erste und große Erheischnis der Gegenwart, um die Arbeit dieses Landes von der kapitalistischen Sklaverei zu befreien, ist der Erlaß eines Gesetzes, wodurch acht Stunden den Normalarbeitstag in allen Staaten der amerikanischen Union bilden sollen'."[10] So begann auch über England hinaus zunächst der Kampf für den achtstündigen Arbeitstag sich zu entfalten und im Ergebnis dieses Kampfes dessen Fixierung in einem Gesetz. Aber Marx betrachtete schließlich auch das nur als ein Minimum an Ergebnis.

Marx faßt, nicht ohne Bitterkeit, seine sich auf den Arbeitstag beziehenden Ausführungen so zusammen: „Zum ‚Schutz' gegen die Schlange ihrer Qualen müssen die Arbeiter ihre Köpfe zusammenrotten und als Klasse ein Staatsgesetz erzwingen, ein übermächtiges gesellschaftliches Hindernis, das sie selbst verhindert, durch freiwilligen Kontrakt mit dem Kapital sich und ihr Geschlecht in Tod und Sklaverei zu verkaufen." Und er fährt fort: „An die Stelle des prunkvollen Katalogs der ‚unveräußerlichen Menschenrechte' tritt die bescheidne Magna Charta eines gesetzlich beschränkten Arbeitstags, die ‚endlich klarmacht, wann die Zeit, die der Arbeiter verkauft, endet, und wann die ihm selbst gehörige Zeit beginnt'. Quantum mutatus ab illo!"[11] Welch armseliges Ergebnis im Verhältnis zu jenen hochtrabenden Versprechungen!

Hier verweist Marx erneut auf einen rechtlich nicht gleichgültigen Aspekt, den er unter anderem bereits in Verbindung mit der Jugend- und Kinderarbeit behandelt hatte. Bleiben wir noch dabei. So wie sich das allgemeine Interesse der Kapitalisten als Klasse vom Interesse der einzelnen Kapitalisten unterscheidet, so unterscheidet sich auch das Interesse des einzelnen Arbeiters von dem der Arbeiterklasse als Ganzes. Einzelne Arbeiter können daran interessiert sein, mehr als acht Stunden zu arbeiten. Die Klasse wiederum ist daran interessiert, daß ein Minimum von acht Stunden gesichert ist. Aber hier handelt es sich um etwas anderes. Das Gesetz über den normalen Arbeitstag ist ein Gesetz der Bourgeoisie, das nicht von der Arbeiterklasse geschaffen wurde. Marx bezeichnet derartige Gesetze als *allgemeine Gesetze*. Das ist von prinzipieller Bedeutung. „Bei der Durchsetzung solcher Gesetze stärkt die Arbeiterklasse keineswegs die Macht der Regierung. Im Gegenteil, sie verwandelt jene Macht, die jetzt gegen sie gebraucht wird, in ihre eigenen Diener. Sie erreicht durch einen allgemeinen Gesetzesakt, was sie durch eine Vielzahl isolierter individueller Anstrengungen vergeblich erstreben würde."[12]

Das Interesse des individuellen Arbeiters oder das individuelle Interesse des Arbeiters sowie das Interesse der Arbeiterklasse scheinen praktisch auseinanderzulaufen, aber im Endergebnis fördert das allgemeine Interesse der Arbeiterklasse das individuelle Interesse der einzelnen Klassenmitglieder. Hinsichtlich ihrer existenziellen Interessen erzwingt der Kampf der Arbeiterklasse solche allgemeinen Gesetze, die nicht ausschließlich als im Verlauf des Klassenkampfes gemachte Zugeständnisse zu betrachten sind, sondern im Gegenteil als Ergebnisse und sogar als Erfolge des Klassenkampfes. Diese Gesetze bleiben Gesetze der Bourgeoisie, sie kennzeichnen als solche eine Situation, in der die Kapitalistenklasse als Klasse Zugeständnisse machen muß. Aber es ist insofern kein wirkliches Zugeständnis, weil eigentlich — wie Marx das beim Arbeitstag nachwies — die Erhaltung der Arbeitskraft und somit die Beschränkung der Arbeitszeit auch im Interesse der Bourgeoisie war. Man muß somit wiederholen: Jenes Gesetz ist, obwohl es auch im Interesse der Arbeiterklasse liegt, ein Gesetz der Bourgeoisie. Die ganze Darlegung von Marx ist zugleich ein glänzender Beweis dafür, wie der rechtliche Überbau, noch dazu scheinbar gegen die herrschende Klasse gerichtet, schließlich die kapitalistische Wirtschaft fördert, wie so die Politik die Produktion unterstützt.

I

Die von Juristen besonders häufig zitierte Stelle aus dem „Kapital" lautet: „Die Warenhüter (müssen) sich zueinander als Personen verhalten, deren Willen in jenen Dingen haust, so daß der eine nur mit dem Willen des andren, also jeder nur vermittelst eines, beiden gemeinsamen Willensakts sich die fremde Ware aneignet, indem er die eigne veräußert. Sie müssen sich daher wechselseitig als Privateigentümer anerkennen. Dies Rechtsverhältnis, dessen Form der Vertrag ist, ob nun legal entwickelt oder nicht, ist ein Willensverhältnis, worin sich das ökonomische Verhältnis widerspiegelt."[13] Diese Sätze haben vielfältige Bedeutung für das Recht. Es muß jedoch sehr nachdrücklich festgehalten werden, daß sie sich in ihren Grundlagen *auf den Tausch* beziehen. Das ist von erheblicher Bedeutung.

Im Rechtsverhältnis stehen sich beim Tausch zwar zwei rechtlich gleichberechtigte Eigentümer gegenüber, aber sie sind nur in dieser Hinsicht gleich, ansonsten sind sie bezüglich ihrer gesellschaftlichen Situation ungleiche Wareneigentümer. Der eine wird durch seine wirtschaftliche Lage geradezu zum Tausch gezwungen. Das bedingt seine wirtschaftliche Abhängigkeit.

Daraus folgt erstens: Der wirtschaftliche Zwang und der sich aus dem Vertrag ergebende rechtliche Zwang fallen also nicht zusammen, es sind zwei verschiedene Dinge, obwohl sie in ein und dieselbe Richtung wirken. Der rechtliche Zwang ist im Verhältnis zum wirtschaftlichen Zwang formaler Natur. Zum anderen: Die rechtliche Form dieses Tausches, nämlich des Tausches der Arbeitskraft gegen Geld, ist der Vertrag, eine charakteristische rechtliche Institution, in der sich die Parteien einander mit Rechten und Pflichten gegenüberstehen.

Der Vertrag findet auch Anwendung auf andere Rechtsgeschäfte und ist bis zu einem gewissen Grade eine „Einigung" der Vertragspartner. Sie wird zu einer grundlegenden Institution des Rechts insgesamt. Darauf verweist die Tatsache, daß — unabhängig davon, ob sich die Institution des Vertrages bereits rechtlich herausgebildet hat oder nicht — eine Art Einigung zwischen den gleichberechtigten Parteien unerläßlich ist. Diese Einigung bezieht sich auf den Tausch von Waren. „Alle Waren sind Nicht-Gebrauchswerte für ihre Besitzer, Gebrauchswerte für ihre Nicht-Besitzer. Sie müssen also allseitig die Hände wechseln. Aber dieser Händewechsel bildet ihren Austausch . . ."[14] Der Arbeiter gibt für den allgemeinen Tauschwert, d. h. für Geld, seine Arbeitskraft, die für den Kapitalisten ein Gebrauchswert ist.

Drittens: Es handelt sich beim Tausch um ein Rechtsverhältnis. „Der Inhalt dieses Rechts- oder Willensverhältnisses ist durch das ökonomische Verhältnis selbst gegeben."[15] Das Recht ist also auch von dieser Seite her gesehen eine Form, eine Gestalt, eine Äußerlichkeit. Seine Funktion als gesellschaftliches Verhältnis besteht darin, Erscheinungsform von anderen gesellschaftlichen Verhältnissen, im gegebenen Fall ökonomischer Verhältnisse, zu sein. Es ist nur eine gedankliche Abstraktion, daß in einer rechtlich organisierten Gesellschaft vom Inhalt des Rechtsgeschäftes abstrahiert und nur die rechtliche Form gesehen wird, unabhängig vom gesellschaftlichen Inhalt, ohne den jedoch die rechtliche Form niemals möglich wäre. Die Rechtswissenschaft befaßt sich mit Erscheinungen, mit rechtlichen Erscheinungen, die die Form anderer gesellschaftlicher Verhältnisse sind.

Aber auch das Recht selbst teilt sich in rechtliche Form und rechtlichen Inhalt. Das Kaufrecht ist eine Art rechtlicher Inhalt, der selbst eine äußere rechtliche Form hat. Trotzdem bleibt in der Gesellschaft insgesamt im Hinblick auf das Wesen des Rechts bestehen, daß es in Beziehung zu anderen gesellschaftlichen Verhältnissen lediglich Form ist.

Viertens: Dem ganzen Vertrag geht ein Verhalten der Parteien voraus, mit dem sie sich gegenseitig als Rechtssubjekte anerkennen. Das ist das Wesen der Sache. Es ist dies ein wesentliches Element, das eigentlich dem Vertrag selbst vorangeht und dessen Voraussetzung ist, weil es die Anerkennung der Vertragsfähigkeit der Partner darstellt. Eine derartige *ab ovo* postulierte Eigenschaft als Rechtssubjekt hat möglicherweise insofern einen eigenartigen Anstrich, weil damit Menschen nicht als menschliche, sondern als rechtliche Wesen betrachtet und bewertet werden.

Schließlich stellt Marx fest, daß jenes Verhältnis ein Willensverhältnis ist. Die Parteien wollen in gleicher Weise den Warenaustausch, dieser ihr Wille muß sich treffen. Verweilen wir bei diesem Problem noch ein wenig. In der „Deutschen Ideologie" haben wir bereits den allgemeinen Willen als rechtsbildenden Faktor, als Voraussetzung des Gesetzes behandelt. Der allgemeine Wille ist jedoch im Hinblick auf sein Wesen ein gesellschaftlicher Wille, genauer ein Klassenwille, verallgemeinerter Wille einer Klasse. Dieser Klassenwille wird dann zum staatlichen Willen. Die im Staat herrschende

Klasse bringt ihren Willen durch den Staat zur Geltung. Der Wille, von dem jetzt die Rede ist, nimmt im Rechtsgeschäft, im Vertrag Gestalt an. Er erscheint dort als sogenannter Privatwille, der nicht mit dem als eine Komponente des Rechts gegebenen allgemeinen Willen oder dem staatlichen Willen identisch ist, auch nicht im Sozialismus.

Es gab Versuche, die beiden Arten des Willens auf einen gemeinsamen Nenner zu bringen und sie innerhalb einer Einheit etwa zu graduieren. So hielt man z. B. im Sozialismus den ökonomischen Willen des sich auf den Vertragsabschluß richtenden staatlichen Betriebes für einen staatlichen Willen, d. h. für einen politischen Willen. Bei einer solchen Denkweise wäre auch noch im Willen der Privatperson ein Überrest staatlicher Wille, da es sich um einen Staatsbürger oder um eine juristische Person handelt, die beide Elemente des Staates sind. Wenn zur gleichen Zeit darüber hinaus das Willenselement in den Begriff des Rechts aufgenommen wurde, so nur der politische Wille, der allgemeine Wille oder der staatliche Wille. Der vertragliche Wille ist etwas anderes — eine Privatsache. Seine Interpretation weicht von der Interpretation der den allgemeinen Willen ausdrückenden Rechtsnorm ab. Marx setzt nunmehr — anders als im „Kommunistischen Manifest", wo er über den zum Gesetz erhobenen Willen der herrschenden Klasse sprach — eine andere Art von Willen voraus. Er denkt an die Person und nicht an die Allgemeinheit. Die Konsequenz dessen ist, daß es in der Rechtstheorie von Marx zwei Willensbegriffe gibt. Der eine ist ein realer individueller Wille. Der andere entspringt als Resultante vieler individueller gesellschaftlicher Willen, er ist „Gemeinschaftswille", er ist ein verallgemeinerter Wille. Das Parlament hat einen unterschiedlichen Willen, wenn es ein Gesetz schafft und wenn es ein Möbelstück kauft. Das ist ein bekannter Allgemeinplatz, aber es schadet nicht, ihn zu wiederholen, um Mißverständnisse zu vermeiden.

Die Rechtsgleichheit der am Tausch beteiligten Personen wird von Marx nicht nur an einer Stelle im „Kapital" erwähnt. Der Arbeiter, der Eigentümer seiner Arbeitskraft ist, „und der Geldbesitzer begegnen sich auf dem Markt und treten in Verhältnis zueinander als ebenbürtige Warenbesitzer, nur dadurch unterschieden, daß der eine Käufer, der andre Verkäufer, beide also juristisch gleiche Personen sind".[16] Gleichzeitig unterläßt es Marx nicht, bei dieser Gelegenheit schwerwiegende Bemerkungen zu den Menschenrechten zu machen, die in der bürgerlichen Gesellschaft betrügerische Ideen sind. „Die Sphäre der Zirkulation oder des Warenaustausches, innerhalb deren Schranken Kauf und Verkauf der Arbeiterkraft sich bewegt, war in der Tat ein wahres Eden der angebornen Menschenrechte. Was allein hier herrscht, ist Freiheit, Gleichheit, Eigentum und Bentham. Freiheit! Denn Käufer und Verkäufer einer Ware, z. B. der Arbeitskraft, sind nur durch ihren freien Willen bestimmt. Sie kontrahieren als freie, rechtlich ebenbürtige Personen. Der Kontrakt ist das Endresultat, worin sich ihre Willen einen gemeinsamen Rechtsausdruck geben. Gleichheit! Denn sie beziehen sich nur als Warenbesitzer aufeinander und tauschen Äquivalent für Äquivalent. Eigentum! Denn jeder verfügt nur über das Seine. Bentham! Denn jedem von den beiden ist es nur um sich zu tun. Die einzige Macht, die sie zusammen und in ein Verhältnis bringt, ist die ihres Eigennutzes, ihres Sondervorteils, ihrer Privatinteressen. Und eben weil so jeder nur für sich und keiner für den andren kehrt, vollbringen alle, infolge einer prästabilierten Harmonie der Dinge oder unter den Auspizien einer allpfiffigen Vorsehung, nur das Werk ihres wechselseitigen Vorteils, des Gemeinnutzens, des Gesamtinteresses."[17]

Wie ersichtlich ist, bringt Marx hier den Arbeitsvertrag mit den grundlegenden Losungen der Französischen Revolution in Verbindung. Er verlängert zugleich diese

Losung mit Bentham, mit Bentham-Utilitarismus. Die Losungen werden von Marx miteinander in eine funktionelle Beziehung gebracht. Die Freiheit, der aus freiem Willen erfolgende Verkauf und Kauf, und die Gleichheit als Warenbesitzer sind nur eine Folge der der Gleichheit widersprechenden Eigentumsverhältnisse, in dem sich die Parteien wieder als ungleiche gegenüberstehen, weil sich ein jeder von ihnen nur um sich selbst bemüht, um seinen Eigennutz. Die den Tausch eigentlich berührenden Menschenrechte sind in Wahrheit keine anderen als die, die Marx bereits in den „Grundrissen" behandelt hatte, wo von der Gleichheit als der Form und der Freiheit als dem Inhalt die Rede war. Sowohl das Eigentumsrecht als auch das Bentham-Prinzip erleiden im Koordinatensystem dieser beiden Kategorien Schaden. Das wird insbesondere beim Eigentum deutlich. Kehren wir daher zu diesem Problem zurück.

II

Der Übergang bzw. die Verbindung zwischen Tausch und Eigentum sind bereits in den „Grundrissen" eine stets wiederkehrende Frage für Marx. Dieses Problem wird auch im „Kapital" behandelt. Die Einheit der Kategorien Tausch und Eigentum, ihr Übergang ineinander und ihr grundlegender Unterschied in der kapitalistischen Gesellschaft sind in der Tat der Schlüssel zum Verständnis der bürgerlichen politischen Ökonomie, aber auch des bürgerlichen Rechts. Es ist der Schlüssel zu jenem grundlegenden Widerspruch, den das bürgerliche Recht zu verdecken versucht: Das ist der Kauf, der „juristisch betrachtet, nichts voraussetzt als freie Verfügung auf seiten des Arbeiters über seine eignen Fähigkeiten, auf seiten des Geld- oder Warenbesitzers über ihm gehörige Werte".[18] Wobei „der Kapitalist stets die Arbeitskraft kauft, der Arbeiter sie stets verkauft . . ."[19] Aber dazwischen steht das Gesetz des Privateigentums, „das auf Warenproduktion und Warenzirkulation beruhende Gesetz der Aneignung".[20] Die Gleichheit des Tausches ist nur eine scheinbare, so „daß nur zum Schein ausgetauscht wird, indem erstens der gegen Arbeitskraft ausgetauschte Kapitalteil selbst nur ein Teil des ohne Äquivalent angeeigneten fremden Arbeitsproduktes ist und zweitens von seinem Produzenten, dem Arbeiter, nicht nur ersetzt, sondern mit neuem Surplus ersetzt werden muß". Die Endkonsequenz dieser Analyse ist: „Das Verhältnis des Austausches zwischen Kapitalist und Arbeiter wird also nur ein dem Zirkulationsprozeß angehöriger Schein. bloße Form, die dem Inhalt selbst fremd ist und ihn nur mystifiziert." Im Verhältnis von Form und Inhalt ist der „Kauf und Verkauf der Arbeitskraft . . . die Form. Der Inhalt ist, daß der Kapitalist einen Teil der bereits vergegenständlichten Arbeit, die er sich unaufhörlich ohne Äquivalent aneignet, stets wieder gegen größeres Quantum lebendiger fremder Arbeit umsetzt."[21]

Beim Eigentum erscheinen also die Warenverhältnisse anders als beim Tauschverhältnis. „Ursprünglich erschien uns das Eigentumsrecht gegründet auf eigene Arbeit. Wenigstens mußte diese Annahme gelten, da sich nur gleichberechtigte Warenbesitzer gegenüberstehn, das Mittel zur Aneignung fremder Ware aber nur die Veräußerung der eignen Ware, und letztere nur durch Arbeit herstellbar ist. Eigentum erscheint jetzt, auf Seite des Kapitalisten als das Recht, fremde, unbezahlte Arbeit oder ihr Produkt, auf Seite des Arbeiters, als Unmöglichkeit, sich sein eignes Produkt anzueignen. Die Scheidung zwischen Eigentum und Arbeit wird zur notwendigen Konsequenz eines Gesetzes, das scheinbar von ihrer Identität ausging."[22] Hinsichtlich des Eigentums stehen sich rechtlich nicht gleiche Parteien gegenüber, die sich einander gegenseitig als Warenbesitzer anerkennen, obwohl ihre gegenseitige Anerkennung als Rechtssubjekt auch hier, wie bei jedem Rechtsverhältnis, vorhanden ist. Beim Eigentum handelt es sich offensichtlich um bereits völlig ungleiche Parteien, und in den zwischen ihnen bestehenden Beziehungen gelangt der eine nur zu seinem Eigentum, indem er das Eigentum des anderen kauft.

Worin ist der Grund für diese spezifischen Prozesse, für diese qualitativen Veränderungen zu sehen? Sie vollzogen sich „durchaus gemäß den Gesetzen des Austausches“.[23] Was spielte sich ab? „Der eine Kontrahent verkauft seine Arbeitskraft, der andre kauft sie. Der erstre empfängt den Wert seiner Ware, deren Gebrauchswert — die Arbeit — damit an den zweiten veräußert ist.“[24] Der Kapitalist verwandelt durch die Arbeit sein bereits in seinem Besitz befindliches Produktionsmittel „in ein neues Produkt, das ihm ebenfalls von Rechts wegen gehört“.[25] Diese „gegenseitige Ware“, nämlich die Arbeit, genauer die Arbeitskraft, hat „den eigentümlichen Gebrauchswert, Arbeit zu liefern, also Wert zu schaffen“. Der Wert des durch Arbeitskraft geschaffenen neuen Produktes erfaßt in sich den Gegenwert des Wertes der Arbeitskraft sowie den Mehrwert, darin besteht sein Wesen. „Der Arbeiter aber hat den Tauschwert seiner Arbeitskraft bezahlt erhalten und hat damit ihren Gebrauchswert veräußert — wie das bei jedem Kauf und Verkauf der Fall ... Das Gesetz des Austausches bedingt Gleichheit nur für die Tauschwerte der gegeneinander weggegebenen Waren. Es bedingt sogar von vornherein Verschiedenheit ihrer Gebrauchswerte, und hat absolut nichts zu schaffen mit ihrem Verbrauch, der erst nach geschlossnem und vollzognem Handel beginnt.“ Und Marx hebt hervor, „daß der Wert dieses Produkts ... einen Mehrwert einschließt, der dem Arbeiter Arbeit, dem Kapitalisten aber nichts gekostet hat und der dennoch das rechtmäßige Eigentum des Kapitalisten wird.“[26] Der Tausch wird auf diese Weise zu einer Form von Eigentumsbildung. Es ist das Wesen dieser Eigentumsbildung, daß der Arbeiter einen Gebrauchswert tauscht, der auch Mehrwert enthält. Hier muß man auch den für das Recht wesentlichen Unterschied zwischen Tauschverhältnis und Eigentumsverhältnis suchen.

In den kapitalistischen Gesetzbüchern werden diese Unterschiede rechtlich nivelliert. Da Tausch und Eigentum unterschiedliche gesellschaftliche Verhältnisse ausdrücken und obwohl sie andererseits in ihrer rechtlichen Konstruktion dennoch beide auf einen gemeinsamen Nenner zu bringen sind, bedeutet das nicht ihre wesensmäßige Identität. Die marxistische Theorie über das bürgerliche Recht muß mit aller Konsequenz von der politischen Ökonomie ausgehen, sie muß darauf gegründet werden. Die Gesellschaftstheorie des Rechts muß den Unterschied zwischen Gebrauchswert und Tauschwert bei der prinzipiellen Unterscheidung zwischen eigentumsrechtlichem und schuldrechtlichem Teil des kapitalistischen Zivielrechts berücksichtigen.

III

Der zweite Band des „Kapitals“ behandelt den Zirkulationsprozeß des Kapitals. Obwohl in diesem Zirkulationsprozeß das Recht eine beachtliche Rolle spielt, widmet Marx in diesem Teil seines Werkes seine Aufmerksamkeit fast ausschließlich der politökonomischen Seite. Er unterläßt es dabei jedoch nicht, immer wieder auf das „naturwidrige“ Verhältnis zu verweisen, das zwischen dem Kapitalisten und dem Arbeiter besteht. In diesem Verhältnis, das äußerlich sich als Kauf darstellt, „steht der Verkäufer der Arbeit ihrem Käufer gegenüber als fremde Arbeitskraft, die in seine Botmäßigkeit übergehen, seinem Kapital einverleibt werden muß". Marx bewertet diese Situation rechtlich folgendermaßen: „Es ist Kauf und Verkauf, Geldverhältnis, aber ein Kauf und Verkauf, wo der Käufer als Kapitalist und der Verkäufer als Lohnarbeiter vorausgesetzt wird, und dies Verhältnis ist damit gegeben, daß die Bedingungen zur Verwirklichung der Arbeitskraft — Lebensmittel und Produktionsmittel — getrennt sind als fremdes Eigentum von dem Besitzer der Arbeitskraft."[27]

Damit verwies Marx eigentlich auf das Wesen der Gesellschaftlichkeit des Rechts. Die Tatsache, daß irgendeine Beziehung „Kauf" ist, läßt noch keine ausreichende gesellschaftliche Aussage über diese Beziehungen zu. Denn es ist zunächst nur seine rechtliche Form angesprochen, die jedoch nur Indiz eines anderen, eines inhaltlichen gesellschaftlichen Verhältnisses ist. Der Kauf, von dem hier die Rede ist, ist historisch „ein Klassenverhältnis zwischen dem Kapitalisten und dem Lohnarbeiter" bzw. gründet sich darauf und ist dessen Äußerungsform. Im Gegensatz dazu wird jedoch davon gesprochen, als wäre der Kauf eine „ewige" Rechtsform, die eine gleichbleibende Eigenschaft jedes gesellschaftlichen Systems ist. Das ist eine Dummheit, denn die Grundfrage ist immer die, wessen Verkauf und Kauf es ist, wer der Verkäufer und wer der Käufer ist, d. h. welches der gesellschaftliche Inhalt des Kaufes ist.

Hier kommt es übrigens zu Unzulänglichkeiten, wenn man das Recht im Weltmaßstab vergleicht. Es muß zur Kenntnis genommen werden, daß formell gleiche oder ähnliche Kaufverhältnisse in der kapitalistischen und in der sozialistischen Gesellschaft keineswegs vergleichbare Größen sind, weil es sich im Sozialismus nicht mehr um ein Klassenverhältnis zwischen Kapitalisten und Arbeitern handelt. Hier kann sich die Rechtswissenschaft sehr irren und zu einer leeren Form werden, wenn sie das durch das Recht ausgedrückte und zugleich verhüllte gesellschaftliche Verhältnis nicht aufdeckt. „Die kapitalistische Produktion beruht darauf (und hier ist wieder vom gesellschaftlichen Inhalt des Kaufs die Rede — I. Sz.), daß der produktive Arbeiter seine eigne Arbeitskraft, als seine Ware, dem Kapitalisten verkauft, in dessen Händen sie dann bloß als ein Element seines produktiven Kapitals fungiert. Diese, der Zirkulation angehörige Transaktion — Verkauf und Kauf der Arbeitskraft — leitet nicht nur den Produktionsprozeß ein, sondern bestimmt implizite seinen spezifischen Charakter."[28]

Auf eine andere Eigenschaft des Kapitals — und gleichzeitig des Rechts — verweist Marx, wenn er über die spezifische Beweglichkeit eines Teils der Arbeitsmittel spricht. So bilden die Fabrikgebäude, die Hochöfen und die Eisenbahnen bekanntlich fixes Kapital. „Die Eigentumstitel an diesem fixen Kapital können wechseln, es kann gekauft und verkauft werden und sofern ideell zirkulieren."[29] Das so interpretierte bewegliche Kapital, das auch die Basis der Börsenspekulanten bzw. der Veränderung der Eigentümer ist, die gleichzeitig die Eigentümer des fixen Kapitals sind, verändert nicht die Proportionalität des fixen und des beweglichen Teils des Kapitals in irgendeinem Land.[30]

Es ist das eigentlich eine fiktive, scheinbare oder oberflächliche Eigentumsveränderung, die sich ohne irgendeine Bewegung des Gegenstandes des Eigentums abwickelt. Sie beweist den äußeren Charakter der rechtlichen Form, die für das Verstehen des spezifischen Wesens des Rechts nicht ausreichend ist. Die rechtliche Form zeigt im vorliegenden Falle eine Veränderung, bei der jedoch eine tatsächliche Veränderung nicht erfolgt. „Eigentumstitel, an einer Eisenbahn z. B., können täglich die Hände wechseln, und ihre Besitzer durch den Verkauf dieser Titel sogar im Auslande — so daß die Eigentumstitel exportierbar, obgleich nicht die Eisenbahn selbst — einen Profit machen."[31] In diesem Falle wird der Eigentumstitel selbständiger Gegenstand der Eigentumsübertragung, wobei sich — obwohl eine bedeutende rechtliche Veränderung eintritt — an der Oberfläche, in der wirklichen sachlichen Welt nichts verändert. Diese Pseudoeigentumsbewegung außerhalb des Eigentums ist ein eklatanter Beweis der relativen Selbständigkeit des Rechts, aber sie ist gleichzeitig ein Beweis der gesellschaftlichen Leere der Rechtsform und auch der Unzulänglichkeit der nur formellen Rechtsbetrachtung.

Im zweiten Band des „Kapitals" ist Marx um eine immer vollständigere Darstellung des Eigentumsverhältnisses bemüht, der ganzen Vielgestaltigkeit der Beziehungen zwischen Kapital und Arbeit. So befaßt er sich mit der Frage, wie der Charakter jener Beziehungen ist, in denen die Arbeiter mit Lebensmitteln in natura ausbezahlt werden. Hier stehen sich bereits nicht mehr Mitglieder zweier verschiedener Klassen gegenüber, sondern nur noch zwei verschiedene Personen. „Es ist eine zweite Transaktion, die nicht mehr zwischen Arbeiter und Kapitalist, sondern zwischen dem Arbeiter als Käufer von Ware und dem Kapitalisten als Verkäufer von Ware vorgeht; während in der ersten Transaktion der Arbeiter Verkäufer von Ware (seiner Arbeitskraft) und der Kapitalist ihr Käufer ist."[32] Sehr häufig zählt man auch diese zweite Transaktion zur kapitalistischen Ausbeutung. Sie ist eine Art von Ausbeutung, trägt jedoch einen spezifischen Charakter. Wir sagen, es ist eine Ausbeutung mit Handelscharakter. Indem beides miteinander vermischt wird, wird die Klassenausbeutung verschleiert. Auch darüber muß man sich innerhalb des Rahmens des bürgerlichen Rechts im klaren sein.

Schließlich spricht Marx über die Instandhaltung der Maschinen und vermerkt, daß die Arbeiter diese in Wirklichkeit unentgeltlich in ihrer Ruhezeit ausführen. „Diese Arbeit zählt nicht im Preis des Produkts. Der Konsument erhält sie sofern gratis." Aber nicht nur der Konsument erhält diese Arbeit gratis: „Andrerseits hat der Kapitalist so die Erhaltungskosten seiner Maschine umsonst. Der Arbeiter zahlt in eigner Person, und dies bildet eins der Selbsterhaltungsmysterien des Kapitals, die der Tat nach einen juristischen Anspruch des Arbeiters auf die Maschinerie bilden und ihn selbst vom bürgerlichen Rechtsstandpunkt aus zu ihrem Miteigentümer machen."[33] Also selbst vom bürgerlichen Rechtsstandpunkt! Die Durchführung der Instandhaltung ist eine Art Eigentumsrechtsverhältnis bzw. zumindest ein Teil davon. Deshalb ist auch der Arbeiter Beteiligter in diesem Eigentumsrechtsverhältnis. Auch dies ist ein Aspekt, eine Seite des Eigentums und damit gleichzeitig auch der Beziehungen zwischen Kapitalisten und Arbeitern. Das ist natürlich nur ein Teil des großen Ganzen, er bezieht sich nur auf die rechtlichen Beziehungen einer Seite des ganzen Produktionsprozesses. Es lohnt sich jedoch, auch darauf zu achten.

IV

Es ist verständlich, daß im gesamten „Kapital" weniger unmittelbar rechtliche Untersuchungen enthalten sind, obwohl der ganze Produktionsprozeß eigentlich in rechtliche Formen gezwängt abläuft. Es ist auch verständlich, daß die im „Kapital" gemachten Bemerkungen zum Recht in erster Linie das bürgerliche Zivilrecht betreffen. Wir sind weit davon entfernt, die rechtlichen Bezüge des zweiten und dritten Bandes

des „Kapitals“ auch nur annähernd vollständig behandeln zu wollen. Während der zweite Band relativ wenige Hinweise über das Recht enthält, ist der dritte Band in dieser Hinsicht reichhaltiger. Von ihm soll nunmehr die Rede sein. Auch dabei ist es unumgänglich, daß die das Recht betreffenden Bemerkungen ein wenig aus dem Zusammenhang gerissen werden.

In dem Abschnitt über den Zins, den Unternehmergewinn und das zinstragende Kapital weist Marx nach, daß sich der ganze ökonomische Prozeß eigentlich in Gestalt von Rechtsgeschäften abwickelt. Das Geben des Darlehns ist die erste juristische Transaktion. „Die Rückzahlung, die das zurückgefloßne Kapital wieder aus der Hand des Anleihers in die des Verleihers überträgt, ist eine zweite juristische Transaktion, die Ergänzung der ersten.“[34] Es ist jedoch ein bloßer Schein, zu glauben, es handle sich hier um die Aufeinanderfolge von Rechtsgeschäften. Es ist das lediglich die rechtliche Form der Bewegung des Kapitals. Es geht also dem Wesen nach um ökonomische Prozesse. Die Tatsache, daß für eine bestimmte Zeit Geld geliehen wird und nach einer festgelegten Zeit zusammen mit Zinsen zurückgezahlt wird, erscheint „als Folge einer speziellen juristischen Abmachung zwischen Käufer und Verkäufer“. Es ist ein trügerischer Schein, in dem die ganze Bewegung des Kapitals verschwindet. Es erscheint so, „als ob die Form des Geldes dem ausgeliehenen Kapital nie verlorengegangen wäre. Allerdings sind tatsächlich diese Transaktionen durch die wirklichen Rückflüsse bestimmt. Aber dies erscheint nicht in der Transaktion selbst ... beim zinstragenden Kapital ist Rückkehr wie Weggabe bloß Resultat einer juristischen Transaktion zwischen dem Eigentümer des Kapitals und einer zweiten Person. Wir sehn nur Weggabe und Rückzahlung. Alles, was dazwischen vorgeht, ist ausgelöscht.“[35] Als Gegenstand der Leihe betrachtet man in diesem Falle nicht das Kapital, sondern das Geld. Man faßt das Rechtsgeschäft als Geldleihe auf, das jedoch in Wirklichkeit kein Leihen von Geld, sondern eine Bewegung von Kapital ist.

Ohne dies dem bürgerlichen Recht anzulasten, erscheint es so, als wenn dieses das Wesen der Bewegungsprozesse des Kapitals nicht sehen würde, sondern lediglich das zinstragende Leihgeschäft. Dies ist nämlich noch eine rechtliche Angelegenheit. Es bestimmt jedoch nicht das gesellschaftliche Wesen bestehender gesellschaftlicher Beziehungen, sondern zeigt nur deren gesellschaftliche Form. Es ist eine grundlegende Aufgabe der sozialistischen Rechtswissenschaft, das sich hinter dieser Form verbergende, wirklich wesentliche gesellschaftliche Verhältnis aufzudecken. Dadurch bleibt die Rechtswissenschaft keine gesellschaftliche Formwissenschaft, sie bleibt nicht bei der Form stehen, sondern wird im wahrsten Sinne des Wortes zu einer Gesellschaftswissenschaft, ohne damit ihren spezifischen Inhalt aufzugeben. Das von Marx beim bürgerlichen Zivilrecht und bei der Leihe Aufgezeigte muß dazu führen, diese tieferen Zusammenhänge prinzipiell und allgemein als Aufgabe einer Rechtstheorie zu sehen, die wirklich zur gesellschaftlichen Rechtstheorie werden muß.[36]

Der zweite von uns ausgewählte Problemkreis, der im dritten Band des „Kapitals“ von rechtlicher Bedeutung ist, hängt mit den Feststellungen von Marx über das Bodeneigentum zusammen. Im Abschnitt über die Grundrente bezeichnet Marx das Bodeneigentum als rechtliche Fiktion, als deren Folge gewisse Personen „über bestimmte Portionen des Erdkörpers als ausschließliche Sphären ihres Privatwillens ... verfügen“.[37] Sowohl hier als auch an anderer Stelle legt Marx die Betonung auf das sich hinter der rechtlichen Form verbergende Wesen, genauer gesagt, er betrachtet in diesem Falle die rechtliche Form als etwas, das eine bestimmte gesellschaftliche Fiktion verdeckt.

Das Bodeneigentum hat keinen realen rechtlichen Inhalt, es beruht lediglich auf einer Fiktion, da man einen Teil des Bodens nicht herausreißen kann. In diesem Zusammenhang bezeichnet Marx den Standpunkt von Hegel über das Privateigentum an Grund und Boden als eigenartig. Auch dort ist von einer Fiktion die Rede, aber von einer sehr verzerrten Fiktion. Bei Hegel heißt es: „Der Mensch als Person muß seinem Willen Wirklichkeit geben als der Seele der äußern Natur, daher diese Natur als sein Privateigentum in Besitz nehmen.“[38] Aber warum? Was ist diese „Seele“ der äußeren Natur?

Marx verweist nicht ohne Grund darauf, daß dann, wenn die Person durch das Privateigentum an Grund und Boden bestimmt wird, „jeder Mensch Grundeigentümer sein muß, um sich als Person zu verwirklichen“.[39] Hegel irrte übrigens auch darin, daß er das Privateigentum an Boden nicht als gesellschaftliches Verhältnis betrachtete, sondern als Verhältnis des Menschen zur Natur,[40] d. h. als Verhältnis des Menschen zur Sache, zum Objekt des Eigentums. Das ist übrigens später auch eine bekannte Unterthese des kapitalistischen Zivilrechts. Schließlich kritisiert Marx Hegel auch deshalb, weil er es letzten Endes der Eigenmächtigkeit des positiven Rechts überläßt zu bestimmen, was sich noch außer dem Boden im Eigentum finden kann. Es ist anzunehmen und sogar wahrscheinlich, daß Hegel hier, wie übrigens auch an anderen Stellen, durch die Erinnerung an den Feudalismus über die „menschenschaffende“ Kraft des Bodeneigentums, d. h. dadurch beeinflußt wurde, daß nur der Grundeigentümer als der wahre Mensch galt. Im Kapitalismus verhält sich jedoch die Sache anders. Der Irrtum, daß das Bodeneigentum „persönlichkeitsschaffend“ sei, ist nunmehr offensichtlich, da das Privateigentum an Boden zum Kapital geworden ist.

Marx berührt im dritten Band des „Kapitals“ auch die Frage, wie die Produktionsweise die anderen, nicht unmittelbar ökonomischen, sondern nur damit zusammenhängenden Verhältnisse bestimmt. Er schreibt: „Die spezifische ökonomische Form, in der unbezahlte Mehrarbeit aus den unmittelbaren Produzenten ausgepumpt wird, bestimmt das Herrschafts- und Knechtschaftsverhältnis, wie es unmittelbar aus der Produktion selbst hervorwächst und seinerseits bestimmend auf sie zurückwirkt.“[41] Und er setzt fort: „Hierauf aber gründet sich die ganze Gestaltung des ökonomischen, aus den Produktionsverhältnissen selbst hervorwachsenden Gemeinwesens und damit zugleich seine spezifische politische Gestalt. Es ist jedesmal das unmittelbare Verhältnis der Eigentümer der Produktionsbedingungen (d. h. Produktionsmittel — I. Sz.) zu den unmittelbaren Produzenten, ... worin wir das innerste Geheimnis, die verborgne Grundlage der ganzen gesellschaftlichen Konstruktion und daher auch der politischen Form des Souveränitäts- und Abhängigkeitsverhältnisses, kurz, der jedesmaligen spezifischen Staatsform finden.“[42]

Damit kommen wir zu der in unseren Tagen erneut aufgeworfenen Frage, ob man auch das Recht wie andere Überbauerscheinungen „als eine verhältnismäßig selbständige Form“ bezeichnen kann. Das ist die Frage, ob der Staat und das Recht eine relativ selbständige, d. h. eine von der Wirtschaft relativ unabhängige Existenz haben. Die bisher erläuterte Antwort von Marx ist eindeutig. Die ökonomische Form ist unbedingt bestimmend für die ganze Staatsform und für das Recht als Form. Aber die Sache ist nicht so einfach, weil die ökonomische Form im Endergebnis auch das den Staat charakterisierende Herrschafts- und Knechtschaftsverhältnis bestimmt, das jedoch „auf eine bestimmte Weise darauf zurückwirkt“. Die ökonomische Form bildet immer das „innerste Geheimnis, die verborgene Grundlage“ der Staatsform und der Rechtsform.

Das bedeutet, daß es in bezug auf das Grundverhältnis keine relative Selbständigkeit gibt. Das „Wirken auf eine bestimmte Weise" und die Rückwirkung der Form verweisen auf die Dialektik des die Grundlage der marxistischen Lehre bildenden Wechselverhältnisses, in dem schließlich immer das Ökonomische das Bestimmende ist.

Marx setzt seine Beweisführung in dieser Hinsicht auch im „Kapital" fort. Das muß hier zitiert werden. Nachdem Marx das unbedingt bestimmende Verhältnis kategorisch fixiert hat, führt er aus: „Dies hindert nicht, daß dieselbe ökonomische Basis — dieselbe den Hauptbedingungen nach — durch zahllos verschiedne empirische Umstände, Naturbedingungen, Racenverhältnisse, von außen wirkende geschichtliche Einflüsse usw., unendliche Variationen und Abstufungen in der Erscheinung zeigen kann, die nur durch Analyse dieser empirisch gegebnen Umstände zu begreifen sind."[43] So wie Hegel im Verhältnis zum prinzipiellen Wesen des Rechts verschiedene konkrete Lösungen des positiven Rechts zuläßt, in die die Theorie nicht „hineinredet", so führt Marx ebenfalls an dieser Stelle die die grundlegenden Zusammenhänge zu konkreten Erscheinungsformen gestaltenden „Erfahrungsumstände" ein, ohne die die politische Form und die konkrete Staatsform bzw. die Rechtsform nicht begriffen werden kann.

Es kann jene Erscheinung sein, die man als „relative Selbständigkeit" bezeichnet. Es handelt sich hier um solche Faktoren, Umstände und empirische Bedingungen, die nicht das Wesen, sondern die Erscheinungsform auf eine sekundäre Weise beeinflussen. Das „relativ selbständig" zu untersuchende und untersuchbare Gebiet des Staates und des Rechts ist dieses sekundäre Gebiet, während die Analyse des grundlegenden Zusammenhangs die Grundthese des historischen Materialismus in die Staats- und Rechtstheorie überträgt. Die „empirischen Umstände, Naturbedingungen, Racenverhältnisse, von außen wirkenden geschichtlichen Einflüsse usw." — sie oder ihnen ähnliche weitere Umstände geben in der Staats- und Rechtsentwicklung jenen zusätzlichen Gegenstand, den man niemals mit dem grundlegenden Zusammenhang verwechseln oder damit vertauschen darf — auch nicht unter dem Begriff der „relativen Selbständigkeit" subsumieren —, aber es darf dieser zusätzliche Gegenstand auch nicht unbeachtet bleiben.

Marx spricht im dritten Band des „Kapitals" auch verallgemeinernd über das Entstehen und die Bedeutung der gesetzlichen Regelung und bringt sie mit der Tradition bzw. der Gewohnheit in Verbindung. Er schreibt, „daß in den naturwüchsigen und unentwickelten Zuständen ... die Tradition eine übermächtige Rolle spielen muß".[44] Marx gibt in diesem Zusammenhang über einen Prozeß Auskunft, der scheinbar der gewohnten Auffassung der Rechtshistoriker widerspricht. Nach dieser Auffassung kreiert das Gesetz immer irgendetwas Neues, es fixiert einen Schritt auf dem Wege der gesellschaftlichen Vorwärtsentwicklung. Marx sagt jedoch „daß es hier wie immer im Interesse des herrschenden Teils der Gesellschaft ist, das Bestehende als Gesetz zu heiligen, und seine durch Gebrauch und Tradition gegebnen Schranken als gesetzliche zu fixieren".[45] Nach diesen Worten von Marx fixiert und bekräftigt das Gesetz eine bereits herausgebildete Situation. Man muß hier jedoch zugleich betonen, daß Marx dabei die „naturgegebene und unentwickelte" Gesellschaft vor Augen hatte, in der sich bestimmte Beziehungen der Produktion als Gewohnheit entwickelten und als Tradition vererbt hatten und nicht durch einen staatlichen Akt geschaffen wurden. Eine derartige gesellschaftliche Fixierung der Verhältnisse ist dann die Grundlage, um diese Verhältnisse in Gesetze zu fassen.

In diesem „naturgegebenen und unentwickelten" Geschichtsabschnitt der Gesellschaft ist das Gesetz also eine konzipierte, staatlich bekräftigte Gewohnheit und vererbte Tradition. Es ist jedoch nicht sicher, daß dies in jedem Abschnitt der Entwicklung der menschlichen Gesellschaft so ist. Das gilt insbesondere für entwickeltere Abschnitte, wenn sich der ganze Charakter der Gesetze und der Gesetzgebung verändert. „Sie ist eben die Form ihrer gesellschaftlichen Befestigung und daher ihrer relativen Emanzipation von bloßer Willkür und bloßem Zufall." Hier handelt es sich bereits um den Übergang der Gesellschaft in einen neuen, einen organisierten Abschnitt, einen Abschnitt der Befreiung vom „bloßen Zufall".

Setzen wir das Zitat von Marx fort: „Hat diese eine Zeitlang gedauert, so befestigt sie sich als Brauch und Tradition und wird endlich geheiligt als ausdrückliches Gesetz."[46] Marx beschreibt dies in Verbindung mit der Fronarbeit: „Diese zwei Tage wöchentlicher Fronarbeit stehn damit fest, sind eine konstante Größe." Marx spricht damit über bestimmte Möglichkeiten und einen bestimmten Ablauf der weiteren ökonomischen Entwicklung. Er spricht auch darüber, wie sich das Gewohnheitsrecht in sein Gegenteil wendet, wie aus dem Entwicklungsergebnis der Ausgangspunkt eines erstarrten Gesetzes wird. Es ist eine Tatsache, daß man auch im Falle der Herausbildung moderner Gesetze den Brauch und die Tradition nicht vollständig ausschließen kann. Das ist höchstens eine nicht notwendige Entwicklungsetappe der Gesetzgebung. Neuere Gesetze haben bereits einen anderen Charakter, und ihre Interpretation ist eine andere. Das französische bürgerliche Gesetzbuch, der Code Napoléon, war z. B. ein Gesetzbuch, das den neuen Verhältnissen den Weg bereitete und das später zur Gewohnheit und zur Tradition werden mußte. Aber es gibt auch ein anderes, entgegengesetztes modernes Beispiel: das deutsche Bürgerliche Gesetzbuch, das im Jahre 1896 den Brauch und die Tradition nunmehr in eine gesetzliche Form brachte. Bei jedem modernen Gesetz muß deshalb nicht nur untersucht werden, wie es die betreffenden gesellschaftlichen Verhältnisse widerspiegelt, sondern auch, inwieweit bei seiner Entstehung die von Marx erwähnte Gewohnheit und Tradition eine Rolle spielte und inwieweit es der Herausbildung neuer Verhältnisse dient.

Es sei noch eine Feststellung aus dem dritten Band des „Kapitals" zitiert. Es handelt sich hier um keine unmittelbar rechtliche Frage. Aber sie leitet zu jenem Problemkreis hinüber, von dem später noch die Rede sein wird und den wir in Verbindung mit der Marxschen „Kritik des Gothaer Programms" weiter analysieren: das Problem der Gleichheit. Marx schreibt im „Kapital", daß „nach Aufhebung der kapitalistischen Produktionsweise, aber mit Beibehaltung gesellschaftlicher Produktion, die Wertbestimmung vorherrschend in dem Sinn (bleibt), daß die Regelung der Arbeitszeit und die Verteilung der gesellschaftlichen Arbeit unter die verschiednen Produktionsgruppen, endlich die Buchführung hierüber, wesentlicher denn je wird".[47] Dieser Gedanke, daß der Wert als Prinzip und Maß der Verteilung nach der Aufhebung der kapitalistischen Produktionsweise noch eine Zeitlang bleibt, verweist bereits auf das Verteilungsprinzip der sozialistischen Gesellschaft. Marx zeigt damit vorausschauend an, daß das neue sozialistische Recht dieses Verteilungsprinzip zur Geltung bringen muß und es zu schützen hat.

Neunter Vortrag: „Der Bürgerkrieg in Frankreich“

I

Lenin hat in „Staat und Revolution“ unter dem Gesichtspunkt der marxistischen Staatstheorie dieses Werk von Marx eingehend analysiert, einschließlich jener Bemerkungen, die Engels später dazu machte. Es wäre überflüssig, unter dem gleichen Gesichtspunkt das Werk von Marx erneut zu interpretieren. Unsere Betrachtungsweise ist auch hier eine rechtswissenschaftliche. Diese hängt zwar eng mit der staatswissenschaftlichen Betrachtung zusammen, ist aber doch davon zu unterscheiden, wenn auch innerhalb einer größeren Einheit. Wir behandeln dieses Werk vom Gesichtspunkt eines Rechtszweiges, des Staatsrechtes aus.

Mehring schreibt in seiner berühmten Marx-Biographie, daß in der Pariser Kommune bestimmte, „im einzelnen“ betrachtete Maßnahmen, so „geistreich“ sie auch waren, „doch in einem gewissen Widerspruch mit den Ansichten (standen), die Marx und Engels seit einem Vierteljahrhundert vertreten und schon im ‚Kommunistischen Manifest‘ verkündet hatten“.[1]

Während entsprechend dem „Manifest“ „die Arbeiterklasse zuerst die organisierte politische Gewalt des Staates in Besitz nehmen“ mußte, hat die Kommune statt dessen „damit begonnen, den Schmarotzerstaat mit Stumpf und Stiel auszurotten“.[2]

Das ist eigentlich eine in den Bereich der marxistischen Staatstheorie gehörende Frage, auf die wir jedoch etwas detaillierter staatsrechtlich eingehen müssen. Es ist nämlich ein wichtiges Problem, wie sich de facto der Übergang vom kapitalistischen Staat zum sozialistischen Staat vollzieht. Lenin schreibt in „Staat und Revolution“: „Marx unternahm es aber nicht, die politischen *Formen* dieser Zukunft zu *entdecken.* Er beschränkte sich auf eine genaue Beobachtung der französischen Geschichte, analysierte sie ...“[3] Auch Mehring verweist darauf, daß die Ereignisse und Lehren der Pariser Kommune Marx und Engels tief beeinflußt haben.

In ihrem letzten gemeinsamen Vorwort, das sie im Jahre 1872 zum „Kommunistischen Manifest“ schrieben, gingen sie auf die Frage des revolutionären Übergangs vom Kapitalismus zum Sozialismus ein, wobei sie feststellten, daß einzelne Teile des „Kommunistischen Manifestes“ hier und dort verbesserungswürdig seien und „... deshalb durchaus kein besonderes Gewicht auf die am Ende von Abschnitt II vorgeschlagenen revolutionären Maßregeln gelegt (wird). Dieser Passus würde heute in vieler Beziehung anders lauten. Gegenüber ... den praktischen Erfahrungen ... der Pariser Kommune, wo das Proletariat zum erstenmal zwei Monate lang die politische Gewalt innehatte, ist heute dies Programm stellenweise veraltet". Namentlich die Kommune habe „den Beweis geliefert, daß (und hier zitieren sie eine These aus „Der Bürgerkrieg in Frankreich" — I. Sz.) ‚die Arbeiterklasse nicht die fertige Staatsmaschine einfach in Besitz nehmen und sie für ihre eignen Zwecke in Bewegung setzen kann'." Im „Manifest" von 1848 wurde allein von der Notwendigkeit gesprochen, daß sich das Proletariat zur herrschenden Klasse organisiert.[4]

Diese These des „Manifestes" und die von Marx aus der Pariser Kommune gezogene Lehre stehen jedoch nicht in einem Gegensatz zueinander. Es irren sich alle diejenigen, die Marx hier gleichsam auf frischer Tat bei einer Inkonsequenz ertappen wollen. Es ist offensichtlich, daß Marx diese Frage des revolutionären Übergangs zum sozialistischen Staat erst endgültig in seiner Arbeit „Der Bürgerkrieg in Frankreich" behandelte, im Gegensatz zu vielgestaltigen Interpretationen über die Kommune von 1871. Über die Pariser Kommune schreibt er: „Ihr wahres Geheimnis war dies: Sie war wesentlich eine *Regierung der Arbeiterklasse*, das Resultat des Kampfs der hervorbringenden gegen die aneignende Klasse, die endlich entdeckte politische Form, unter der die ökonomische Befreiung der Arbeit sich vollziehen konnte."[5] Das war zugleich der Gedanke, den Lenin später bei der Ausarbeitung seiner Sowjettheorie berücksichtigte.

Es ist bekannt, und wir haben es bereits hervorgehoben, daß Marx stets das Verhältnis von gesetzgebender und vollziehender Gewalt als grundlegende und zentrale Frage der staatlichen Macht betrachtete. Er kehrte zu ihr immer wieder zurück. Mit dieser Frage hatte er sich bereits im „Achtzehnten Brumaire des Louis Bonaparte" befaßt. Diese Schrift war von Engels mit dem „Bürgerkrieg in Frankreich" verglichen worden: „Dies eminente Verständnis der lebendigen Tagesgeschichte, dies klare Durchschauen der Begebenheiten, im Moment, wo sie sich ereignen, ist in der Tat beispiellos."[6]

Marx analysiert die „parlamentarische Republik" der Bourgeoisie, die ein Mittel des „unverhohlnen Klassenterrorismus" ist. Das Verhältnis zwischen gesetzgebender und vollziehender Gewalt wird folgendermaßen dargestellt: Der „permanente Kreuzug" des Kapitals „gegen die produzierenden Massen" hat die vereinigte herrschende Klasse nicht nur dazu gezwungen, „die vollziehende Gewalt mit stets wachsender Unterdrückungsmacht auszustatten; er zwang sie auch, ihre eigne parlamentarische Zwingburg — die Nationalversammlung — nach und nach aller Verteidigungsmittel gegen die vollziehende Gewalt zu entblößen".[7] Die vollziehende Gewalt, die sich der gesetzgebenden Gewalt und damit deren Organ, dem Parlament, hätte unterordnen müssen, gewann die Oberhand und wurde zur herrschenden. Die in Form des Kaisertums siegreiche vollziehende Macht versprach danach, „die besitzenden Klassen zu retten durch Aufrechterhaltung ihrer ökonomischen Hoheit über die Arbeiterklasse ... In Wirklichkeit war es die einzige mögliche Regierungsform zu einer Zeit, wo die Bourgeoisie die Fähigkeit, die Nation zu beherrschen, schon verloren und wo die Arbeiterklasse diese Fähigkeit noch nicht erworben hatte ... Die Staatsmacht, scheinbar hoch über der Gesellschaft schwebend, war dennoch selbst der skandalöseste Skandal dieser Gesellschaft und gleichzeitig die Brutstätte aller ihrer Fäulnis."[8] Diese Staatsmacht war die neue kaiserliche vollziehende Gewalt.

„Der gerade Gegensatz des Kaisertums war die Kommune." Die einstmals die Februarrevolution einleitende Losung nach einer „sozialen Republik", die die Arbeiterklasse zu der ihren gemacht hatte, „drückte nur das unbestimmte Verlangen aus nach einer Republik, die nicht nur die monarchische Form der Klassenherrschaft beseitigen sollte, sondern die Klassenherrschaft selbst. Die Kommune war die bestimmte Form dieser Republik.“[9] In dieser Weise begannen zu jener Zeit die Träume der Arbeiterklasse über eine ideale, klassenlose Gesellschaft Gestalt anzunehmen.

Was war das erste Ergebnis dieses Bürgerkrieges in Frankreich? In seinem Wesen, schreibt Marx, war eine *Regierung der Arbeiterklasse* das erste Produkt dieses Kampfes, den die Arbeiterklasse gegen die Kapitalistenklasse ausfocht. Die klassische These von Marx von der „endlich entdeckten politischen Form“ wird von ihm in ihre Details aufgelöst. „Die Kommune sollte nicht eine parlamentarische, sondern eine arbeitende Körperschaft sein, vollziehend und gesetzgebend zu gleicher Zeit.“[10] Es handelt sich hier um zwei grundlegende Komponenten einer jeden Staatsorganisation, und es bedeutete eine charakteristische Eigenart der Kommune, daß sie diese beiden Seiten in sich vereinigte. Marx dachte, daß die Kommune so jenen Widerspruch aufhebt, der im bürgerlichen Staat zwischen der vollziehenden und der gesetzgebenden Gewalt vorhanden ist und der in den Klassenkämpfen der Jahre 1848 bis 1851 so offenbar geworden war. In der „endlich entdeckten politischen Form“ wird die klassische Bourgeoisunterscheidung der verschiedenen staatlichen Gewalt aufgehoben, es verschwindet deren Gegensatz. Gerade das ist das neue, das wirkliche Wesen des proletarischen Staates. Es war gleichzeitig einer der Faktoren, aufgrund deren die Kommune eine erfolgreiche Arbeit verrichtete. Lenin setzte in seiner Analyse des Marxschen Werkes dem hinzu, daß Marx bei der Analyse der Kommune zwischen Parlamentarismus und System der Vertretungsorgane einen bestimmten Unterschied machte. „Einmal in mehreren Jahren zu entscheiden, welches Mitglied der herrschenden Klasse das Volk im Parlament niederhalten und zertreten soll — das ist das wirkliche Wesen des bürgerlichen Parlamentarismus.“[11]

Für den sozialistischen Staat ist es sehr wesentlich, daß zwischen Parlamentarismus und Volksvertretung ein deutlicher Unterschied gemacht wird. Über die Kommune, die für das Sowjetsystem als Vorbild diente, schrieb Lenin deshalb: „Den korrupten und verfaulten Parlamentarismus der bürgerlichen Gesellschaft ersetzt die Kommune durch Körperschaften, in denen die Freiheit des Urteils und der Beratung nicht in Betrug ausartet, denn die Parlamentarier müssen selbst arbeiten, selbst ihre Gesetze ausführen, selbst kontrollieren, was bei der Durchführung herauskommt, selbst unmittelbar vor ihren Wählern die Verantwortung tragen. Die Vertretungskörperschaften bleiben, aber den Parlamentarismus als besonderes System, als Trennung der gesetzgebenden von der vollziehenden Tätigkeit . . . gibt es hier *nicht*. Ohne Vertretungskörperschaften können wir uns eine Demokratie nicht denken, auch die proletarische Demokratie nicht . . .“[12] Zu all dem können wir nur die bereits klassisch gewordenen Worte von Marx hinzufügen, die er im ersten Entwurf des „Bürgerkriegs in Frankreich“ formuliert hatte: „Alle Revolutionen vervollkommneten auf diese Weise nur die Staatsmaschinerie, statt diesen ertötenden Alp abzuwerfen.“[13] Die Kommune war „eine Revolution, um diese abscheuliche Maschine der Klassenherrschaft selbst zu zerbrechen“.[14]

Die Kommune fand eines der wichtigsten Mittel, um die alte Staatsmaschinerie zu zertrümmern und eine neue zu schaffen. Es bestand in der einfachen Maßnahme, die sowohl die Polizei als auch die Beamten sämtlicher Zweige der öffentlichen Verwaltung umfaßte: „Von den Mitgliedern der Kommune an abwärts, mußte der öffentliche Dienst für *Arbeiterlohn* besorgt werden . . . Die öffentlichen Ämter hörten auf, das

Privateigentum der Handlanger der Zentralregierung zu sein."[15] „Beseitigung der Staatshierarchie überhaupt und Ersetzung der hochfahrenden Beherrscher des Volkes durch seine jederzeit absetzbaren Diener ... bezahlt wie gelernte Arbeiter."[16] Hinsichtlich der Staatsfunktionäre wurde also ein Prinzip geltend gemacht, das sie auf eine Ebene mit den Arbeitern stellte und sie aller ihrer Vermögensprivilegien entledigte, die ihnen eine gesonderte Stellung in der Bourgeoisgesellschaft sicherten. „Die Kommune machte das Stichwort aller Bourgeoisrevolutionen — wohlfeile Regierung — zur Wahrheit, indem sie die beiden größten Ausgabequellen, die Armee und das Beamtentum, aufhob."[17]

Lenin stimmte dieser Maßnahme sehr zu. „Man stürze die Kapitalisten, man breche mit der eisernen Faust der bewaffneten Arbeiter den Widerstand dieser Ausbeuter, man zerschlage die bürokratische Maschinerie des modernen Staates — und wir haben einen von dem ‚Schmarotzer' befreiten technisch hochentwickelten Mechanismus vor uns, den die vereinigten Arbeiter sehr wohl selbst in Gang bringen können, indem sie Techniker, Aufseher, Buchhalter anstellen und ihrer *aller* Arbeit, wie die Arbeit *aller* ‚Staats'beamten überhaupt, mit dem Arbeitslohn bezahlen."[18]

Heute kann man vielleicht die Frage aufwerfen — und sie berührt auch die Analyse der marxistischen Lehre über das Recht —, ob der Sozialismus, dort wo er zur Macht gelangt ist, also in der Sowjetunion und in den volksdemokratischen Ländern, wirklich die Vereinigung der vollziehenden mit der gesetzgebenden Gewalt und das Arbeitenlassen der Staatsangestellten für Arbeiterlohn gelöst hat. Das heißt, es ist zu fragen, ob jene beiden Forderungen, die Marx und Engels für den Arbeiterstaat am Beispiel der Kommune herausgearbeitet haben, verwirklicht worden sind. Es ist kaum zu bestreiten, daß beide Forderungen oder Maßnahmen Mittel der Zerschlagung der Staatsmaschinerie der Bourgeoisie sind. In Gestalt der Räte wurde die vollziehende und die gesetzgebende Gewalt vereinigt. Diese der Theorie Lenins entsprechende Lösung zerbrach den Gegensatz zwischen vollziehender und gesetzgebender Gewalt und legte beide in eine Hand, in die Hand eines Organs der Volksmacht. Das ist ein großes Ergebnis, das auf dem Beispiel der Kommune beruht. Es ist auch unzweifelhaft, daß die Aufhebung der Lohnprivilegien die privilegierte Stellung der Beamten zerbrach. Sie machte auch mit der Sonderstellung der Gerichte ein Ende. Die Erfahrung zeigt jedoch — und das ist kein Werturteil —, daß hinsichtlich der Qualität der Arbeit im Sozialismus Unterschiede auch innerhalb und in bezug auf den Arbeitslohn selbst eingetreten sind. Zudem ist zu berücksichtigen, daß eine alles umfassende Buchhaltung, Rechnungsführung und Kontrolle wesentlicher wurde als zu irgendeiner Zeit zuvor;[19] das heißt aber, daß die Rolle der Administration und der Registrierung beachtlich gewachsen ist. Bei verschiedenen Kategorien der öffentlichen Angestellten ist eine neuartige, jetzt bereits qualitative Unterscheidung zur Geltung gebracht worden. Es entscheidet nicht mehr das langsame Erklimmen der „Eselsleiter", es entscheiden nicht mehr die Anzahl der Jahre und die Dienstzeit über die Entlohnung, sondern die Bildung und die Qualität der Arbeit erfordert hinsichtlich des Lohnes Unterschiede. Der Arbeitslohn der öffentlichen Angestellten bricht mit den Privilegien des früheren bürgerlichen Staatsapparates, führt jedoch andererseits zu Unterschieden in der Entlohnung, ohne damit gesellschaftliche Privilegien der Staatsangestellten wieder einzuführen. Ähnlich verhält es sich auch hinsichtlich der Einheit von gesetzgebender und vollziehender Gewalt. Nach einer bestimmten Anfangsperiode gliedern sich auch innerhalb der Räte immer mehr Organe und Apparate auf. Es entwickelt sich ein stabiler Apparat als Organ der Räte, der nicht gewählt und nicht abberufbar ist.

Die Anfangsperiode, in der jene Einheit noch vorhanden war, hat sich weiterentwickelt, und der sozialistische Staat ist über diesen Anfangszustand hinausgelangt zu einer neuen in sich gegliederten Einheit von gesetzgebender und vollziehender Gewalt.

In ähnlicher Weise entwickelte sich auch die Beziehung zwischen Regierung und gesetzgebender Körperschaft. Es wurde immer mehr zur Aufgabe der letzteren, in erster Linie, wenn auch nicht ausschließlich, sich der Gesetzgebung zu widmen. Grundlegend neu ist, daß die Zusammenarbeit zwischen Gesetzgeber und regierender Gewalt grundsätzlich ohne Konflikte erfolgt.

Diese Übereinstimmung ist wirklich ein neues Element, eine für die Arbeitermacht charakteristische und grundlegende Eigenschaft. Was geblieben ist, das ist nicht der innere Hader der einzelnen Organisationsformen der Macht, der Gegensatz ihrer Elemente, sondern gerade ihre innere Einheit, und innerhalb dieser Einheit eine neuartige, harmonische Arbeitsteilung, die — im allgemeinen den Prinzipien der Kommune entsprechend — die neue, die sozialistische Staatsarbeit frei von antagonistischen Konflikten macht.

II

Wie stellte sich die Kommune bzw. wie stellte sich Marx in deren Verlauf die Gesamtheit des Staates, den Staat als Ganzes, den Apparat und die Vertretungsorgane, den nationalen Staat vor? Bereits im „Kapital" wandte sich Marx dagegen, „die Interessen der Kapitalistenklasse und die Bereicherung überhaupt für den letzten Staatszweck" zu erklären. Im bürgerlichen Staat ist die Entwicklung der Interessen des Kapitals und der Kapitalistenklasse, der kapitalistischen Produktion, „die Basis der nationalen Macht und des nationalen Übergewichts in der modernen Gesellschaft geworden".[20] Aber wie mußte das in der Kommune aussehen? Wie stellt sich dieses Problem im sozialistischen Staat, wo eine neue Art nationaler Einheit entsteht, deren zentrale Idee und deren Ziel bereits nicht mehr die kapitalistische Produktion sind? Wenden wir uns wieder dem „Bürgerkrieg" von Marx zu.

„Es ist das gewöhnliche Schicksal neuer geschichtlicher Schöpfungen, für das Seitenstück älterer und selbst verlebter Formen des gesellschaftlichen Lebens versehn zu werden, denen sie einigermaßen ähnlich sehn. So ist diese neue Kommune, die die moderne Staatsmacht bricht, angesehn worden für eine Wiederbelebung der mittelalterlichen Kommunen, welche jener Staatsmacht erst vorausgingen und dann ihre Grundlage bildeten. — Die Kommunalverfassung ist versehn worden für einen Versuch, einen Bund kleiner Staaten . . . an die Stelle jener Einheit großer Völker zu setzen, die . . . jetzt ein mächtiger Faktor der gesellschaftlichen Produktion geworden ist. — Der Gegensatz der Kommune gegen die Staatsmacht ist versehn worden für eine übertriebne Form des alten Kampfes gegen Überzentralisation."[21]

Marx stellte sich in seinem „Bürgerkrieg in Frankreich" einer Auffassung von der Kommune entgegen, wonach diese gegen eine zentrale Staatsmacht gewesen sei und den Staat in kommunale Atome aufgeteilt hätte. In einer sich auf die nationale Organisation des Staates beziehenden kurzen Skizze, zu deren Ausführung, wie Marx schreibt, die Kommune bereits keine Zeit mehr hatte, steht, daß „die Kommune die politische Form selbst des kleinsten Dorfs sein" sollte. Die Kommune sollte die

Form der örtlichen Staatsorganisation sein, aber der Staat insgesamt sollte keinesfalls aus voneinander isolierten Kommunen bestehen. Über „den kleinsten Dörfern“ wäre die nächste Stufe oder Ebene der Bezirk geworden: „Die Landgemeinden eines jeden Bezirks sollten ihre gemeinsamen Angelegenheiten durch eine Versammlung von Abgeordneten in der Bezirkshauptstadt verwalten.“ Aber damit endete nicht der Stufenbau des Staates: Diese Bezirksversammlungen sollten dann wieder „Abgeordnete zur Nationaldelegation in Paris schicken“.[22] Die Garantie dafür, daß diese Delegierten wirklich ihre Auftraggeber vertreten werden, sollte ihre Abberufbarkeit und die Verpflichtung sein, die Aufträge ihrer Wähler zu erfüllen. Mutatis mutandis erfolgte der Aufbau des Sowjetsystems, die stufenweise Organisation des ganzen nationalen Staatssystems in Sowjetrußland, durchgehend aufgrund der Kommune.

Was die Regierung, d. h. die zentrale vollziehende Gewalt betrifft, so schreibt Marx über sie: „Die wenigen, aber wichtigen Funktionen, welche dann noch für eine Zentralregierung übrigblieben, sollten nicht, wie dies absichtlich gefälscht worden, abgeschafft, sondern an kommunale, d. h. streng verantwortliche Beamte übertragen werden.“ Und in diesem Zusammenhang gibt es eine wesentliche These über die Nation und den nationalen Staat bei Marx: „Die Einheit der Nation sollte nicht gebrochen, sondern im Gegenteil organisiert werden durch die Kommunalverfassung; sie sollte eine Wirklichkeit werden durch die Vernichtung jener Staatsmacht“, welche am Körper der Nation „doch nur ein Schmarotzerauswuchs war“. Und schließlich faßt Marx zusammen: „Während es galt, die bloß unterdrückenden Organe der alten Regierungsmacht abzuschneiden, sollten ihre berechtigten Funktionen einer Gewalt, die über der Gesellschaft zu stehn beanspruchte, entrissen und den verantwortlichen Dienern der Gesellschaft zurückgegeben werden. Statt einmal in drei oder sechs Jahren zu entscheiden, welches Mitglied der herrschenden Klasse das Volk im Parlament ver- und zertreten soll, sollte das allgemeine Stimmrecht dem in Kommunen konstituierten Volk dienen.“[23]

Es entspricht also nicht der Wirklichkeit, wenn der „Gegensatz der Kommune gegen die Staatsmacht ... für eine übertriebne Form des alten Kampfes gegen Überzentralisation“ betrachtet wird.[24] Es bestand auch in dieser Frage höchstens ein Gegensatz der Kommune gegenüber der alten Staatsmacht. Es ist gänzlich fehlerhaft, die Probleme der Kommune aufgrund alter Fragestellungen und innerhalb des alten Rahmens der bürgerlichen Staatlichkeit zu untersuchen. Die Kommune war von Grund auf etwas Neuartiges. „Die Kommunalverfassung würde im Gegenteil dem gesellschaftlichen Körper alle die Kräfte zurückgegeben haben, die bisher der Schmarotzerauswuchs ‚Staat‘, der von der Gesellschaft sich nährt und ihre freie Bewegung hemmt, aufgezehrt hat. Durch diese Tat allein würde sie die Wiedergeburt Frankreichs in Gang gesetzt haben.“[25] Die neue Staatsorganisation der Kommune wäre an sich genügend stark gewesen, den alten Staat zu besiegen. Es ist nicht die Schuld des Staatssystems der Kommune, daß dies nicht geschah. Was schließlich die Anklage gegen den Zentralismus betrifft, so hat sich hier Marx deutlich erklärt: „In Wirklichkeit aber hätte die Kommunalverfassung die ländlichen Produzenten unter die geistige Führung der Bezirkshauptstädte gebracht ... Das bloße Bestehen der Kommune führte, als etwas Selbstverständliches, die lokale Selbstregierung mit sich, aber nun nicht mehr als Gegengewicht gegen die, jetzt überflüssig gemachte, Staatsmacht.“[26] Die Kommune hob den Gegensatz von örtlicher und zentraler Macht auf. Sie beseitigte deshalb weder die zentrale noch die örtliche Staatsmacht.

Natürlich ist es völlig richtig, wenn Marx sich gegen falsche historische Analogien gerade in Verbindung mit der Kommune wandte. Dies vorausgesetzt, ist es aufschlußreich, die Erfahrungen der Kommune mit den durch die Sowjets im Jahre 1905 gesammelten russischen Erfahrungen zu vergleichen. Das tat Lenin in „Staat und Revolution", wo er zwar weniger über die praktischen Erfahrungen sprach, als vielmehr die Texte von Marx interpretierte und auf die Sowjets bezogen anwandte. Verallgemeinert kann festgestellt werden, daß die Sowjets viel von der Kommune gelernt haben. Dennoch zeigen beide auch viele Unterschiede.

So fehlt einmal bei der Interpretation der Kommune durch Marx die eindeutige Unterscheidung zwischen vollziehender und Vertretungsgewalt. Hinsichtlich der Regierung sprach Marx nur über bestimmte „verbleibende" Funktionen, während nach den Erfahrungen der Sowjets bei aller Vorrangigkeit der Vertretungsorgane die Regierungsmacht als vollziehende Gewalt bleibt. Es ist sogar von noch mehr als dieser die Rede. Die Abhängigkeit dieser Regierungsgewalt von der Vertretungsgewalt besteht nicht nur in ihrer Ablösbarkeit, sondern auch darin, daß letztere der ersteren auch Weisungen erteilen kann. Aber zur Ablösbarkeit, zur Abberufbarkeit kommt von seiten der Sowjets als Vertretungsgewalt noch die Kontrolle als zusätzliche Funktion hinzu. Man kann deshalb sagen, daß die Arbeitsteilung zwischen vollziehender Gewalt und Vertretungsgewalt größer ist und die Verbindung mehr Kanäle hat.

Ein zweiter wesentlicher Unterschied besteht darin, daß der den Aufbau der Sowjets charakterisierende demokratische Zentralismus zwischen den verschiedenen Ebenen der Sowjets eine andere Verbindung schafft, als sie Marx zwischen den verschiedenen Ebenen der Kommune voraussetzte. Es ist richtig, daß Marx an einer Stelle auch über die „geistige Führung" der Bezirkshauptstädte spricht. Demnach wären die örtlichen Kommunen sozusagen unabhängig voneinander, weil die über ihnen stehenden Kommunen nur eine „geistige" Führung ausüben. Zwischen den Sowjets der verschiedenen Ebenen gibt es jedoch eine Art von hierarchischem Abhängigkeitsverhältnis, das man mittels des demokratischen Zentralismus mit der relativen Unabhängigkeit voneinander in Übereinstimmung bringt.

Schließlich soll noch darauf verwiesen werden, daß im Sowjetsystem bei aller Bewahrung der Einheit der einzelnen Gewalten, die die Macht in den Sowjets verkörpert, die Praxis zu einer Arbeitsteilung geführt hat, die durch die bürgerliche Kritik mit einer Teilung der Gewalten identifiziert wird, obwohl es sich keineswegs darum handelt, sondern eben um eine Arbeitsteilung. Sie ähnelt nur scheinbar der Teilung der Gewalten, da es eine Teilung innerhalb der einheitlichen Macht und auf der Grundlage der Einheit der Macht ist.

Das Werk von Marx „Der Bürgerkrieg in Frankreich", das von der Kommune handelt und mit Recht als genial zu bezeichnen ist, gibt nicht nur eine Beschreibung dieses ersten Versuches, die Staatsmaschinerie der Bourgeoisie zu zertrümmern. Mit seinen an die Ereignisse geknüpften theoretischen Darlegungen gab es auch gleichzeitig einen Wegweiser für den Übergang von der Macht der Bourgeoisie zur Macht „des als herrschende Klasse organisierten Proletariats". Die Aussagen dieses Werkes gehören zu Recht zur Vorgeschichte der Leninschen Sowjettheorie. Sie sind als deren Grundlage und Lenins Darlegungen als ihre Weiterentwicklung zu betrachten.

Zehnter Vortrag: **Die „Kritik des Gothaer Programms"**

Diese dem Umfang nach kleine, aber inhaltlich außerordentlich reichhaltige Arbeit von Marx ist auch im Hinblick auf das Recht eine der bedeutendsten. Marx schrieb sie als Randglossen im Mai 1875 zu einem Programm, das für den Vereinigungsparteitag der Eisenacher und Lassalleaner ausgearbeitet war. Es ist in unseren Vorträgen das letzte Werk von Marx, das wir wegen seiner Bedeutung für die Jurisprudenz behandeln.

Als Marx den ursprünglichen Programmentwurf zu Gesicht bekam, erfaßte ihn Zorn, weil in ihm völlig abstrakten und bürgerlichen Charakter tragende Begriffe und Forderungen enthalten waren. Was bedeuten Begriffe wie „Normalarbeitstag", „ein wirksames Haftgesetz", „gleiches Recht", „gerechte Gesellschaft", „gerechte Verteilung" und „Aufhebung aller gesellschaftlichen und politischen Ungleichheit"? Das alles waren Losungen, mit denen Lassalle die proletarische Klassenkampfauffassung verwässerte und ihres Klassencharakters entkleidete.

Marx verwarf insbesondere jene Formulierungen des Programms, in denen von einem Recht an sich ausgegangen wird, das in der Lage sein soll, eine Rechtsgleichheit zu schaffen. So soll nach Ziffer 1 des Programmentwurfs „der Ertrag der Arbeit unverkürzt, nach gleichem Rechte, allen Gesellschaftsmitgliedern" gehören. Marx wendet sich gegen die Auffassung, man könne den Arbeitsertrag (diesen Begriff an sich schon beanstandend) „gerecht" aufteilen. Diese absoluten Maßstäbe und Urteile kritisierte Marx und zerpflückte vor allem das „gleiche Recht". Dabei beschränkte er sich nicht darauf, lediglich die kapitalistische Vergangenheit zu analysieren, sondern er wandte sich, über das Parteiprogramm sprechend, der Zukunft zu, der zukünftigen Verteilung der Güter. Dieser auf die Zukunft der proletarischen Bewegung gerichtete Blick verleiht der beißenden Kritik eine besondere Bedeutung.

I

Betrachten wir vor allem das, was Marx mit dem Anspruch auf Allgemeingültigkeit ausführte, namentlich die These, daß das Recht — jedes Recht — an sich ein ungleiches Recht ist. Wörtlich: „*Es ist ... ein Recht der Ungleichheit, seinem Inhalt nach, wie alles Recht.*"[1] Warum ist diese These, die sich mit dem Recht und den im allgemeinen darüber verbreiteten Vorstellungen im Widerspruch zu befinden scheint, so kühn? Marx, der seiner These eine absolute soziologische Geltung zuspricht, erklärt sie im einzelnen. Es ist die Funktion des Rechts, aus einem bestimmten Gesichtswinkel und nach einem bestimmten Maßstab die Wirklichkeit gleich zu behandeln, zu messen und damit eine Art Schein der Gleichheit zur Verschleierung der wirklichen gesellschaftlichen Ungleichheit zu schaffen. „Der eine ist aber physisch oder geistig dem andern überlegen, liefert also in derselben Zeit mehr Arbeit oder kann während mehr Zeit arbeiten." Das ist eine Art von Ungleichheit. Wenn die Arbeit der Maßstab der Verteilung der Güter ist, muß sie „der Ausdehung oder der Intensität nach bestimmt werden, sonst hörte sie auf, Maßstab zu sein". Daraus ergibt sich: „Dies *gleiche* Recht ist ungleiches Recht für ungleiche Arbeit." Hier befaßt sich Marx mit der Natur der Arbeit und bringt sie in Verbindung zu dem formell gleichen Recht, wonach „... jeder nur Arbeiter ist wie der andre; aber es erkennt stillschweigend die ungleiche individuelle Begabung und daher Leistungsfähigkeit der Arbeiter als natürliche Privilegien an".[2]

In der Beweisführung von Marx heißt es dann: „Ein Arbeiter ist verheiratet, der andre nicht; einer hat mehr Kinder als der andre etc. etc."[3] Nicht nur die Art und Weise des Arbeitens unterscheidet die Arbeiter voneinander, sondern auch die Lebensbedingungen der Arbeiter. Das Recht ist jedoch seiner Natur nach „nur Anwendung von gleichem Maßstab". Es mißt daher die ungleichen Individuen mit einem gleichen Maßstab. Dazu muß man jedoch auch wissen, „die ungleichen Individuen (und sie wären nicht verschiedne Individuen, wenn sie nicht ungleiche wären) sind nur an gleichem Maßstab meßbar, soweit man sie unter einen gleichen Gesichtspunkt bringt, sie nur von einer *bestimmten* Seite faßt, z. B. im gegebnen Fall sie *nur als Arbeiter* betrachtet und ... von allem andern absieht".[4] Im Falle des Vorhandenseins von natürlichen, familiären und anderen Unterschieden erhält also „bei gleicher Arbeitsleistung und daher gleichem Anteil an dem gesellschaftlichen Konsumtionsfonds ... der eine faktisch mehr als der andre, ist der eine reicher als der andre etc." Aufgrund der ungleichen Talente und Fähigkeiten sowie der ungleichen Bedingungen, aber wegen der bei gleicher Aufteilung eintretenden Ungleichheit gelangt Marx zu der folgenden außerordentlich bedeutsamen und hinsichtlich des Verhältnisses von Recht und Gesellschaft grundlegenden Schlußfolgerung: „Um alle diese Mißstände zu vermeiden, müßte das Recht, statt gleich, vielmehr ungleich sein."[5] Das heißt, das gesellschaftlich gerechte, das gleiche Recht würde eigentlich ein sich an die Bedingungen und die Umstände anpassendes ungleiches Recht sein. Der Wunsch nach einer solchen Ungleichheit des Rechts ist natürlich nicht real. Er ist jedoch geeignet anzuzeigen, daß das hinsichtlich seines gesellschaftlichen Wesens und seiner Natur die Gleichheit postulierende Recht eine gesellschaftliche Ungleichheit schafft, und deshalb ist es ein Regulator der Gesellschaft und der Verteilung der Güter, der einer Korrektur bedarf. Die Gleichheit ist hinsichtlich ihres Wesens nicht im Recht, sondern vor allem in der Gesellschaft zu schaffen. Hier muß man die Gleichheit wirklich suchen, und man darf sich nicht mit der durch das Recht gegebenen äußeren Gleichheit zufriedengeben.

Beim Übergang zum Sozialismus „herrscht hier offenbar dasselbe Prinzip, das den Warenaustausch regelt, soweit er Austausch gleichwertiger ist. Inhalt und Form sind verändert, weil unter den veränderten Umständen niemand etwas geben kann außer seiner Arbeit und weil andrerseits nichts in das Eigentum der einzelnen übergehen kann außer individuellen Konsumtionsmitteln. Was aber die Verteilung der letzteren unter die einzelnen Produzenten betrifft, herrscht dasselbe Prinzip wie beim Austausch von Warenäquivalenten, es wird gleichviel Arbeit in einer Form gegen gleichviel Arbeit in einer anderen ausgetauscht." Das markiert die erste Phase des Übergangs zum Sozialismus. Im Hinblick auf dieses Recht macht Marx eine sehr wesentliche Feststellung: „Das *gleiche Recht* ist hier daher immer noch — dem Prinzip nach — das *bürgerliche Recht*, obgleich Prinzip und Praxis sich nicht mehr in den Haaren liegen, während der Austausch von Äquivalenten beim Warenaustausch nur *im Durchschnitt*, nicht für den einzelnen Fall existiert. Trotz dieses Fortschritts ist dieses *gleiche Recht* stets noch mit einer bürgerlichen Schranke behaftet."[6] Diese Aussage von Marx erweckt den Anschein, als ob das alte kapitalistische Recht auch unter den neuen sozialistischen Verhältnissen fortbestehen würde. Das ist jedoch eine fehlerhafte Schlußfolgerung. Nicht zuletzt deshalb, weil sich das dem bürgerlichen Recht ähnliche Recht bereits in der Hand einer neuen Macht befindet. Diese entscheidende Tatsache darf nicht unberücksichtigt bleiben. Auch ansonsten handelt es sich nur um eine Anfangssituation. Marx fährt fort: „Aber diese Mißstände sind unvermeidbar in der ersten Phase der kommunistischen Gesellschaft, wie sie eben aus der kapitalistischen Gesellschaft nach langen Geburtswehen hervorgegangen ist. Das Recht kann nie höher sein als die ökonomische Gestaltung und dadurch bedingte Kulturentwicklung der Gesellschaft."[7]

Diese These, wonach das Recht nie höher sein kann als das gegebene ökonomische System und die dadurch bestimmte Kulturstufe, ist eine grundlegende These zur Bestimmung des Rechts als Teil des Überbaus. Marx hat mit dieser These nicht nur festgestellt, daß das Recht Überbau gegenüber der Ökonomie als Basis ist, sondern daß es gleichzeitig ein Kulturprodukt ist, ein Bestandteil der Kultur der Gesellschaft. Es will so scheinen, als ob diese letzte These theoretisch bislang noch ungenügend verbreitet ist und ihr Gehalt noch nicht im einzelnen bestimmt ist. Hinzu kommt, daß auch der Begriff der „Kulturentwicklung der Gesellschaft" selbst noch dunkel und mehrdeutig ist. Hier warten Aufgaben sowohl auf die Rechtstheorie als auch auf die Kulturtheorie.

Einen größeren „Wirrwarr" verursachte jedoch eine andere These von Marx, nämlich jene, wonach das in der ersten Phase der kommunistischen Gesellschaft, also im Sozialismus existierende Recht, das die Verteilung auf der Grundlage „gleicher" Arbeit regelt, noch als „bürgerliches" Recht bezeichnet wird. Allerdings stellt Marx zugleich fest, daß es hinsichtlich seines Wesens bereits kein bürgerliches Recht mehr ist.

Nach der Oktoberrevolution entwickelte Paschukanis aus dieser These eine neue Rechtstheorie. Nach seiner Auffassung ist das Recht unmittelbar nach der Revolution hinsichtlich seines Wesens kein neues, kein sozialistisches, sondern noch kapitalistisches Recht, Überrestrecht, das bleiben wird und zusammen mit den eine Zeitlang weiterlebenden bürgerlichen Verhältnissen dann verschwindet. Er berief sich dabei vor allem auf das erwähnte Zitat von Marx. Wir vermerken an dieser Stelle lediglich, daß der grundlegende Fehler in der Konzeption von Paschukanis das Weglassen der staatlichen Komponente im Recht ist und das Weglassen und Übersehen der grundlegenden Veränderungen, auf die sich Marx in seinem Werk berufen hat. Wenn die Verteilung der Güter auf der Grundlage ebensolcher Prinzipien und auf der Grundlage ebensolcher Arbeit wie im Kapitalismus erfolgt, so zeigt die Verwirklichung des sozialistischen Verteilungsprinzips „Jeder nach seinen Fähigkeiten, jedem nach seiner Leistung" eine bestimmte Ähnlichkeit mit dem bürgerlichen Rechtsprinzip, das sich ebenfalls auf das Maß der Arbeit gründet. Aber das neue Recht ist kein kapitalistisches Recht.

Marx spricht später von einer höheren Phase der kommunistischen Gesellschaft: „nachdem mit der allseitigen Entwicklung der Individuen auch ihre Produktivkräfte gewachsen und alle Springquellen des genossenschaftlichen Reichtums voller fließen — erst dann kann der enge bürgerliche Rechtshorizont ganz überschritten werden und die Gesellschaft auf ihre Fahnen schreiben: Jeder nach seinen Fähigkeiten, jedem nach seinen Bedürfnissen!“[8] Der enge Horizont des bürgerlichen Rechts betrifft eine bestimmte Art der Verteilung der Güter, die jedoch im Kapitalismus unter anderen gesellschaftlichen Bedingungen erfolgt als im Sozialismus. Das darf nicht vergessen werden. Marx wollte übrigens mit der Verwendung eines derartigen relativen Begriffes des „bürgerlichen Rechts“ auch die Fehlerhaftigkeit der Losung vom „gleichen Recht“ verdeutlichen. Zu Beginn der sozialistischen Entwicklung ist auch das Recht noch nicht „gleich“, weil die Güter beschränkt sind. Die Verteilung gleicht prinzipiell noch dem früheren System, was jedoch in Wahrheit bereits nicht mehr kapitalistisches Recht ist, sondern nur Ausdruck der Tatsache, daß die vorhandenen Güter beschränkt sind.

Schließlich beendet Marx seine historisch bestimmte und streitbare Beweisführung gegen die These von Lassalle mit den Worten: „Die jedesmalige Verteilung der Konsumtionsmittel ist nur Folge der Verteilung der Produktionsbedingungen selbst.“[9] Das heißt aber nichts anderes, als daß das ganze Problem der Frage des Eigentums an den Produktionsmitteln untergeordnet ist. Jenes „bürgerliche Recht“, das im Sozialismus noch vorhanden ist, erinnert zwar der Verteilung nach noch an das kapitalistische Recht, aber bereits nicht mehr vom Gesichtspunkt des Eigentums an den Produktionsmitteln her. Hier gibt es keinerlei „bürgerliches Recht“ mehr. Das ist grundlegend neu im Sozialismus, und das ist wesentlich. Paschukanis ließ u. a. auch dies unberücksichtigt.

Auf jeden Fall war das „gleiche Recht“ von Lassalle eine falsche Losung. Auch für sich genommen ist sie widersprüchlich. Jene Gleichheit, die aus der Gleichheit im Verhältnis zur Arbeit folgt, ist nur der Gleichheit im bürgerlichen Recht ähnlich, im Hinblick auf ihr Wesen ist sie es nicht. Die politischen Verhältnisse sind anders, die Eigentumsverhältnisse sind anders, der Staat ist anders, das öffentliche Recht ist anders, das Eigentumsrecht ist anders usw. Das Wesen des Rechts besteht darin, und das muß als Lehre gezogen werden, daß ein abstrakt gleicher Maßstab auf konkret ungleiche Individuen angewendet wird und deshalb praktisch Ungleichheiten geschaffen werden bzw. weiter existieren. Das Recht ist eine spezifische Institution, das an sich keine Gerechtigkeit schafft, die in Richtung Gleichheit wirken kann; für sich selbst genommen schafft es jedoch durch die Anwendung von gleichem Maßstab auf Ungleiches Ungleichheit oder gewährleistet diese. Deshalb hat das „gleiche Recht“ und die abstrakte „Gerechtigkeit“ im Programm der Arbeiterklasse keinen Platz, auch wenn Lassalle versuchte, sie dort hineinzuschmuggeln.

II

Im Entwurf des Parteiprogramms von Gotha ist die Rede von dem „freien Staat“. Was ist das, fragt Marx. Es ist bekannt, wie Engels gegen diese Formulierung (gegen die These vom „freien Volksstaat“) vorgegangen ist. Nunmehr wird diese These zu der vom „freien Staat" fortgeführt. Soll das ein Staat sein, der von seinen Bürgern frei ist, d. h. ein despotisch regierter Staat? Engels schrieb: „Man sollte das ganze Gerede vom Staat fallenlassen, besonders seit der Kommune, die schon kein Staat im eigentlichen Sinne mehr war ... Da nun der ‚Staat' doch nur eine vorübergehende Einrichtung ist, deren man sich im Kampfe, in der Revolution, bedient, um seine Gegner gewaltsam niederzuhalten, so ist es purer Unsinn, vom freien Volksstaat zu sprechen: solange das Proletariat den Staat noch *gebraucht*, gebraucht es ihn nicht im Interesse der Freiheit, sondern der Niederhaltung seiner Gegner."[10] In seiner Kritik des Gothaer Programmentwurfs mußte Marx notwendigerweise zusammen mit dem Recht auch zur Frage des Staates Stellung nehmen, da sich auch der Entwurf selbst verhältnismäßig breit damit befaßte. Er schrieb sehr abwägend seine für die marxistische Lehre grundlegenden Aussagen nieder, in denen bereits die Lehren der Pariser Kommune berücksichtigt werden. Sie enthalten grundsätzliche Aussagen über die Lehre von der Diktatur des Proletariats: „Zwischen der kapitalistischen und der kommunistischen Gesellschaft liegt die Periode der revolutionären Umwandlung der einen in die andre. Der entspricht auch eine politische Übergangsperiode, deren Staat nichts andres sein kann als *die revolutionäre Diktatur des Proletariats*."[11] Marx protestiert dagegen, dem Staat irgendwie „ein selbständiges Wesen" zu geben, „das seine eignen *‚geistigen, sittlichen, freiheitlichen Grundlagen'* besitzt".[12]

Obwohl es nicht unsere Aufgabe ist, über die Staatstheorie im speziellen zu sprechen, müssen wir den von Marx verwendeten Sammelbegriff „heutiger Staat" erwähnen. Er versteht darunter die zu seiner Zeit bestehenden Kulturstaaten, die gemeinsame Merkmale haben gegenüber jener Staatlichkeit, die existiert, nachdem die bürgerliche Gesellschaft bereits beseitigt ist. Marx spricht auch über den Staat der Zukunft, über „die kommunistische Staatlichkeit". Das darf jedoch nicht so interpretiert werden, als wenn für Marx auch der Kommunismus staatlich organisiert sei. Marx fragt, welche Veränderungen die Staatlichkeit in der kommunistischen Gesellschaft durchläuft: „welche gesellschaftlichen Funktionen bleiben dort übrig, die jetzigen Staatsfunktionen analog sind?"[13] Und Marx fährt fort: „Diese Frage ist nur wissenschaftlich zu beantworten, und man kommt dem Problem durch tausendfache Zusammensetzung des Worts Volk mit dem Wort Staat auch nicht um einen Flohsprung näher."[14] Im übrigen verstehen Lassalle und seine Anhänger unter „Staat" eine von der Gesellschaft getrennte, besondere Organisation, eine Art Regierungsmaschinerie. Das ist aber nicht der ganze, *der* wahre Staat in seiner Vollständigkeit, mit allen seinen Merkmalen.

Die zitierten Feststellungen von Marx zogen die Lehren aus der Pariser Kommune und konzipierten den Staat beim Übergang zwischen Kapitalismus und Kommunismus: Er ist die revolutionäre Diktatur des Proletariats. Das ist nichts anderes als das, was wir heute als sozialistischen Staat bezeichnen. Das Charakteristikum dieses Staates der Übergangsperiode, auf den Marx in der Programmkritik auch gesondert verwies, besteht in erster Linie darin, daß die Produktionsmittel bereits gesellschaftliches Eigentum sind, aber die Verteilung noch nach der Arbeit erfolgt. Die kapitalistische Staatsmaschinerie wurde zerschlagen und ein neuer Staatsapparat geschaffen. Es handelt sich um einen revolutionären Übergang, der einen längeren Zeitabschnitt umfaßt und der eine bestimmte selbständige staatliche Form schafft und auch in bestimmtem Sinne ein selbständiger Abschnitt in der Entwicklung des Sozialismus ist. Die dialektische Einheit dieser beiden widersprüchlichen Elemente, des Übergangs und der verhältnismäßigen Stabilität, ist der sozialistische Staat, der selbst wiederum verschiedene Entwicklungsabschnitte durchläuft bis zum entwickelten Sozialismus und einschließlich des entwickelten Sozialismus.

Aus ähnlichen Überlegungen ist auch das Wesen des sozialistischen Rechts abzuleiten. Kurz nach der Oktoberrevolution gab es Theoretiker, die den Staat als Realität und als objektive gesellschaftliche Wirklichkeit dem Recht als einer reinen Ideologie gegenüberstellten. Schließlich wurde jedoch Einverständnis darüber erzielt, daß sowohl der Staat als auch das Recht in der Realität wie in der Ideologie gleichartige gesellschaftliche Verhältnisse darstellen. Das Recht des Staates der Diktatur des Proletariats bezeichnen wir als sozialistisches Recht, was zu einigen Mißverständnissen Anlaß bietet. Man betrachtet das sozialistische Recht mitunter in derselben Weise wie vorangegangene Rechtstypen. So wichtig das ist, so ist doch gleichzeitig zu sehen, daß das sozialistische Recht eine Übergangsform ist. Das sozialistische Recht markiert den Übergang vom Kapitalismus in Richtung auf eine Gesellschaft ohne Recht, wo es kein gesondertes, getrennt aufgebautes und ausgebautes selbständiges Normensystem geben wird, wenngleich mit Sicherheit Regeln des Zusammenlebens existieren werden, und wo kein besonderer Apparat zur Durchsetzung dieses Normensystems vorhanden sein wird. Deshalb werden im sozialistischen Recht in wachsendem Maße Elemente zu finden sein, von denen zu sagen ist, daß sie „bereits kein Recht" mehr sind, ähnlich wie Engels den sozialistischen Staat kennzeichnete als einen Staat nicht mehr im eigentlichen Sinne des Wortes. Sicher ist — darüber schrieb Lenin in „Staat und Revolution" —, daß die Rolle der Gewohnheit zunehmen wird, die zum Befolgen eines entsprechenden Verhaltens führt.

Schließlich muß noch über eine Bemerkung von Marx gesprochen werden, die am Ende seiner Randglossen zur Kritik des Gothaer Programms steht und die ein bezeichnendes Licht auf die marxistische Strafrechtstheorie wirft. Marx kennzeichnet die im Programmentwurf enthaltene Forderung nach Regelung der Gefängnisarbeit als kleinlich und für ein Arbeiterprogramm unwürdig. Man hätte in diesem Zusammenhang zwei Thesen aussprechen müssen: Die eine besteht darin, daß die Arbeiter nicht wollen, daß man die Gefangenen wie Vieh behandelt. Es gibt auch in der Arbeiterklasse keinerlei Konkurrenzneid gegenüber den Gefangenen. Diese Aussage ist sehr wichtig, weil sie, wenn auch mittelbar, zeigt, wie sich die Arbeiterklasse zu den Strafgefangenen verhält. Es sind keinesfalls die mit Zwang zu disziplinierenden Konkurrenten auf dem Arbeitsmarkt. Es ist möglich, daß die Arbeiterklasse Strenge fordert, aber nicht deshalb, weil die Strafgefangenen ihre Konkurrenten sind.

Zum anderen bemerkt Marx, man müsse klar aussagen, daß die Arbeiter auf keinen Fall fordern, den Strafgefangenen das wirksamste Besserungsmittel, die produktive Arbeit, wegzunehmen. Sie ist das einzige Mittel, das die Gefangenen überhaupt bessern kann. Dabei muß diese Arbeit produktiv sein, es darf nicht irgendeine Beschäftigung, irgendeine Ersatzarbeit sein, die nur den Schein der Produktivität schafft. Man kann den Strafgefangenen nur bessern, wenn man in ihm das Bewußtsein weckt, ein aktiver Teil der produzierenden Gesellschaft zu sein. Daraus ergibt sich unter Umständen die Möglichkeit, ihn in die Gesellschaft wieder einzugliedern.

Im übrigen bedeutet diese These auch, daß die produktive Arbeit den Strafgefangenen bessern *kann*, es ist jedoch nicht sicher, daß sie ihn auch unbedingt bessert. Wir stoßen damit gegen eine häufig wiederholte These, die von der Besserungsmöglichkeit und sogar von der Erziehbarkeit *eines jeden* Verbrechers spricht. Sicherlich liegt darin ein Körnchen Wahrheit. Es kann angenommen werden, daß letztlich bei jedem Gefangenen irgendeine Wirkung zum Besseren erreichbar ist, und zwar gerade durch die produktive Arbeit. Aber die große Zahl der rückfälligen Verbrecher beweist, daß die produktive Arbeit nicht immer und nicht unbedingt mit einer effektiven und ein notwendiges Maß besitzenden Erziehungswirkung einhergeht.

Nach Marx ist gemäß der sozialistischen Theorie die Besserung und Erziehung immer das Ziel der Strafe. Man muß dem höchstens aufgrund der sozialistischen Erfahrungen hinzufügen, daß dieses Ziel nicht mit Gewißheit in jedem Falle zu erreichen ist. Wenn es jedoch im allgemeinen oder auch nur annähernd erreichbar ist, so nur auf dem Wege der produktiven Arbeit, durch Weckung des Gefühls der gesellschaftlichen Nützlichkeit beim Strafgefangenen. In diesem Sinne muß im Sozialismus der Strafvollzug aufgebaut werden, damit er insgesamt oder zum überwiegenden Teil ein Besserungssystem ist.

Wir haben gesehen, daß es in den Werken von Marx zahlreiche Hinweise und Bemerkungen über das Recht gibt. Ohne daß wir Marx auch nur einen Moment zum Juristen stempeln wollen, so ist doch bei einer systematischen Analyse seiner Erkenntnisse feststellbar, daß er sich verhältnismäßig umfangreich mit dem Recht befaßt hat. Das ist kein Zufall. Es gibt Wissenschaftler, die sich, obwohl sie sich mit der Gesellschaft befassen, mit Verachtung vom Recht als einer Art gesellschaftlicher Technik abwenden. Das Recht und die Rechtsverhältnisse sind wesentliche gesellschaftliche Verhältnisse. Man kann beim Studium der Gesellschaft — und das tat Marx weit über den Bereich der Ökonomie hinausgehend — das Recht nicht unberücksichtigt lassen. Es ist anzunehmen, daß Marx nicht deshalb über das Recht schrieb, weil er in jungen Jahren Jurist war, sondern weil er bei seinen gesellschaftlichen Studien, beim Studium der bestehenden Gesellschaft, zwangsläufig immer wieder auf das Recht stieß.

Anmerkungen

Erster Vortrag

1 K. Marx, Brief an den Vater vom 10. November 1837 in: Karl Marx/Friedrich Engels, Werke (im folgenden MEW), Ergänzungsband. Erster Teil, Berlin 1974, S. 3ff.
2 A. Cornu, Karl Marx und Friedrich Engels. Leben und Werk, Bd. 1, 1818–1844, Berlin 1954, S. 65.
3 Pandektenrecht: moderne Anwendung des römischen Rechts.
4 Vgl. K. Marx, Kritik des Hegelschen Staatsrechts, in: MEW, Bd. 1, Berlin 1972, S. 203ff.
5 Vgl. I. G. Heineccius, Elementa iuris naturae et gentium, 4. Aufl., Halle 1758.
6 In einem Falle — und zwar in der „Heiligen Familie" — verwies er auch ausdrücklich auf den früh verstorbenen Eduard Gans als einen Interpreten der Strafrechtstheorie Hegels. Er diskutiert hier Hegels Auffassung, nach der der Verbrecher sich in dem Urteil als Mensch selbst ehrt. Marx bezeichnet das als „*spekulatives Schönheitspflaster* des alten *jus talionis*"; der Mensch kann das nämlich nur in der Vorstellung tun, „eben weil die *Strafe*, der *Zwang* dem *menschlichen* Verhalten widersprechen". Es sind „*menschliche* Verhältnisse" notwendig, damit die Strafe wirklich nichts anderes ist „als das Urteil des Fehlenden über sich selbst". (Vgl. MEW, Bd. 2, Berlin 1972, S. 190.) Es lohnt sich zu vermerken, daß Eduard Gans, dessen Hauptwerk zwar das vierbändige „Erbrecht in weltgeschichtlicher Entwicklung" ist (davon wird noch die Rede sein) und dessen aus Vorlesungen entnommene Notizen in den „Grundlinien der Philosophie des Rechts" von Hegel gedruckt erschienen sind, nach dem Tode Hegels (1831) in den Jahren 1836/37 Strafrecht gelesen hat. Diese Vorlesungen hat Marx mit „ausgezeichnetem Fleiß" gehört (Vgl. A. Cornu, Karl Marx und Friedrich Engels. Leben und Werk, Bd. 1, 1818—1844, a. a. O., S. 74).
7 K. Marx, Brief an den Vater vom 10. November 1837, in: MEW, Ergänzungsband. Erster Teil, a. a. O., S. 4/5.
8 Ebenda, S. 5.
9 Ebenda.
10 Ebenda.
11 Ebenda.
12 Ebenda.
13 Ebenda.
14 Ebenda, S. 6.
15 Detention: im römischen Recht tatsächlicher Besitz einer Sache ohne Besitzschutz.
16 Vgl. F. K. von Savigny, Das Recht des Besitzes, 6. Aufl., Gießen 1837, S. 4f.

17 K. Marx, Brief an den Vater vom 10. November 1837, in: MEW, Ergänzungsband. Erster Teil, a. a. O., S. 6.
18 Ebenda.
19 K. Marx, Zur Kritik der Politischen Ökonomie. Vorwort, in: MEW, Bd. 13, Berlin 1974, S. 7.
20 A. Cornu, Karl Marx und Friedrich Engels. Leben und Werk, Bd. 1, 1818—1844, a. a. O., S. 85.
21 I. G. Heineccius, Elementa iuris naturae et gentium, 4. Aufl., a. a. O., S. 267.
22 A. Cornu, Karl Marx und Friedrich Engels. Leben und Werk, Bd. 1, 1818—1844, a. a. O., S. 85.
23 K. Marx, Brief an den Vater vom 10. November 1837, in: MEW, Ergänzungsband. Erster Teil, a. a. O., S. 8.
24 E. Gans, Das Erbrecht in weltgeschichtlicher Entwicklung. Eine Abhandlung der Universalrechtsgeschichte, Bde. 1 und 2, Berlin 1824 und 1825, Bde. 3 und 4, Stuttgart — Tübingen 1829 und 1835.
25 A. Cornu, Karl Marx und Friedrich Engels. Leben und Werk, Bd. 1, 1818—1844, a. a. O., S. 280.
26 E. Gans, Das Erbrecht in weltgeschichtlicher Entwicklung. Eine Abhandlung der Universalrechtsgeschichte, Bd. 3, a. a. O., S. XIf.
27 F. K. von Savigny, Der zehnte Mai 1788, in: Zeitschrift für geschichtliche Rechtswissenschaft, Bd. 9, 3/1838.
28 K. Marx, Brief an Arnold Ruge vom 27. April 1842, in: MEW, Bd. 27, Berlin 1973, S. 402.
29 Ebenda, S. 409f.
30 Ebenda, S. 318.
31 G. W. F. Hegel, Grundlinien der Philosophie des Rechts, Stuttgart 1952, S. 333 (Anmerkung zu § 258).
32 K. Marx, Das philosophische Manifest der historischen Rechtsschule, in: MEW, Bd. 1, a. a. O., S. 85.
33 Vgl. F. K. von Savigny, Der zehnte Mai 1788, a. a. O., S. 196.
34 K. Marx, Das philosophische Manifest der historischen Rechtsschule, in: MEW, Bd. 1, a. a. O., S. 78.
35 Ebenda, S. 80f.
36 Ebenda, S. 81f.
37 Ebenda, S. 82.
38 Ebenda, S. 84f.

Zweiter Vortrag

1 F. Mehring, Karl Marx. Geschichte seines Lebens, Berlin 1960, S. 43.
2 Vgl. dazu: A. Cornu, Karl Marx und Friedrich Engels. Leben und Werk, Bd. 1, 1818—1844, Berlin 1954, S. 270.
3 K. Marx, Debatten über Preßfreiheit und Publikation der Landständischen Verhandlungen, in: MEW, Bd. 1, Berlin 1972, S. 36.
4 A. Ruge, Anekdota zur neuesten deutschen Philosophie und Publizistik, Bd. 2, Zürich 1843.
5 K. Marx, Bemerkungen über die neueste preußische Zensurinstruktion, in: MEW, Bd. 1, a. a. O., S. 14.
6 Ebenda.
7 K. Marx, Brief an Arnold Ruge vom 5. März 1842, in: MEW, Bd. 27, Berlin 1973, S. 397.

8 Ebenda, S. 402.
9 K. Marx, Der leitende Artikel in Nr. 179 der Kölnischen Zeitung, in: MEW, Bd. 1, a. a. O., S. 86—104.
10 Ebenda, S. 103.
11 Ebenda.
12 Ebenda.
13 Ebenda, S. 104.
14 G. W. F. Hegel, Schriften zur Politik und Rechtsphilosophie, Leipzig 1913, S. 151.
15 A. Cornu, Karl Marx und Friedrich Engels. Leben und Werk, Bd. 1, 1818—1844, Berlin 1954, S. 275.
16 K. Marx, Debatten über Preßfreiheit und Publikation der Landständischen Verhandlungen, in: MEW, Bd. 1, a. a. O., S. 58.
17 Ebenda, S. 47.
18 Ebenda, S. 50.
19 Ebenda, S. 55.
20 Ebenda, S. 60.
21 Ebenda.
22 Ebenda, S. 57.
23 Ebenda, S. 61.
24 Ebenda, S. 57f.
25 Ebenda, S. 58.
26 Ebenda.
27 Ebenda.
28 Ebenda, S. 58f.
29 Ebenda, S. 62.
30 Ebenda, S. 61.
31 Vgl. K. Marx, Verhandlungen des 6. rheinischen Landtags. Debatten über das Holzdiebstahlsgesetz, in: MEW, Bd. 1, a. a. O., S. 109—147.
32 F. Mehring, Karl Marx. Geschichte seines Lebens, a. a. O., S. 47.
33 K. Marx, Zur Kritik der Politischen Ökonomie. Vorwort, in: MEW, Bd. 13, Berlin 1974, S. 7f.
34 F. Mehring, Karl Marx. Geschichte seines Lebens, a. a. O., S. 48.
35 C. von Rotteck/C. Welcker, Staatslexikon oder Encyclopaedie der Staatswissenschaften, Bd. 3 (Constitution), Altona 1836, S. 766f.
36 K. Marx, Verhandlungen des 6. rheinischen Landtags. Debatten über das Holzdiebstahlsgesetz, in: MEW, Bd. 1, a. a. O., S. 109.
37 Ebenda, S. 111.
38 Ebenda. S. 113.
39 Ebenda.
40 Ebenda.
41 Ebenda.
42 Ebenda, S. 114.
43 Ebenda.
44 Ebenda, S. 116.
45 W. I. Lenin, Staat und Revolution, in: Werke, Bd. 25, Berlin 1972, S. 470.
46 K. Marx, Verhandlungen des 6. rheinischen Landtags. Debatten über das Holzdiebstahlsgesetz; in: MEW, Bd. 1, a. a. O., S. 115.
47 Ebenda, S. 116.
48 Ebenda, S. 115.
49 Ebenda, S. 116.
50 Ebenda, S. 117.
51 Ebenda, S. 119.

52 K. Marx, Die Kommunisten und die Augsburger „Allgemeine Zeitung“, in: MEW, Bd. 1, a. a. O., S. 108.
53 K. Marx, Das Kapital, Dritter Band, in: MEW, Bd. 25, Berlin 1973, S. 828.
54 K. Marx, Verhandlungen des 6. rheinischen Landtags. Debatten über das Holzdiebstahlsgesetz, in: MEW, Bd. 1, a. a. O., S. 117.
55 Ebenda.
56 Ebenda.
57 Ebenda, S. 118.
58 Ebenda.
59 Ebenda.
60 Ebenda, S. 117.
61 Ebenda, S. 120.
62 Ebenda, S. 129.
63 Ebenda, S. 134.
64 Ebenda, S. 133.
65 Ebenda, S. 136.
66 Ebenda, S. 137.
67 Ebenda, S. 138.
68 Ebenda, S. 140f.
69 Ebenda, S. 141.
70 Ebenda, S. 142.
71 Ebenda, S. 143f.
72 Ebenda, S. 145.
73 Ebenda.
74 Ebenda, S. 146.
75 Ebenda, S. 145.

Dritter Vortrag

1 K. Marx, Der historische Materialismus. Die Frühschriften, hrsg. von S. Landshut und J. P. Mayer, Bd. 1, Leipzig 1932, S. XIXff.
2 K. Marx/F. Engels, Historisch-kritische Gesamtausgabe (MEGA), Abt. 1, Bd. 1.1, Berlin 1930, S. LXXIff.
3 K. Marx, Brief an Arnold Ruge vom 5. März 1842, in: MEW, Bd. 27, Berlin 1973, S. 397.
4 K. Marx, Brief an Dagobert Oppenheim [um den 25. August 1842], in: MEW, Bd. 27, a. a. O., S. 410.
5 K. Marx, Kritik des Hegelschen Staatsrechts, in: MEW, Bd. 1, Berlin 1972, S. 213.
6 Ebenda, S. 216.
7 Ebenda, S. 217.
8 Ebenda, S. 256f.
9 Ebenda, S. 203f.
10 Ebenda, S. 207.
11 Ebenda, S. 210.
12 Ebenda, S. 214.
13 Ebenda.
14 Ebenda, S. 257f.
15 Ebenda, S. 258f.
16 Ebenda, S. 259.
17 Ebenda.
18 Ebenda, S. 260.

19 Ebenda, S. 303.
20 Vgl. ebenda, S. 275.
21 Ebenda, S. 306f.
22 Ebenda, S. 315.
23 Ebenda, S. 266.
24 G. W. F. Hegel, Grundlinien der Philosophie des Rechts, Stuttgart 1952, S. 33 (Vorrede).
25 K. Marx, Kritik des Hegelschen Staatsrechts, in: MEW, Bd. 1, a. a. O., S. 266.
26 Ebenda, S. 267.
27 Ebenda, S. 231.
28 Ebenda, S. 232.
29 Ebenda.
30 Ebenda, S. 232f.
31 Ebenda, S. 323f.
32 Ebenda, S. 323.
33 Ebenda, S. 324f.
34 K. Marx, Zur Kritik der Politischen Ökonomie. Vorwort, in: MEW, Bd. 13, Berlin 1974, S. 9.
35 K. Marx, Briefe zu den „Deutsch-Französischen Jahrbüchern", in: MEW, Bd. 1, a. a. O., S. 343.
36 K. Marx, Zur Judenfrage, in: MEW, Bd. 1, a. a. O., S. 354.
37 Ebenda.
38 Ebenda, S. 354f.
39 Ebenda, S. 355.
40 Ebenda, S. 363ff.
41 Ebenda, S. 364.
42 K. Marx, Ökonomisch-philosophische Manuskripte aus dem Jahre 1844, in: MEW, Ergänzungsband. Erster Teil, Berlin 1974, S. 538f.
43 K. Marx, Zur Judenfrage, in: MEW, Bd. 1, a. a. O., S. 366.
44 Ebenda.
45 Ebenda, S. 370.
46 Ebenda, S. 367f.
47 Ebenda, S. 369f.

Vierter Vortrag

1 K. Marx, Zur Kritik der Politischen Ökonomie. Vorwort, in: MEW, Bd. 13, Berlin 1974, S. 10.
2 K. Marx/F. Engels, Die deutsche Ideologie, in: MEW, Bd. 3, Berlin 1973, S. 9—530.
3 Ebenda, S. 537 und 539f.
4 Ebenda, S. 311.
5 Ebenda.
6 Vgl. ebenda, S. 311f.
7 Ebenda.
8 Ebenda, S. 163f.
9 Ebenda, S. 227.
10 Ebenda, S. 228.
11 K. Marx, Zur Judenfrage; ders., Zur Kritik der Hegelschen Rechtsphilosophie. Einleitung, in: MEW, Bd. 1, Berlin 1972, S. 347—377 und 378—391.
12 K. Marx/F. Engels, die deutsche Ideologie, in: MEW, Bd. 3, a. a. O., S. 190.

13 Ebenda, S. 178.
14 Ebenda.
15 Ebenda, S. 180.
16 K. Marx, Zur Kritik der Hegelschen Rechtsphilosophie. Einleitung, in: MEW, Bd. 1, a. a. O., S. 390.
17 Ebenda, S. 391.
18 K. Marx/F. Engels, Die deutsche Ideologie, in: MEW, Bd. 3, a. a. O., S. 190.
19 Ebenda.
20 Ebenda, S. 186.
21 Ebenda, S. 190.
22 K. Marx, Zur Kritik der Hegelschen Rechtsphilosophie. Einleitung, in: MEW, Bd. 1, a. a. O., S. 379f.
23 Ebenda, S. 383.
24 Vgl. K. Marx/F. Engels, Die deutsche Ideologie, in: MEW, Bd. 3, a. a. O., S. 61.
25 Ebenda, S. 348.
26 Ebenda, S. 347.
27 Ebenda, S. 212.
28 F. Engels, Umrisse zu einer Kritik der Nationalökonomie, in: MEW, Bd. 1, a. a. O., S. 510.
29 K. Marx/F. Engels, Die deutsche Ideologie, in: MEW, Bd. 3, a. a. O., S. 61f.
30 Ebenda, S. 62.
31 Ebenda.
32 Ebenda.
33 Ebenda.
34 Ebenda, S. 312.
35 Ebenda.
36 Ebenda, S. 537.
37 Ebenda, S. 46.
38 Ebenda, S. 304.
39 Ebenda, S. 65.
40 Ebenda, S. 62f.
41 Ebenda, S. 63f.
42 Ebenda, S. 64.
43 Ebenda, S. 34.
44 K. Marx, Ökonomisch-philosophische Manuskripte aus dem Jahre 1844, in: MEW, Ergänzungsband. Erster Teil, Berlin 1974, S. 467.
45 J.-J. Rousseau, Du contrat social, ou principes du droit politique, Art. 90, 156.
46 K. Marx, Zur Judenfrage, in: MEW, Bd. 1, a. a. O., S. 370.
47 K. Marx, Ökonomisch-philosophische Manuskripte aus dem Jahre 1844, in: MEW, Ergänzungsband, Erster Teil, a. a. O., S. 537.
48 Ebenda, S. 581.
49 K. Marx/F. Engels, Die deutsche Ideologie, in: MEW, Bd. 3, a. a. O., S. 63.
50 K. Marx, Ökonomisch-philosophische Manuskripte aus dem Jahre 1844, in: MEW, Ergänzungsband. Erster Teil, a. a. O., S. 551.
51 F. Engels, Der Ursprung der Familie, des Privateigentums und des Staats, in: MEW, Bd. 21, Berlin 1973, S. 166.
52 K. Marx, Ökonomisch-philosophische Manuskripte aus dem Jahre 1844, in: MEW, Ergänzungsband. Erster Teil, a. a. O., S. 535f.
53 Ebenda, S. 546.
54 Ebenda, S. 581.
55 Ebenda, S. 574.
56 Ebenda, S. 581.

57 Ebenda.
58 Ebenda, S. 581f.
59 Ebenda, S. 582.
60 Ebenda, S. 582f.

Fünfter Vortrag

1 F. Mehring, Karl Marx. Geschichte seines Lebens, Berlin 1960, S. 118.
2 Ebenda, S. 117.
3 Ebenda, S. 129.
4 K. Marx, Das Elend der Philosophie, in: MEW, Bd. 4, Berlin 1972, S. 130.
5 Ebenda, S. 75.
6 Ebenda, S. 178.
7 Ebenda, S. 165.
8 Ebenda, S. 109.
9 Ebenda, S. 112.
10 Ebenda, S. 142.
11 K. Marx/F. Engels, Manifest der Kommunistischen Partei, in: MEW, Bd. 4, a. a. O., S. 477.
12 Ebenda, S. 475.
13 Ebenda, S. 476.
14 Ebenda, S. 477.
15 G. V. Plechanow, Über materialistische Geschichtsauffassung, Berlin 1946, S. 45.
16 K. Marx/F. Engels, Manifest der Kommunistischen Partei, in: MEW, Bd. 4, a. a. O., S. 472.
17 Ebenda, S. 480.
18 K. Marx/F. Engels, die deutsche Ideologie, in: MEW, Bd. 3, Berlin 1973, S. 312.
19 Vgl. K. Marx, Zur Kritik der Politischen Ökonomie. Vorwort, in: MEW, Bd. 13, Berlin 1974, S. 9.
20 Ebenda, S. 8f.
21 K. Marx/F. Engels, Manifest der Kommunistischen Partei, in: MEW, Bd. 4, a. a. O., S. 480.
22 Ebenda.
23 Ebenda, S. 471.
24 Ebenda, S. 464.
25 Ebenda.
26 Ebenda, S. 464f.
27 Ebenda, S. 486.
28 Ebenda, S. 486f.
29 Ebenda, S. 481.
30 W. I. Lenin, Notiz für D. I. Kurski, in: Werke, Bd. 36, Berlin 1971, S. 550.

Sechster Vortrag

1 Vgl. Lévi-Strauss, Traurige Tropen, Budapest 1973, S. 55.
2 K. Marx, Die Klassenkämpfe in Frankreich 1848 bis 1850, in: MEW, Bd. 7, Berlin 1973, S. 41.
3 Ebenda, S. 42f.

4 Ebenda, S. 100.
5 Ebenda, S. 93.
6 Ebenda, S. 84.
7 Vgl. ebenda, S. 99.
8 K. Marx, Der achtzehnte Brumaire des Louis Bonaparte, in: MEW, Bd. 8, Berlin 1973, S. 168.
9 K. Marx, Die Klassenkämpfe in Frankreich 1848 bis 1850, in: MEW, Bd. 7, a. a. O., S. 41f.
10 F. Engels, Brief an Eduard Bernstein vom 23. Mai 1884, in: MEW, Bd. 36, Berlin 1967, S. 151f.
11 K. Marx, Die Klassenkämpfe in Frankreich 1848 bis 1850, in: MEW, Bd. 7, a. a. O., S. 54.
12 Ebenda, S. 54f.
13 Ebenda, S. 81.
14 Ebenda, S. 76.
15 K. Marx, Der achtzehnte Brumaire des Louis Bonaparte, in: MEW, Bd. 8, a. a. O., S. 196.
16 Ebenda, S. 119.
17 Ebenda, S. 196 und 151.
18 Ebenda, S. 196f.
19 Ebenda, S. 197.
20 Ebenda.
21 Ebenda, S. 122f.
22 F. Engels, Zur Kritik des sozialdemokratischen Programmentwurfs 1891, in: MEW, Bd. 22, Berlin 1972, S. 235.
23 K. Marx, Der achtzehnte Brumaire des Louis Bonaparte, in: MEW, Bd. 8, a. a. O., S. 177.
24 Ebenda, S. 126.
25 Ebenda, S. 127.
26 Ebenda, S. 126f.
27 Vgl. W. I. Lenin, Zwischen zwei Schlachten, in: Werke, Bd. 9, Berlin 1973, S. 464.
28 K. Marx, Der achtzehnte Brumaire des Louis Bonaparte, in: MEW, Bd. 8, a. a. O., S. 201.
29 Ebenda, S. 154.

Siebenter Vortrag

1 K. Marx, Zur Kritik der Politischen Ökonomie, in: MEW, Bd. 13, Berlin 1974, S. 56.
2 Ebenda, S. 57.
3 K. Marx, Einleitung zur Kritik der Politischen Ökonomie, in: MEW, Bd. 13, a. a. O., S. 639.
4 Ebenda, S. 640.
5 Ebenda, S. 639.
6 Ebenda, S. 618f.
7 Ebenda, S. 620.
8 Ebenda, S. 633.
9 Ebenda.
10 Ebenda.
11 Ebenda.
12 Ebenda, S. 620.
13 Vgl. ebenda, S. 629f.

14 Ebenda, S. 632.
15 Ebenda.
16 Ebenda.
17 Ebenda, S. 87.
18 Ebenda, S. 7—11.
19 Vgl. ebenda, S. 9.
20 Ebenda.
21 K. Marx, Grundrisse der Kritik der politischen Ökonomie (Rohentwurf), Berlin 1974.
22 K. Marx/F. Engels, Manifest der Kommunistischen Partei, in: MEW, Bd. 4, Berlin 1972, S. 481.
23 K. Marx, Grundrisse der Kritik der politischen Ökonomie (Rohentwurf), a. a. O., S. 915. — Etwa das gleiche, sogar fast mit diesen Worten, schreibt Marx auf S. 158.
24 Ebenda, S. 915.
25 Vgl. ebenda, S. 157 und 911.
26 Ebenda, S. 911.
27 Ebenda, S. 157.
28 E. Paschukanis, Allgemeine Rechtslehre und Marxismus, Wien-Berlin 1929, S. 96.
29 K. Marx, Grundrisse der Kritik der politischen Ökonomie (Rohentwurf), a. a. O., S. 155.
30 Ebenda, S. 155f.
31 Ebenda, S. 156.
32 Ebenda.
33 Ebenda.
34 Ebenda, S. 361f.
35 Ebenda, S. 373.
36 Ebenda, S. 916.
37 Ebenda, S. 413f.

Achter Vortrag

1 F. Engels, Rezension des Ersten Bandes „Das Kapital", in: MEW, Bd. 16, Berlin 1973, S. 235.
2 Ebenda, S. 240.
3 F. Engels, Brief an Conrad Schmidt vom 27. Oktober 1890, in: MEW, Bd. 37, Berlin 1967, S. 493.
4 K. Marx, Das Kapital, Erster Band, in: MEW, Bd. 23, Berlin 1973, S. 765f.
5 Ebenda, S. 249.
6 Ebenda, S. 253.
7 Ebenda, S. 312f.
8 Ebenda, S. 316.
9 Ebenda, S. 317f.
10 Ebenda, S. 318.
11 Ebenda, S. 320.
12 K. Marx, Instruktionen für die Delegierten des Provisorischen Zentralrats zu den einzelnen Fragen, in: MEW, Bd. 16, a. a. O., S. 194.
13 K. Marx, Das Kapital. Erster Band, in: MEW, Bd. 23, a. a. O., S. 99.
14 Ebenda, S. 100.
15 Ebenda, S. 99.
16 Ebenda, S. 182.
17 Ebenda, S. 189f.
18 Ebenda, S. 609.

19 Ebenda.
20 Ebenda.
21 Ebenda.
22 Ebenda, S. 609f.
23 Ebenda, S. 610.
24 Ebenda.
25 Ebenda.
26 Ebenda, S. 610f.
27 K. Marx, Das Kapital. Zweiter Band, in: MEW, Bd. 24, Berlin 1973, S. 37.
28 Ebenda, S. 384.
29 Ebenda, S. 163.
30 Ebenda.
31 Ebenda, S. 212f.
32 Ebenda, S. 166.
33 Ebenda, S. 174.
34 K. Marx, Das Kapital. Dritter Band, in: MEW, Bd. 25, Berlin 1973, S. 360.
35 Ebenda, S. 361.
36 Vgl. I. Szabó, Grundlagen der Rechtstheorie, Budapest 1971, S. 11 und 71.
37 K. Marx, Das Kapital, Dritter Band, in: MEW, Bd. 25, a. a. O., S. 628.
38 Ebenda (Anmerkung).
39 Ebenda, S. 628f., (Anmerkung).
40 Ebenda, S. 629 (Anmerkung).
41 Ebenda, S. 799.
42 Ebenda, S. 799f.
43 Ebenda, S. 800.
44 Ebenda, S. 801.
45 Ebenda.
46 Ebenda, S. 801f.
47 Ebenda, S. 859.

Neunter Vortrag

1 F. Mehring, Karl Marx. Geschichte seines Lebens, Berlin 1960, S. 461.
2 Ebenda, S. 461f.
3 W. I. Lenin, Staat und Revolution, in: Werke, Bd. 25, Berlin 1972, S. 445.
4 K. Marx/F. Engels, Manifest der Kommunistischen Partei. Vorwort zur deutschen Ausgabe von 1872, in: MEW, Bd. 4, Berlin 1972, S. 573f.
5 K. Marx, Der Bürgerkrieg in Frankreich, in: MEW, Bd. 17, Berlin 1973, S. 342.
6 F. Engels, Vorrede [zur dritten Auflage (1885) „Der achtzehnte Brumaire des Louis Bonaparte" von Karl Marx], in: MEW, Bd. 8, Berlin 1973, S. 561.
7 K. Marx, Der Bürgerkrieg in Frankreich, in: MEW, Bd. 17, a. a. O., S. 337.
8 Ebenda, S. 337f.
9 Ebenda, S. 338.
10 Ebenda, S. 339.
11 W. I. Lenin, Staat und Revolution, in: Werke, Bd. 25, a. a. O., S. 435.
12 Ebenda, S. 437.
13 K. Marx [Erster Entwurf zum „Bürgerkrieg in Frankreich"], in: MEW, Bd. 17, a. a. O., S. 539.
14 Ebenda, S. 541.
15 Ebenda, S. 339.
16 Ebenda, S. 544.

17 Ebenda, S. 341.
18 W. I. Lenin, Staat und Revolution, in: Werke, Bd. 25, a. a. O., S. 439f.
19 K. Marx, Das Kapital. Dritter Band, in: MEW, Bd. 25, Berlin 1973, S. 859.
20 Ebenda, S. 793.
21 K. Marx, Der Bürgerkrieg in Frankreich, in: MEW, Bd. 17, a. a. O., S. 340f.
22 Ebenda, S. 340.
23 Ebenda.
24 Ebenda, S. 341.
25 Ebenda.
26 Ebenda.

Zehnter Vortrag

1 K. Marx, Kritik des Gothaer Programmentwurfs, in: MEW, Bd. 19, Berlin 1973, S. 21.
2 Ebenda, S. 20f.
3 Ebenda, S. 21.
4 Ebenda.
5 Ebenda.
6 Ebenda, S. 20.
7 Ebenda, S. 21.
8 Ebenda.
9 Ebenda, S. 22.
10 F. Engels, Brief an August Bebel vom 18./28. März 1875, in: MEW, Bd. 34, Berlin 1973, S. 128f.
11 K. Marx, Kritik des Gothaer Programmentwurfs, in: MEW, Bd. 19, a. a. O., S. 28.
12 Ebenda.
13 Ebenda.
14 Ebenda.

Personenregister